PESQUISA QUALITATIVA EM ADMINISTRAÇÃO

Teoria e Prática

PESQUISA QUALITATIVA EM ADMINISTRAÇÃO

Teoria e Prática

Marcelo Milano Falcão Vieira
Deborah Moraes Zouain
Organizadores

FGV
EDITORA

ISBN 85-225-0530-6

Direitos desta edição reservados à
EDITORA FGV
Rua Jornalista Orlando Dantas, 37
22231-010 — Rio de Janeiro, RJ — Brasil
Tels.: 0800-21-7777 — 21-2559-4437
Fax: 21-2559-4430
e-mail: editora@fgv.br — pedidoseditora@fgv.br
web site: www.editora.fgv.br

Impresso no Brasil / Printed in Brazil

Os conceitos emitidos neste livro são de inteira responsabilidade dos autores.

1ª edição — 2005
Reimpressão — 2007

Revisão de originais: Claudia Martinelli Gama

Editoração eletrônica: FA Editoração

Revisão: Andréa Campos Bivar e Mauro Pinto de Faria

Capa: Alvaro Magalhães

Ficha catalográfica elaborada pela Biblioteca
Mario Henrique Simonsen/FGV

Pesquisa qualitativa em administração: teoria e prática / Organizadores: Marcelo Milano Falcão Vieira, Deborah Moraes Zouain. — Rio de Janeiro : Editora FGV, 2005.
240p.

Inclui bibliografia.

1. Pesquisa — Metodologia. 2. Administração — Pesquisa. I. Vieira, Marcelo Milano Falcão. II. Zouain, Deborah Moraes. III. Fundação Getulio Vargas.

CDD—001.42

Sumário

Apresentação

Em 2004, quando lançamos *Pesquisa qualitativa em administração* pela Editora FGV, a obra obteve estimulante aceitação por parte dos estudiosos e pesquisadores na área da administração pública e de empresas. A publicação desse livro constituiu-se, na verdade, em iniciativa pioneira e de grande alcance acadêmico. Diante da repercussão obtida e das manifestações de incentivo para que o trabalho fosse ampliado e aprofundado, promovemos novos contatos com especialistas, o que resultou no conjunto de textos que estamos apresentando à comunidade acadêmica da área.

Neste segundo livro contamos com a colaboração de pesquisadores da Escola Brasileira de Administração Pública e de Empresas da Fundação Getulio Vargas (Ebape/FGV), bem como de outras instituições. Desde já expressamos nosso mais profundo agradecimento a todos eles, que, com a qualidade de seu esforço de investigação, nos brindaram com textos belos, harmoniosos e, mesmo que de forma não deliberada, complementares àqueles de nosso primeiro livro.

No primeiro capítulo, Paulo Emílio Matos Martins trabalha o conceito de "espaço organizacional" e salienta o fato de que as diversas teorizações sobre o tema apenas recentemente atentaram para a natureza simbólica de seu objeto de análise. Para o autor,

> essa curiosidade se deve à constatação de que, sendo aquele universo, por definição, um espaço social, a não consideração de sua dimensão cultural só pode ser explicada pela influência da formação técnica dos pioneiros dessa teorização — quase todos engenheiros e/ou profissionais da indústria — ou, ainda, pela voraci-

dade com que o capitalismo industrial, então em fase de grande expansão, cobraria, da criação teórica sobre a dinâmica das organizações, métodos e processos de trabalho cada vez mais eficientes.

A partir dessa constatação inicial, o autor elabora uma metodologia para a pesquisa em administração brasileira, tema sobre o qual vem dedicando esforços há vários anos no Grupo de Estudos em Administração Brasileira na Ebape.

No segundo capítulo, Hermano Roberto Thiry-Cherques apresenta e analisa o método estruturalista de investigação. O autor aborda a modelagem como passo essencial do método estruturalista e salienta algumas dificuldades relativas à aplicação do método e possibilidades de sua superação, mediante o exame da formação do conceito de modelo, da construção dos modelos relacionais, e das especificidades e dificuldades da sua interpretação.

Alexandre Faria assina o terceiro capítulo, no qual mostra como e por que a ontologia de realismo crítico pode ser usada para ajudar a superar problemas na pesquisa em administração e, mais especificamente, na área de estratégia. Ele faz uma breve descrição da crise de relevância na área de gerência estratégica e fala do impacto correspondente no âmbito das redes, para, em seguida, mostrar como e por que a ontologia de realismo crítico pode ser aplicada em pesquisa na área e apresentar a aplicação do realismo crítico no âmbito das redes estratégicas.

O quarto capítulo é de Ana Lúcia Guedes. Segundo a autora, o desenvolvimento de abordagens interdisciplinares em pesquisa em gestão tem sido sistematicamente defendido por vários acadêmicos, editores e representantes de agências financiadoras. No entanto, afirma, as dificuldades para o ensino e a pesquisa interdisciplinares na área de gestão permanecem. Ana Lúcia Guedes trata de uma modalidade particular de pesquisa interdisciplinar focada na empresa transnacional e justifica o desenvolvimento desse tipo de proposta epistemológica devido à confusão causada pelas inúmeras obras focadas neste tipo de empresa.

No quinto capítulo, Eloise Helena Livramento Dellagnelo e Rosimeri Carvalho da Silva tratam da análise de conteúdo. As autoras salientam o uso crescente do método, seus abusos, imprecisões e novas possibilidades de aplicação. Elas procuram esclarecer questões relativas à análise de conteúdo, abordando sua história, suas aplicações, seus objetivos, as técnicas possíveis de serem aplicadas, bem como as críticas, controvérsias e reflexões sobre sua potencialização na pesquisa qualitativa.

O sexto capítulo é de autoria de Sueli Goulart e Cristina Amélia Carvalho. As autoras iniciam suas reflexões com um fragmento literário de Fernando Pessoa. Após, com a finalidade de apresentar seus objetivos, as autoras afirmam:

À digressão literário-organizacional que introduziu o texto e para a qual não cabe reivindicar originalidade, seguem agora outras imagens metafóricas que contribuem para esclarecer os pressupostos da pesquisa qualitativa, com ênfase no papel do pesquisador e na concepção da investigação segundo essa abordagem.

Bianor Scelza Cavalcanti assina o sétimo capítulo. Nele o autor argumenta que "os esforços para a compreensão de realidades complexas, como aquelas correspondentes aos sistemas administrativos em países em desenvolvimento, dispõem hoje de um razoável e variado apoio teórico e metodológico à disposição do pesquisador". E ilustra tal afirmação ao relatar as perspectivas teóricas e empíricas de sua pesquisa, cujos enfoques metodológicos enquadram-se no espírito deste livro.

O oitavo capítulo é de Hélio Tadeu Martins dos Santos, que apresenta uma proposta de método qualitativo para a investigação, em profundidade, de temas relacionados aos estudos organizacionais. Mais especificamente, dirige o texto à compreensão dos sentidos atribuídos a esses temas em quatro pólos de saber: administrativo, psicológico, sociológico e filosófico.

Deborah Moraes Zouain e Luciana da Silva Torres apresentam um exercício de aplicação do método de estudo de caso em que avaliam o processo de inovação tecnológica na unidade agroindustrial Recanto II, no município de Catolé do Rocha, na Paraíba, apoiada pelas ações do Projeto de Incubação de Micro e Pequenas Indústrias em Comunidades Rurais do Semi-Árido Paraibano, desenvolvido pela Incubadora Tecnológica de Campina Grande, que integra a Fundação Parque Tecnológico da Paraíba (PaqTcPB), em parceria com o Programa de Estudos e Ações no Semi-Árido Paraibano da Universidade Federal de Campina Grande (Peasa/UFCG).

O capítulo de encerramento desta coletânea é de Marcelo Milano Falcão Vieira e Bill Nunes Pereira. Os autores apresentam algumas conceituações do método etnográfico com base em diferentes fases de sua evolução histórica. Salientam a importância do método para as pesquisas na área de administração, particularmente nos estudos organizacionais e nas investigações sobre culturas e subculturas de consumo, apresentando e discutindo brevemente alguns exemplos de pesquisas etnográficas em administração realizadas no Brasil.

Gostaríamos de agradecer à Ebape/FGV pelo apoio e incentivo que nos impulsionaram na direção da elaboração desta coletânea. Somos gratos também à Editora FGV, por aceitar mais este projeto, bem como pela competência demonstrada durante toda a preparação da obra.

Deborah Moraes Zouain
Marcelo Milano Falcão Vieira

Administração brasileira: uma disciplina em construção

Paulo Emílio Matos Martins*

Palavras prévias

É curioso o fato de que as teorias sobre o tema "espaço organizacional e sua dinâmica: o trabalho societário" só muito recentemente tenham assumido a natureza simbólica de seu objeto de análise. Obviamente, essa curiosidade se deve à constatação de que, sendo aquele universo, por definição, um espaço social, a não-consideração de sua dimensão cultural só pode ser explicada pela influência da formação técnica dos pioneiros dessa teorização – quase todos engenheiros e/ou profissionais da indústria – ou, ainda, pela voracidade com que o capitalismo industrial, então em fase de grande expansão, cobraria, da criação teórica sobre a dinâmica das organizações, métodos e processos de trabalho cada vez mais eficientes.

Do mesmo modo como parece curiosa a não-consideração do caráter simbólico do fenômeno organizacional na teoria clássica da administração, igualmente resulta de difícil compreensão que a sua historicidade também tenha sido "esquecida" pelas diversas correntes do pensamento sobre as organizações.

Como conseqüência desse quadro, a análise administrativa formulada com uma metodologia originalmente desenvolvida para as ciências da natureza, nomeadamente

* Professor titular na Ebape/FGV; doutor em administração de empresas (Eaesp/FGV); mestre em administração pública (Ebap/FGV); engenheiro mecânico e professor de desenho (UFPA); autor de diversos livros, artigos, seminários e trabalhos em congressos no Brasil e no exterior. E-mail: pemiliom@fgv.br.

para a física, tem resultado na perigosa propensão para a generalização do conhecimento assim produzido e para a formulação de leis e princípios gerais, supostamente descritivos do comportamento de seus atores, da configuração de suas estruturas, das formas de relacionamento desses *players*, conseqüentemente, para a predição e o controle do futuro.

Às vésperas da celebração do primeiro centenário de fundação dessa formulação teórica, só muito recentemente as análises sobre o espaço organizacional e sua dinâmica incluiriam – ainda que de forma muito tímida – os dois vetores básicos determinantes do fato social, a saber: sua historicidade e a propriedade de *locus* de produção e reprodução de significados. Dito de outro modo, a circunstância de que o viver social se constrói com a faculdade que os humanos têm de atribuir significados aos referentes de seu mundo e a inquestionável realidade de que o presente é, em grande parte, determinado pelo passado. Ou, como assinala Marx:

> Os homens fazem a sua própria história, mas não a fazem segundo a sua livre vontade, em circunstâncias escolhidas por eles próprios, mas nas circunstâncias imediatamente encontradas, dadas e transmitidas. A tradição de todas as gerações mortas pesa sobre o cérebro dos vivos como um pesadelo. E mesmo quando estes parecem ocupados a revolucionar-se, a si e às coisas, mesmo a criar algo de ainda não existente, é precisamente nestas épocas de crise revolucionária que esconjuram temerosamente em seu auxílio os espíritos do passado, tomam emprestados os seus nomes, as suas palavras de ordem de combate, a sua roupagem, para, com este disfarce de velhice venerável e esta linguagem emprestada, representar a nova cena da história universal.[1]

De certo modo, esses dois vetores determinantes da vida social podem ser vistos como as duas faces de uma mesma moeda. Ou, ainda, na ótica de que não há manifestação simbólica que não resulte de um processo histórico de elaboração de significados comuns, assim como não há história que se construa além da propriedade de significar o mundo.

Assim refletindo, somos conduzidos à constatação de que o fenômeno administrativo e seu espaço de atuação são, essencialmente, fatos históricos e culturais. Neste sentido, resulta mais adequada sua análise com as metodologias tomadas emprestadas das disciplinas que lidam com o caráter subjetivo da criação humana, como, por

---

[1] Marx, 1984:21.

exemplo, a etnografia, a lingüística, a sociologia, a política, a semiologia e tantas outras formas de estudo das manifestações do simbólico na vida social.

Não obstante essa realidade, a literatura sobre administração, inclusive a formulada no Brasil, parece ter incorrido no equívoco epistemológico antes referido. Com efeito, o mais divulgado autor nacional da teoria geral da administração afirma categoricamente, em uma de suas mais conhecidas obras, que "arte capta uma realidade em um plano vivencial e espiritual em forma subjetiva e pessoal"[2] e, mais adiante:

> é impossível considerar a *administração* uma *arte*, pois nela não cabem as vivências espirituais nem as interpretações subjetivas da realidade. Os autores que consideram a *administração* como *arte* provavelmente cometem erros semânticos e de linguagem ou simplesmente desconhecem o verdadeiro conceito de *arte* e de administração.[3]

Considerando que, há pelo menos duas décadas, a obra daquele autor vem sendo adotada como livro-texto nos cursos de formação dos profissionais da área, sendo, provavelmente, a campeã de vendas no mercado editorial brasileiro de administração, parece que a teorização sobre a ação administrativa e seu espaço social também foi completamente aprisionada pelo mercado.

Uma nova linha de investigação

Ainda que o trabalho pioneiro de Taylor, *Principles of scientific management*,[4] primeira grande teoria sobre gestão, tenha sido publicado nos albores do século XX, somente a partir dos anos 1950, com o livro de Elliot Jaques *The changing culture of a factory*,[5] surgiria a primeira abordagem das organizações como espaço de produção e de reprodução do simbólico na vida social. Duas décadas mais tarde, apareceria, principalmente nos Estados Unidos da América do Norte, uma série de obras centradas na dimensão cultural das organizações.[6] Como destaca Freitas: "Algumas épocas são marcadas por determina-

---

[2] Chiavenato, 1987:8.

[3] Ibid., p. 9-10 (destaques do autor).

[4] Taylor, 1966.

[5] Mudança na cultura de uma fábrica, 1951.

[6] Entre elas, as de Roger Harrison, *Understanding your organization's character* (Entendendo a cultura de sua organização, 1972); Charles Handy, *Understanding organizations* (Entendendo as organizações, 1976); Andrew Pettigrew, *On studying organizational culture* (Estudando cultura organizacional, 1979); *Business Week — Corporate culture – the hard-to-change values that spell success or failure* (Cultura corporativa – valores de difícil mudança que pressagiam sucesso ou fracasso, 1980).

das ênfases em certo campo de estudo. Na década de 80, a Teoria das Organizações tem suscitado um discurso forte sobre Cultura Organizacional."[7]

No Brasil, os primeiros estudos teóricos sobre a ação administrativa como forma singular de manifestação cultural de um povo foram formulados por Alberto Guerreiro Ramos, nos anos 1950 e 1960, especialmente em seu livro *Administração e contexto brasileiro: esboço de uma teoria geral da administração*, publicado em 1966.[8]

Se for verdade que a criação literária de um autor se constrói com elos que encadeiam toda a sua obra, vemos que Guerreiro Ramos já esboçava sua preocupação com a singularidade da ação administrativa em uma dada sociedade, em sua clássica *A redução sociológica* (publicada em 1958), quando destaca: "À assimilação literal e passiva dos produtos científicos importados ter-se-á de opor a assimilação crítica desses produtos. Por isso propõe-se (...) o termo 'redução sociológica' para designar o procedimento metódico que procura tornar sistemática a assimilação crítica."[9]

Naquele livro, Ramos assim propõe sua teoria:

> atitude metódica que tem por fim descobrir os pressupostos referenciais, de natureza histórica, dos objetos e fatos da realidade social (...) ditada não somente pelo imperativo de conhecer, mas também pela necessidade social de uma comunidade que, na realização de seu projeto de existência histórica, tem de servir-se da experiência de outras comunidades.[10]

Em seguida, aquele autor lista os sete princípios básicos desse processo de "redução sociológica", a saber:

> 1 – [é] uma atitude metódica; 2 – não admite a existência na realidade social de objetos sem pressupostos; 3 – postula a noção de mundo; 4 – é perspectivista; 5 – seus suportes são coletivos e não individuais; 6 – é um procedimento crítico-assimilativo da experiência estrangeira; 7 – embora seus suportes coletivos sejam vivências populares, a redução sociológica é atitude altamente elaborada.[11]

A relevância do caráter histórico e simbólico do espaço organizacional e de sua dinâmica – o trabalho societário – levou-nos à proposição de um programa de in-

---

[7] Freitas, 1991:xvii.
[8] Ramos, 1983.
[9] Ramos, 1965:80.
[10] Ibid., p. 81-82.
[11] Ramos, 1965:82 e seg.

vestigação acadêmica, mais tarde também de uma disciplina, tendo como objeto de estudo o fato administrativo e seu espaço de ação no Brasil. Inicialmente (1988) organizado como atividade da disciplina Tópicos Especiais em Administração (História Administrativa do Brasil), do Curso de Graduação em Administração da Faculdade de Administração e Ciências Contábeis, da Universidade Federal Fluminense, em Niterói, mais tarde, quando da revisão curricular daquele curso (1992), vimos aceita nossa proposta de inclusão daquela matéria como disciplina obrigatória no elenco de temas da formação do administrador. Simultaneamente à criação dessa nova disciplina, iniciamos os projetos de investigação sobre a temática.

Em junho de 1996, o então embrionário Programa de Pesquisa sobre Administração Brasileira, nascido na UFF, seria acolhido pela Escola Brasileira de Administração Pública (Ebap), depois Escola Brasileira de Administração Pública e de Empresas (Ebape), da Fundação Getulio Vargas, no Rio de Janeiro, com a denominação Programa de Estudos de Administração Brasileira, integrando-se, dessa forma, às atividades da linha de pesquisa Organização e Gerência daquela escola. A partir dessa data, situado no mesmo ambiente acadêmico em que Guerreiro Ramos produziu seus estudos pioneiros sobre o tema, contando com os recursos materiais dessa instituição e com o apoio de seu amplo e bem formado quadro de profissionais e, ainda, com a colaboração e o entusiasmo de seus alunos dos programas de graduação, pós-graduação *lato sensu*, mestrados e doutoramento, o Programa de Estudos de Administração Brasileira se consolidaria como atividade de pesquisa acadêmica inscrita no Diretório dos Grupos de Pesquisa no Brasil (Plataforma Lattes do CNPq).

A produção desse grupo de investigação acadêmica e sua presença em congressos nacionais e internacionais estão parcialmente disponíveis para consulta no endereço eletrônico do programa.[12]

Nos dias atuais, a idéia de estudar administração como manifestação singular da forma de existência de um povo vai se difundindo nos universos acadêmico e empresarial. Em nosso país, assim como já havia ocorrido na UFF, a nossa proposta de inclusão da disciplina na grade curricular obrigatória de formação do administrador foi aprovada e se encontra em fase de implementação pela Faculdade de Administração e Finanças (FAF) da Universidade do Estado do Rio de Janeiro (Uerj). Certamente, muitas outras instituições de ensino superior (IESs) caminharão nesse mesmo sentido.

Além dos estudos pioneiros sobre administração brasileira de Alberto Guerreiro Ramos[13] – patrono da disciplina –, outros trabalhos/autores se alinham no esforço

---

12 Programa de Estudos de Administração Brasileira. Disponível em: <www.ebape.fgv.br/academico/asp/dsp_pe_peab_objetivos.asp>.

13 Ramos, 1983.

de construção de tão importante matéria. Entre eles e sem a pretensão de exaurir esse rico universo teórico, destacamos os trabalhos de: Hélio de Alcântara Avelar; Clóvis Abreu Vieira, Frederico Lustosa da Costa e Lázaro Oliveira Barbosa; Graça Salgado; Paulo Emílio Matos Martins; Agrícola de Souza Bethlem; Hamilton Moss de Souza; Betânia Tanure de Barros, Marco Aurélio Spyer Prates e Ulisses Ferreira Diniz; Lívia Barbosa; Betânia Tanure de Barros e Marco Aurélio Spyer Prates; Fernando Prestes Motta e Miguel Caldas; Thomaz Wood Jr. e Miguel Caldas; Fernando Prestes Motta e Rafael Alcadipani; Paulo Emílio Matos Martins[14] e tantos outros que, com a mesma orientação e diferentes metodologias, vêm se debruçando sobre essa tão desafiadora quanto necessária empreitada.

Em busca de uma metodologia para a pesquisa em administração brasileira

A construção de uma linha de investigação acadêmica supõe, necessariamente, a definição de uma metodologia adequada à natureza do fenômeno objeto de estudo. A proposta aqui formulada, de estudar a ação administrativa como uma forma de manifestação da cultura brasileira, convida-nos à adoção de um método de pesquisa capaz de lidar com os traços etnográficos e históricos do processo de formação de nossa sociedade.

Em trabalho anterior,[15] ao estudar a organização social e o poder na comunidade de Canudos – a Belo Monte, de Antônio Conselheiro (1893-97) –, propusemos um modelo de análise organizacional, de fundamentação semiológica, o qual denominamos Tetraedro Semiológico das Organizações. A seguir, discorreremos brevemente sobre esse modelo.

A análise organizacional clássica, mais freqüentemente denominada organização e métodos (O&M), ou ainda organização, sistemas e métodos, como legado característico da teorização dos *engenheiros das organizações*,[16] preocupada principalmente com a eficiência econômica das empresas e demais unidades sociais onde o trabalho societário se desenvolve, fez uma rústica leitura do fenômeno objeto de seu estudo, reduzindo o espaço organizacional às suas dimensões: material (edifícios, máquinas, estoques etc.); humana (vista como formada por seres motivados, exclusivamente, por compensações pecuniárias); tecnológica (englobando os processos, téc-

---

[14] Avelar (1976); Vieira, Costa e Barbosa (1982); Salgado (1985); Martins (1987); Bethlem (1989); Souza (1989); Barros, Prates e Diniz (1991); Barbosa (1992); Barros e Prates (1996); Motta e Caldas (1997); Wood Jr. e Caldas (1999); Motta e Alcadipani (1999); Martins (2001).

[15] Ver Martins (2001).

[16] Ver Warlich (1977).

nicas, sistemas operacionais etc.); e estrutural-hierárquica (dimensão política daquele espaço, envolvendo a lógica de repartição do poder na organização, sua hierarquização, departamentalização, tomada de decisão etc.).

É possível, entretanto, representar o espaço assim concebido com apenas três dimensões,[17] reunindo a primeira (material) à parte física da terceira (tecnológica) e denominando-a dimensão *tecnológica* (*T*) ou *hardware*; renomeando a segunda (humana) como dimensão *biológica*[18] (*B*) ou *peopleware*; e, finalmente, juntando a quarta (estrutural-hierárquica) à parte não-material da terceira (tecnológica), ambas de natureza lógico-formal, e chamando-a *racional-lógica* (*L*) ou *software*. As três dimensões do modelo assim construído (os vértices do triângulo representativo do espaço organizacional) e suas sinergias (os lados do mesmo polígono) – mostradas na figura 1 – englobam os referentes do espaço organizacional.

Figura 1

A administração em 3-D: as organizações como estruturas estáticas

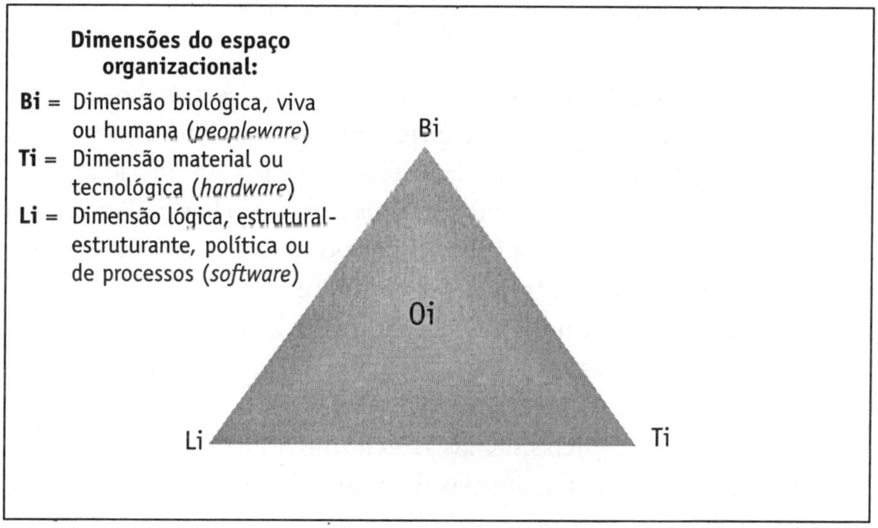

[17] No seu trabalho pioneiro *Administração e contexto brasileiro*, Ramos, antevendo "o fato administrativo como aspecto particular da realidade social", já distinguia três ordens nos seus elementos constituintes, os quais denominava *aestruturais* (morfologia material do fenômeno), *estruturais* ou *configurativos* (internos: estrutura organizacional etc.; e externos: a sociedade global etc.) e *estruturantes* (decisões). Ver Ramos (1983:1-35).

[18] Categorização esta que se justifica plenamente se considerarmos o fato de que, nas organizações produtivas dos regimes escravistas e de servidão, nos processos tradicionais que se utilizam da tração animal e, o que é tão pavoroso quanto verdadeiro, em muitas organizações contemporâneas onde o papel humano é meramente o de força motriz animadora da produção, a dimensão biológica, desempenhada por seres dotados ou não da razão, nivela essas duas categorias de seres vivos através do aproveitamento exclusivo de suas propriedades comuns.

Por outro lado, essas três dimensões de análise do espaço social das organizações, sem considerar a dimensão tempo, reduzem o universo de ocorrência do fenômeno administrativo à abstração de um universo geométrico, o que importa dizer, à propriedade homológica[19] e à condição física de penetrabilidade.[20] Ora, como sabemos, essas propriedades são tão refutáveis no universo físico quanto o são no mundo das organizações. Assim como o espaço material, o organizacional também se define, no mínimo, com quatro dimensões, havendo, portanto, que acrescentar, às dimensões indicadas, a também abstrata hipótese de um tempo que flui incessantemente (figura 2). Nesse *novo* espaço assim definido, as organizações podem ser representadas pela notação:

$$Oi\ t = (Bi,\ Ti,\ Li)\ t, \quad \text{onde: } t \text{ e } i\ [\,0 \rightarrow \infty]$$

Fazendo $t = t'$, teremos:

$$Oi\ t' = (Bi,\ Ti,\ Li)\ t' \neq Oi\ t$$

Fazendo $i = j$, vem:

$$Oj\ t = (Bj,\ Tj,\ Lj)\ t \neq Oi\ t \neq Oi\ t'$$

Do exposto se conclui que, no universo das organizações, como no mundo físico, cada ente só é homólogo a si próprio num determinado instante. Dito de outro modo, cada organização em um dado tempo é uma singularidade e pode ser descrita pelos "significados"[21] que assumem seus referentes básicos naquele tempo.

Portanto, com a introdução da variável tempo no universo tridimensional das organizações, recuperam-se as propriedades de singularidade e "impenetrabilidade" de seus entes constituintes e, ainda, sugere-se uma certa "vinculação" entre as configurações que esses possam assumir em diferentes momentos de suas vidas. Esta "vinculação", que na física se descreve com uma lei positiva, reguladora da passagem de um estado a outro, nas ciências sociais se denomina história.

Por outro lado, se as leis das ciências da natureza têm o poder de predição dos estados futuros e de descrição precisa do passado dos entes estudados, a história pode, apenas, iluminar o porvir, explicar melhor o que ficou para trás e revelar a dinâmica dessa "vinculação" entre os momentos de um sistema social, enriquecendo, assim, a compreensão do fenômeno observado.

---

[19] Em que coexistem entes semelhantes. Por exemplo: dois círculos de raio x, três icosaedros regulares de aresta y etc.

[20] Possibilidade de dois ou mais entes ocuparem, ao mesmo tempo, o mesmo lugar no espaço.

[21] Nos sentidos quantitativo e qualitativo.

A reflexão assim formulada, sem a pretensão de ser demonstrativa, busca o resgate da historicidade imanente ao ato administrativo como fato social, o que a teoria clássica das organizações, com sua formulação original *mecânico-fatalista*, certamente sub-relevou.

Figura 2

O espaço tetradimensional da administração: as organizações como mecanismos

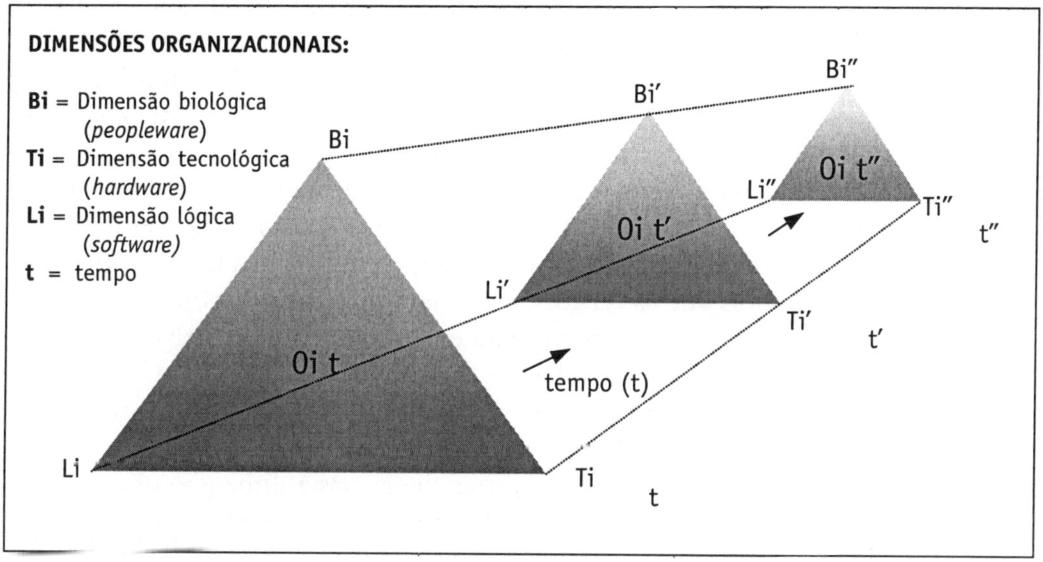

Como vimos, a leitura feita pela análise administrativa tradicional interpreta as organizações como conjunturas estáticas. Ainda que possa ser muito útil como roteiro preliminar de estudo, essa análise limita-se à descrição do espaço analisado, sem auxiliar muito na compreensão dos processos, estruturas, comportamentos, produtos e/ou serviços da organização no nível institucional de análise.

É importante destacar que, no mundo em que a racionalidade econômico-instrumental preside a lógica de uma civilização fundada nas leis do mercado, essa visão das organizações não só se tem revelado eficiente, como também tem contribuído para a manutenção desse modelo de organização social. O sucesso inegável e a difusão por todo o planeta do movimento taylorista-fordista do início do século XX – aumentando fantasticamente a eficiência dos sistemas produtivos, reduzindo seus custos, massificando a produção industrial e transformando as relações sociais – são demonstrações inequívocas da correção dessa assertiva.

Por outro lado, se contemplamos o universo com um enfoque dialético, fácil é perceber que as contradições do sistema assim descrito parecem já ter de há muito se explicitado, e a humanidade neste início de milênio, consciente ou inconscientemente, vive a superação de mais uma era histórica na frenética busca da síntese que virá definir os cânones de um novo amanhã.

Deixando de lado essa hipótese, muitas vezes vista como romântica e/ou determinista, o caminho alternativo parece ser a paradoxal crença na quiescência da dinâmica social e no igual determinismo do *fim da história.*

Ao refutarmos, peremptoriamente, a abordagem das organizações como máquinas projetadas exclusivamente para operação segundo o modelo físico de maximização da relação *output/input,* com base na segunda lei da termodinâmica, também descartamos as modelagens reducionistas das teorias da administração e buscamos um modelo mais complexo para interpretação da igualmente complexa realidade organizacional.

Ainda que seja sensato reconhecer que as organizações são, também, coisas – representadas pela dimensão *tecnológica* (*T*) no modelo descrito – e que essa dimensão é perfeitamente programável e tem seu desempenho previsível, o triângulo que as representa contém dois outros vértices, os quais, como vimos, definem as dimensões *biológica* (*B*) – cujo comportamento não é perfeitamente predizível – e *lógico-racional* (*L*), que é um produto cultural e que se orienta para a regulação dos espaços físico e social em que se insere. Este último vértice, sendo de natureza ideativa, representa os arranjos políticos com os quais se intenta eternamente ordenar o poder que (ad)ministra o trabalho coletivo. Também se incluem nesta dimensão os esquemas lógicos de arranjo do mundo físico e de predição do comportamento humano ideal na organização. Essa variável não-material, verdadeiramente transformadora de seu hábitat, engenha os sistemas de aproveitamento da "diferença de potencial" que gera o fluxo informacional-energético-material dinamizador do mundo da administração.

A reflexão assim feita torna extremamente pobres as modelagens do espaço administrativo baseadas nas três ou quatro dimensões tradicionais. Quiçá, mesmo, esse espaço reclame um modelo de ordem superior para melhor explicação de seu objeto de estudo.

A contribuição recente dos etnólogos das organizações, vendo a administração como fenômeno cultural e as organizações como subculturas do universo social no qual se inserem, e a teoria semiológica, buscando a decifração dos signos gerados por aquelas subculturas, parece ser de grande valia para a lapidação final do modelo que buscamos. De fato, ao olharmos as organizações e a ação administrativa que as anima como manifestações sociais, portanto culturais, duas circunstâncias ressaltam aos nossos olhos: a constatação da singularidade do evento administrativo, o que quer dizer sua não-universalidade; e o seu caráter histórico como memória dinâmica das experiências sociais ancestrais. Somos, assim, conduzidos ao universo do simbólico das organizações, uma vez que toda produção cultural é também criadora de signos, e à semiótica, que intenta explicar a sempre desafiadora significação da realidade.

Com o auxílio daquelas ciências, o triângulo organizacional ganha um centro de gravidade. Este novo ponto, o qual denominamos (*C*) – *baricentro* (no sentido metafórico) do espaço (*B T L*) –, é o lugar da dimensão cultural do sistema social da organização e, portanto, o domínio da dimensão do simbólico daquele universo.

Se interceptarmos ortogonalmente o plano definido pelos vértices (*B*), (*T*) e (*L*) com o triângulo semiótico de Ogden e Richards (*R S I*),[22] fazendo coincidir o centro de gravidade (*C*) do primeiro polígono com o vértice (*S*) – o *significante* ou signo – do triângulo semiológico e um dos vértices *B*, *T*, *L* (dimensões do espaço organizacional) com o ponto (*R*) – *referente* ou coisa extralingüística – do trilátero semiológico, resultará dessa interseção o tetraedro que tem por quarto vértice o ponto (*I*) – *significado* (referência ou idéia) do polígono de Ogden e Richards.

A figura 3 ilustra a construção do modelo de análise organizacional-institucional assim definido, o qual denominamos Tetraedro Semiológico das Organizações.

Na perspectiva de resgate da dimensão simbólico-cultural do fenômeno administrativo, recuperamos também sua historicidade.

Figura 3

O tetraedro semiológico da administração: as organizações como *locus* de produção do simbólico

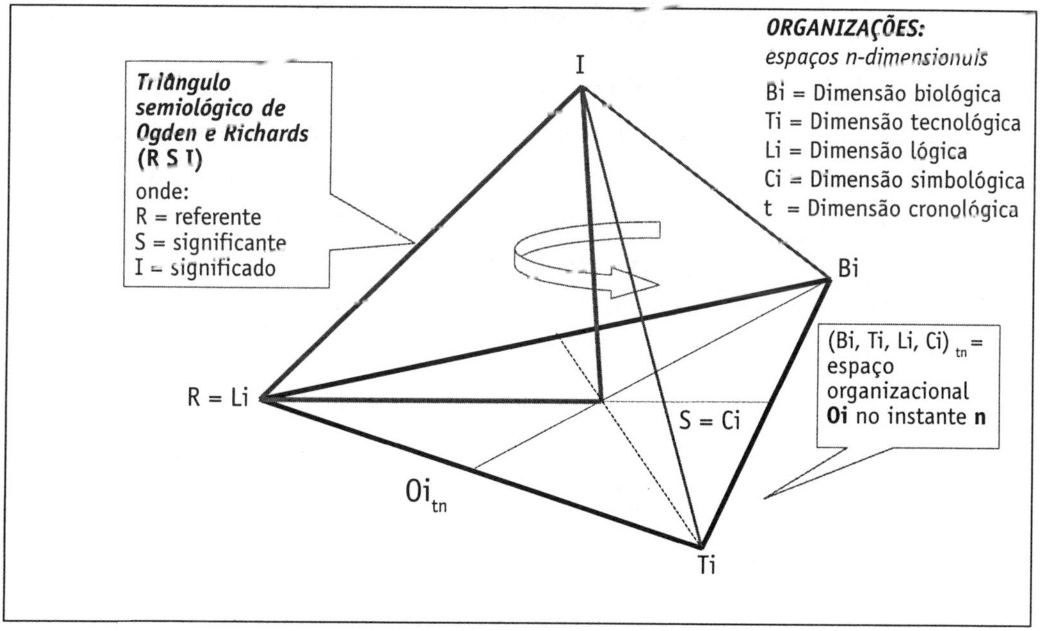

[22] Para melhor elucidação dos modelos e teorias da semiótica, ver Blikstein (1990).

Para Izidoro Blikstein,

> Lingüistas e semiólogos deveriam alargar a sua metodologia de análise, voltando-se (...) também para o lado direito [na figura 3, esquerdo] do triângulo de Ogden e Richards – em que se coloca o referente – e explorando o mecanismo pelo qual a percepção/cognição transforma o "real" em referente. O triângulo passaria a ter uma configuração semiológica mais abrangente; a realidade se transforma em referente, por meio da percepção/cognição (conforme Greimas) ou da interpretação humana (segundo Coseriu), e o referente será obrigatoriamente incluído na relação triádica.[23]

Desenvolvendo essa idéia, o autor desenha um esquema representativo do modo como a captura do referente "modela" a realidade. A figura 4, associando o Tetraedro Semiológico das Organizações com a idéia daquele semiólogo, intenta ilustrar como: "'não é a língua que recorta a realidade', como afirma o clichê; ela não recorta a realidade propriamente, mas o referente ou a realidade 'fabricada'".[24]

Em reforço a essa idéia, Blikstein ressalta:

> Na realidade, esse perfil epistemológico da linguagem não é tão novo assim e pode ser resgatado nas entrelinhas de textos bem representativos da história do pensamento lingüístico. Assim é que uma releitura, por exemplo, das reflexões socráticas acerca da relação entre nomes e coisas vai revelar que a noção de realidade "fabricada" já estava implícita na concepção platônica de linguagem; basta lembrar uma passagem do célebre Crátilo, de Platão, em que Sócrates define o nome:
> "O nome é, assim, um instrumento para instruir e discernir a realidade..."[25]

---

[23] Blikstein, 1990:46-47.
[24] Ibid., p. 47.
[25] Ibid., p. 47.

Figura 4
A captura dos referentes organizacionais com o tetraedro semiológico da administração

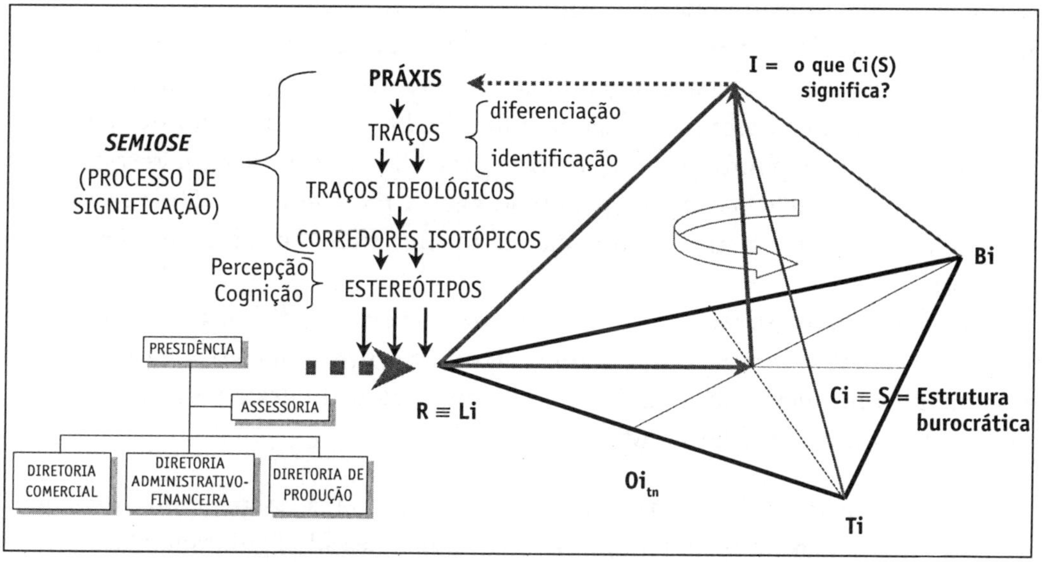

A análise organizacional com o Tetraedro Semiológico da Administração: uma ilustração

De acordo com a premissa do modelo proposto, as variáveis de qualquer dimensão de uma organização (*Oi*) em um tempo (*t*) assumem significados singulares. Assim, ainda que se possa falar em cenários comuns para manifestação das dimensões organizacionais de um mesmo universo, cada organização desse conjunto pode apresentar comportamento singular dentro do padrão geral. Dito de outro modo, a não-universalidade de comportamento das variáveis organizacionais torna sem sentido qualquer análise desfocada de seu contexto cultural, o que significa dizer: epocal. Desse modo, e tão-somente à guisa de ilustração, a seguir, roteirizamos uma aplicação do modelo em questão.

Tomemos, por exemplo, o referente *burocratização* do espaço onde se desenrola o fenômeno administrativo, a qual o autor de *Influências sociológicas em teoria organizacional* classifica como *estrutural*, e analisemo-lo de acordo com o modelo proposto.

Inicialmente, cumpre perguntar: a que dimensão (vértice do triângulo organizacional) esse referente pertence? De acordo com a definição daquele modelo, o seu ponto (*L*) representa a dimensão lógica do espaço onde ocorre o fato administrativo e, obviamente, a este vértice pertence aquela variável. Fazendo-o coincidir com o *referente* (*objeto extralingüístico* do polígono de Ogden e Richards), o seu *significante* (*nome*, no dizer de Ullmann) se situa entre os produtos culturais do sistema social estudado e, portanto, pertence à dimensão do simbólico, ponto (*C*) – centro de gravidade do espaço organizacional –, local onde, historicamente, se elaboram os signos do sistema social da organização. No vértice superior desse mesmo tetraedro, temos o ponto (*I*) – *referência* (para Ogden e Richards), *sentido* (para Ullmann), *significado* ou *conceito* (para Baldinger) e *unidade cultural* (para Eco)[26] –, que contém a leitura coletiva e acordada que aquele sistema social faz do significante *burocratização*.

Resumindo: o *referente* (*R*) = variável *burocratização* (prática, extralingüística); o *significante* (*S*) = *burocratização* (nome, signo); e o *significado* (*I*) = *burocratização* ("valor" historicamente construído e socialmente acordado dessa prática).

Conforme acentua Guiraud:

> Teoricamente, a eficácia da comunicação postula que a cada significado corresponda um significante e apenas um, e, inversamente, que cada significado não se exprima senão por um único significante. Tal é o caso das línguas científicas, dos sistemas de sinalização e, de um modo geral, dos códigos lógicos.[27]

E, acrescentamos, não é o caso das linguagens políticas. O próprio referente de nossa ilustração nos oferece uma oportunidade excepcional de explorar um pouco mais esta questão. Vejamos como.

Do ponto de vista denotativo, com base na sua etimologia e na reflexão que o grande teórico e sociólogo da burocracia Max Weber[28] faz do nome, temos: *burocratização* é o grau de racionalidade de uma organização (pública ou privada) que tem a eficiência como objetivo primordial dessa racionalidade e que se estrutura (divisão do poder) com base no direito (dominação racional-legal) e num sistema de regras impessoais que têm força de lei. Essas organizações se conformam hierarquicamente como *pirâmides* onde prevalece a especialização na função e o princípio da unidade de comando. Nesses sistemas sociais, os recursos necessários ao desempenho das tarefas administrativas não são propriedades do burocrata e seus cargos nada

---

[26] Ver Blikstein (1990).

[27] Guiraud, 1983:41-42.

[28] Ver Weber (1992:349-359).

têm a ver com o seu patrimônio particular. Essa forma de organização se opõe às dominações: *tradicional* – baseada nos costumes – e *carismática* – suportada na fé que os seguidores depositam nas qualidades pessoais de seu governante (demagogo?).

> Sua origem é o vocábulo francês *bureau*, tecido grosso de lã com que antigamente se forravam mesas. Por translação passou-se a se chamar *bureau* sucessivamente a mesa, o lugar em que se juntavam mesas para trabalhos geralmente de administração (pública ou empresarial), as repartições públicas e os tipos de trabalhos e funções que nelas se realizavam. Empregava-se também o termo para qualificar os empregados que serviam nesses lugares (*garçons de bureau*). Entre os derivados, figura burocracia para o conjunto de funções de tramitação e execução das decisões políticas e ainda o elemento humano encarregado de executar tais funções.[29]

Entretanto, essa variável organizacional é muito mais lida, universalmente, pelas suas conotações (negativas) do que, propriamente, pela sua denotação (positiva e ideal). Vejamos como.

Para Peter e Hull,[30] os conhecidos autores do *Princípio de Pedro*, *"In a hierarchy every employee tends to rise to his level of incompetence"* (Numa hierarquia [organização burocrática] todo empregado tende a ser promovido até atingir o seu nível de incompetência). E seguem-se os dois corolários daquele "princípio": *"In time, every post tends to be occupied by an employee who is incompetent to carry out its duties"* (Com o tempo, todo cargo tende a ser ocupado por um empregado que é incompetente para cumprir os seus deveres); *"Work is accomplished by those employees who have not yet reached their level of incompetence"* (O trabalho [de uma organização burocrática] é realizado pelos empregados que ainda não atingiram o seu nível de incompetência).[31]

Já para o iluminado poeta lusitano e inconformado burocrata Fernando Pessoa:

> Todos os organizadores chamados "de gabinete" pecam, sem exceção, pela delineação de organismos estudados e escritos até ao último detalhe. Quanto mais inteligentes são, pior sai a obra praticamente, por isso mesmo que sai melhor intelectualmente, e portanto só intelectual. Não contam com o que a realidade é de flutuante e de incerta. Aplicam à elaboração do que pensam que há de ser uma

---

29 Fundação Getulio Vargas, 1987:131.
30 Peter e Hull, 1969:25.
31 Peter e Hull, 1969:27.

> realidade o processo pelo qual legitimamente se confeccionam os sistemas filosóficos, os poemas épicos e os romances policiais.[32]

É bastante extensa e crescente a relação das críticas e sátiras à organização burocrática. Entre seus autores, além dos já citados, destacamos Northcote Parkinson, Anthony Jay, Robert Towsend, Edsel Murphy, Scott Adams (criador do Dilbert) etc.

Confrontando a concepção weberiana de burocracia e a etimologia da palavra com as conotações que ela incorpora, ficam explícitos a riqueza de conteúdos e historicidade que ela contém, os traços ideológicos que inevitavelmente carrega num dado sistema social, os "corredores semânticos" ou isotópicos (melhorativos ou pejorativos) e os estereótipos ("óculos sociais") de sua leitura.

O desenho estático dos manuais, das descrições de cargos, dos regimentos e dos organogramas, onde se retrata o grau de *burocratização* de uma organização em um período de sua existência, revela, simplesmente, formas e relações lógicas, as quais, com a análise proporcionada pelo modelo do Tetraedro Semiológico das Organizações, ganham movimento e se enriquecem pela revelação dos institutos que as presidem e determinam.

Assim como sucede com a variável burocratização, com a qual ilustramos este texto, todos os demais referentes do espaço organizacional e de sua dinâmica, como produtos culturais do sistema social em que se inserem, adquirem significado no espaço e no tempo através da práxis que se constrói no processo de sua própria história. É desse modo que a análise organizacional fica muito mais rica quando focada numa perspectiva semiótica, como a do Tetraedro Semiológico das Organizações.

Referências bibliográficas

AVELAR, Hélio de Alcântara. *História administrativa e econômica do Brasil.* 2. ed. Rio de Janeiro: Fename, 1976.

BARBOSA, Lívia. *O jeitinho brasileiro*: a arte de ser mais igual que os outros. Rio de Janeiro: Campus, 1992.

BARROS, Betânia Tanure de; PRATES, Marco Aurélio Spyer. *O estilo brasileiro de administrar.* São Paulo: Atlas, 1996.

______; ______; DINIZ, Ulisses Ferreira. *A arte brasileira de administrar.* Belo Horizonte: Fundação Dom Cabral; CTE, 1991.

---

32 Pessoa, 1992:109-110.

BETHLEM, Agrícola de Souza. *Gerência à brasileira*. São Paulo: McGraw-Hill, 1989.

BLIKSTEIN, Izidoro. *Kaspar Hauser ou a fabricação da realidade*. São Paulo: Cultrix, 1990.

CHIAVENATO, Idalberto. *Teoria geral da administração*: abordagens prescritivas e normativas da administração. 3. ed. São Paulo: McGraw-Hill, 1987.

FREITAS, Maria Esther de. *Cultura organizacional*: formação, tipologias e impactos. São Paulo: Makron/McGraw-Hill, 1991.

FUNDAÇÃO GETULIO VARGAS. *Dicionário de ciências sociais*. 2. ed. Rio de Janeiro, 1987.

GUIRAUD, Pierre. *A semiologia*. Tradução Felippe Silva. 3. ed. Lisboa: Editorial Presença, 1983.

MARTINS, Paulo Emílio Matos. *Participação na gestão*: o discurso oficial brasileiro. 1987. Dissertação (Mestrado em Administração Pública) — Escola Brasileira de Administração Pública, Fundação Getulio Vargas, Rio de Janeiro, 1987.

______. *A reinvenção do sertão*: a estratégia organizacional de Canudos. Rio de Janeiro: FGV, 2001. Originalmente apresentada como tese de doutorado, Eaesp, Fundação Getulio Vargas, São Paulo, 1999.

MARX, Karl. *O 18 de Brumário de Louis Bonaparte*. Tradução José Barata-Moura e Eduardo Chitas. 2. ed. Lisboa/Moscou: Avante, 1984.

MOTTA, Fernando C. Prestes; ALCADIPANI, Rafael. Jeitinho brasileiro, controle social e competição. *Revista de Administração de Empresas*, v. 39, n. 1, p. 6-12, jan./mar. 1999.

______; CALDAS, Miguel P. (Orgs.) *Cultura organizacional e cultura brasileira*. São Paulo: Atlas, 1997.

PESSOA, Fernando. *Estatização, monopólio, liberdade e outros estudos sobre economia e administração*. São Paulo: Giordano, 1992.

PETER, Laurence J.; HULL, Raymond. *The Peter principle*. New York: William Morrow, 1969.

RAMOS, Alberto Guerreiro. *A redução sociológica*: introdução ao estudo da razão sociológica. 2. ed. Rio de Janeiro: Tempo Brasileiro, 1965.

______. *Administração e contexto brasileiro*: esboço de uma teoria geral da administração. 2. ed. Rio de Janeiro: FGV, 1983.

SALGADO, Graça (Coord.). *Fiscais e meirinhos*: a administração no Brasil colonial. 2. ed. Rio de Janeiro: Nova Fronteira, 1985.

SOUZA, Hamilton Moss de. *Engrenagens da fantasia*: engenharia, arte e convivência – a produção nas escolas de samba. Rio de Janeiro: Bazar das Ilusões, 1989.

TAYLOR, Frederick Winslow. *Princípios de administração científica*. Tradução Arlindo Vieira Ramos. 6. ed. São Paulo: Atlas, 1966.

VIEIRA, Clóvis Abreu; COSTA, Frederico Lustosa da; BARBOSA, Lázaro Oliveira. O "jeitinho" brasileiro como recurso de poder. *Cadernos Ebap*, n. 17, 1982.

WARLICH, Beatriz. *Uma análise das teorias de organização*. 4. ed. Rio de Janeiro: FGV, 1977.

WEBER, Max. *Metodologia das ciências sociais*. Tradução Augustin Wernet. São Paulo: Cortez, Edusp, 1992.

WOOD JR., Thomaz; CALDAS, Miguel. Antropofagia organizacional. *Revista de Administração de Empresas*, v. 38, n. 4, p. 6-17, out./dez. 1999.

O modelo estruturalista

Hermano Roberto Thiry-Cherques*

Introdução

Duas breves assertivas nos colocam imediatamente no cerne do programa estruturalista. A primeira é a do princípio fundamental do estruturalismo: "a noção de estrutura não se refere à realidade empírica, mas aos modelos construídos segundo ela".[1] A segunda, a de que o método estruturalista pode ser resumido a duas operações:[2] definir o fenômeno em estudo como uma relação entre dois ou mais termos reais ou supostos; adotar este modelo como objeto geral de análise, considerando os fenômenos empíricos somente uma possível combinação entre outras.

A trajetória metodológica do estruturalismo é de fácil esquematização. Partindo do referencial empírico ou, simplesmente, do raciocínio lógico, construímos modelo que contém as relações possíveis entre os elementos de um objeto determinado. Procedemos, em seguida, à acumulação de exemplos de modelos empíricos homólogos a esse primeiro modelo ideal. Da interpretação destes últimos, extraímos as relações invariantes nos diversos modelos, que explicam e definem o conhecimento do objeto analisado: a sua estrutura.

---

* Doutor em engenharia da produção pela Coppe-UFRJ; professor titular da Escola Brasileira de Administração Pública e de Empresas da Fundação Getulio Vargas (Ebape/FGV). E-mail: hermano@fgv.br.

[1] Lévi-Strauss, 1958:303.

[2] Leach, 1973:27.

Ainda que de entendimento imediato, o método estruturalista encerra algumas dificuldades. Notadamente são problemáticas a redução ao mínimo das relações consideradas e a mediação entre esquemas relacionais de índole diversa. Para que o modelo seja inteligível e manipulável, é necessário reduzir ao essencial os elementos, e ao imprescindível as relações que o caracterizam – processos que podem acarretar perdas e superficialidades e que podem falsear as transições entre a lógica interna ao modelo, o real empírico e a sua interpretação.

Neste texto, abordo a modelagem como passo essencial do método estruturalista. Detenho-me nos dificuldades mencionadas e nas possibilidades de sua superação, mediante o exame de três tópicos: o da formação do conceito de modelo; o da construção dos modelos relacionais; e o das especificidades e dificuldades da sua interpretação.

O conceito de modelo no estruturalismo

Estrutura e modelo

À diferença de outros métodos, que consideram os objetos *qua* "coisas independentes existentes", o método estruturalista considera unicamente objetos *qua* "posições em sistemas estruturados". Sistema e estrutura são termos que muitas vezes se confundem. No estruturalismo, a distinção entre eles é imprescindível.

Um sistema é um conjunto de *entidades* mutuamente inter-relacionadas e interdependentes, operando juntas em um nível determinado de organização.[3] Aplicamos o termo sistema para designar o conjunto concreto de elementos harmonicamente funcionais.

Uma estrutura é um conjunto de *relações*. Não tem o atributo da funcionalidade. Um sistema funciona. Uma estrutura é. As relações estruturais podem ser abstratas, se e quando puramente lógicas, ou podem ser relações concretas, se e quando incorporadas a um sistema.

Enquanto outras formas de pensamento se concentram na elucidação dos sistemas – de como as coisas funcionam – ou focam diretamente fenômenos isolados, a idéia central do estruturalismo é a de que a estrutura – o conjunto de relações – é o determinante na explicação dos objetos psicossociais.

---

[3] Caws, 1974:3.

E isto porque a maneira de relacionarmos os elementos que constituem a vida individual e social é inerente ao ser humano. A idéia-força por trás do estruturalismo é a convicção do "espírito humano". De que o que nos caracteriza como espécie é a nossa capacidade e a nossa forma de pensar comuns. Compartilhamos, todos os seres humanos, independentemente de época e de lugar, padrões lógicos, que se refletem, diferentemente, nos costumes, nas normas, nas organizações.[4]

O estruturalismo procura a explicação do observável em uma estrutura profunda, subjacente na consciência comum. O método estruturalista consiste em elucidar tais estruturas mediante a construção de modelos lógicos, universalmente inteligíveis.[5] Parte da convicção de que, para além das aparências e das manifestações socioculturais, deve, necessariamente, haver um número limitado, e portanto identificável, de relações em cada campo da vida humana. O método estruturalista tem como propósito desvendar a forma e a lógica dessas relações. Tem como ambição explicar-nos mediante a identificação daquilo que temos de mais profundo e imutável: as estruturas.

O empírico e o mental

Nas formas convencionais de pensamento, o termo modelo designa uma representação das relações ou do funcionamento de uma parte do real, isto é, identifica-se com as estruturas existentes. No estruturalismo, como na matemática e na lógica, o termo designa o resultado obtido ao se especificarem os elementos e as relações de uma estrutura. É um sistema que articula *conceitos* e que só existe na mente humana.

Há aqui uma certa confusão, devido às possibilidades do uso do termo modelo. Um modelo pode ser tanto a representação simplificada de um objeto existente como o protótipo de um objeto abstrato ou ainda não construído. No primeiro sentido, o modelo encerra uma estrutura. No segundo, uma estrutura é um modelo.

No estruturalismo, construímos modelos que contêm estruturas. Trabalhamos sobre esses modelos até que, dos elementos e das relações estruturais, possamos destacar aqueles que são essenciais, isto é, que se aplicam a qualquer dos modelos do objeto. O objeto de estudo é o possível, não o real empírico, e a estrutura é um modelo heurístico de grande amplitude que não pode ser explicada, no sentido causal do termo, só compreendida e descrita no que podemos designar de um modelo explanatório.

---

4 Lévi-Strauss, 2003:35.
5 Piaget, 2003:85-86.

Para chegarmos a compreender as estruturas, elaboramos modelos mentais do que elas poderiam ser. Verificamos, em seguida, a propriedade desses modelos como explicação do manifesto – do empiricamente observado – até o ponto em que seja possível descrever com segurança a estrutura sobre a qual repousam os fenômenos. Isto é, até o ponto em que podemos predizer a estrutura de todos os fenômenos de mesma natureza.

É essa tarefa que Lévi-Strauss, o criador do estruturalismo, empreende ao desvendar as estruturas do parentesco, do mito, da alimentação e de outros campos de interesse antropológico. Ao examinar, por exemplo, as estruturas elementares do parentesco, Lévi-Strauss trata dos diferentes tipos de regras matrimoniais sobre modelos sociais.[6] Já ao estudar as estruturas dos mitos,[7] trabalha prioritariamente com as estruturas mentais, em detrimento das estruturas meramente lógicas. Ele se preocupa em desvendar como os códigos de uma cultura fundamentam a construção de mensagens e em como estas mensagens, os mitos, resolvem problemas e tornam aceitáveis as contradições daquela sociedade específica. Qualquer que seja a ênfase, a sua análise se verte sobre os modelos, não sobre as regras e as sociedades empíricas. Os modelos são esquemas simplificados de relações possíveis, dos quais ele tira conclusões sobre o impacto da aplicação das regras a sociedades particulares.[8]

O método estruturalista envolve o estudo dos objetos mediante modelos de estrutura hipotéticos e das leis que os governam. A noção de estrutura não se refere à realidade histórica, mas aos modelos construídos sobre a sua base. Para descrever uma estrutura, podemos começar por imaginar uma rede de relações lógicas entre elementos, ou podemos começar examinando relações empíricas. É indiferente partirmos ou não do observado para construirmos o modelo. A estrutura não é uma generalização a partir de dados, mas um modelo que torna inteligível o observado.

O estudo empírico condiciona o acesso à estrutura,[9] mas a prova empírica é meramente um exemplo e uma verificação do que é possível. O fenômeno empírico é um meio no caminho do conhecimento. O modelo é uma estrutura virtual. Relações potenciais de elementos cuja atualização depende do meio.[10] É uma estrutura abstrata homóloga a uma estrutura concreta, ou uma estrutura concreta homóloga a

[6] Lévi-Strauss, 1967.
[7] Id., 1958.
[8] Kronenfeld e Decker, 1979:517.
[9] Lévi-Strauss, 1962b.
[10] Parain-Vial, 1972:43, n. 22.

outra estrutura concreta ou a um conjunto de estruturas concretas.[11] É o inteligível, mas ignorado porque oculto pelo aparente e manifesto.

O sincrônico e o diacrônico

O tempo do estruturalismo é uno. As estruturas se dão em um tempo simultâneo, por isto os modelos estruturalistas são sincrônicos. É claro que a estrutura é algo preservado após transformações. Mas o estruturalismo lida com os códigos constituintes e não com as mensagens. Os diferentes significados das diferentes versões não importam. Mesmo diferenças nos códigos gerais não importam, porque trabalhamos com códigos selecionados justamente por coincidirem.

Os acontecimentos do passado histórico só sobrevivem em nossa consciência no presente. O plano sincrônico é como o terreno visto pelo geólogo: rochas antiqüíssimas e sedimentos recentes convivem em um mesmo contexto, são elementos de uma mesma estrutura, e esta estrutura é uma estrutura presente .[12] Os elementos da estrutura são formados em algum momento histórico, mas adquirem significados diferentes em momentos sincrônicos distintos, em planos diacrônicos. A diacronia não se refere à ordenação no tempo, mas à mudança no conjunto de regras no tempo.

O estruturalismo procede, também, a uma análise dialética. Mas os modelos estruturalistas não assentam no plano dos acontecimentos, como a física não assenta nos dados da sensibilidade.[13] A oposição estruturalista entre os elementos é referida a uma condição estática, dentro de um sistema de relações de elementos presentes. Já a hegeliana, por exemplo, é dinâmica. É referida aos elementos contraditórios que levam a um sistema distinto, onde estes contraditórios já não mais existem isoladamente.[14] No estruturalismo, interpretamos a resultante de uma cadeia diacrônica de elementos que ingressaram na estrutura no primeiro estado sincrônico.

Os modelos no estruturalismo são não-causais. Não buscam a origem dos elementos nem o modo como operam, mas as condições, as formas de relações, que se definem por sua sintaxe, isto é, pelas leis de concordância, de subordinação e de ordem a que estão sujeitos os elementos. A prova do modelo é a sua eficácia explicativa.

---

[11] Caws, 1974:2.
[12] Leach, 1973:20 e seg.
[13] Lévi-Strauss, s.d., p. 49.
[14] Kronenfeld e Decker, 1979:512.

A construção dos modelos

Os modelos no estruturalismo são estruturas puramente abstratas (se e quando constituídos a partir da "lógica", isto é, quando são mentais, não-empíricos) ou estruturas concretas, homólogas (no sentido de que as estruturas empíricas "encaixam" no modelo) a um conjunto de estruturas empiricamente observáveis (se e quando retirados da observação empírica).

Lévi-Strauss concebe o objeto geral de análise como uma espécie de matriz algébrica de possíveis permutações e combinações localizadas na mente, um atributo do cérebro com existência objetiva. A idéia é que, investigando o produto da mente humana – o cultural, por oposição ao natural –, conheceríamos seus atributos.[15]

O modelo é um mediador.[16] A modelagem tem como propósito a redução do real observável a um número limitado de variáveis. O modelo é um instrumento de discriminação. Pertence a um grupo de transformações, cada uma constituindo um modelo da mesma família, de tal maneira que um conjunto de transformações constitui um grupo de modelos.[17]

A modelagem

A noção de modelo do estruturalismo foi tomada da logística: dos modelos – descrições do real, puramente matemáticas – desenvolvidos para enfrentar o bloqueio de Berlim (1948).[18] Podem ser aplicados tanto mecânica como estatisticamente; podem estar referidos a conceitos como a condutas; podem descrever prescrições tanto como preferências.[19]

Qualquer que seja o campo ou o foco de estudo, a construção do modelo de um objeto compreende: a determinação dos elementos logicamente essenciais e internos e os que são acidentais e externos; a determinação do que ordena os elementos essenciais para que façam sentido; a indicação de como o conjunto se integra em uma estrutura significativa mais ampla. Por exemplo, como um processo se integra na dinâmica da organização ou de um complexo de organizações, como uma organização se integra em um setor etc.

---

[15] Leach, 1973:41.
[16] Lévi-Strauss, 1958:303.
[17] Viet, 1973:11.
[18] Dosse, 1993:200.
[19] Kronenfeld e Decker, 1979:517.

Na elaboração dos modelos, partimos dos elementos. Um elemento pode ser qualquer unidade de um conjunto relacional. Corresponde ao "item" lingüístico, que é qualquer unidade de uma hierarquia lingüística: palavra, locução, cláusula, frase etc. O que dá significado ao modelo é a forma como o elemento é escolhido entre uma série de possibilidades. Os seus atributos são identificados por contraste com os elementos que poderiam substituí-lo na estrutura.

Lévi-Strauss procedeu a sua análise mediante contradições. A glosa dos signos se dá por oposições binárias: homens e mulheres; bom e mau; permitido e interdito. É a idéia do semelhante diferente (como a mão esquerda e a direita) que Lévi-Strauss retira de Jakobson,[20] mas que tem a sua origem em Durkheim.[21] Por exemplo: a concepção nativa (declarada) *versus* a concepção externa (estatística); prescritivo (obrigatório) *versus* preferencial (opcional); direito *versus* dever; estruturas elementares *versus* estruturas complexas; lógico *versus* emocional, e assim por diante.

Embora possa ser superado mais adiante, esse é um bom caminho para iniciar a modelagem. Mas outras determinações são imperativas:

- o modelo está referido a conceitos formais e a relações, e não ao empírico, embora se possa partir do empírico para construí-lo;
- o modelo deve dar conta do observado, isto é, deve ser semelhante ao real;
- o modelo se refere a um estado sincrônico, resultante de mudanças diacrônicas, de forma que entre os seus atributos podemos ou não considerar os estados diretamente anteriores e sucessores;
- o modelo é mental e determinado pelo lógico, isto é, pelo inteligível;
- devemos ser capazes de prever como reagirá o modelo se um dos elementos for modificado.

O paradigmático e o sintagmático

Na construção do modelo, podemos partir da estrutura lógica "imaginada" ou da observação. No primeiro caso, estabelecemos um padrão paradigmático e as variações possíveis dentro desse padrão. No segundo caso, o da observação, partimos de um sintagma: uma seqüência particular, um caso especial, cujos arranjos possíveis

---

[20] Jakobson, 1963.

[21] Leach, 1973:44.

das partes componentes nos colocam ante um conjunto de paradigmas, o modelo, do qual o nosso caso é apenas um exemplo.

Na lingüística, de onde procede grande parte das categorias estruturalistas, o paradigma é o conjunto dos termos substituíveis entre si numa mesma posição da estrutura a que pertencem. O paradigmático é o que é *relativo a*, ou o que *pertence a* uma série de unidades que possuem traço(s) em comum e que se podem substituir mutuamente num determinado ponto da cadeia da fala. Já o sintagma é o sistema ou combinação mecânica; o grupo de unidades lingüísticas significativas, que formam uma unidade numa organização hierarquizada da frase. O paradigmático é relativo ao código. O sintagmático é relativo à associação de elementos do código, formado pela aplicação de regras da sintaxe.

O modelo espelha séries paradigmáticas, metafóricas,[22] e cadeias sintagmáticas, metonímicas.[23] O paradigma, a metáfora, o código, assenta no reconhecimento da *semelhança* (por exemplo: cultura-natureza). O sintagma, a metonímia, o discurso, no reconhecimento da *contigüidade*, o pertencimento ao mesmo plano (por exemplo: normal-transformado).

As relações paradigmáticas são os códigos a que se ligam os elementos possíveis, os elementos que irão preencher alguma posição em uma cadeia sintagmática e a forma que um elemento possa ter em uma determinada posição. São relações potenciais, que são isoladas quando nos perguntamos: o elemento *x* se opõe a quê?

As relações sintagmáticas são relações de co-ocorrência. Na linguagem comum, na fala, essas relações são seqüenciais. Mas quando "lemos" outras linguagens, como a dos surdos, essas relações podem ser tanto contemporâneas (justapostas) como seqüenciais. Em uma música, por exemplo, as relações sintagmáticas incluem tanto a contemporaneidade (harmonia) como a seqüencialidade (melodia).[24]

Na descrição paradigmática do modelo, perguntamo-nos:

- quais os elementos? Para respondermos a esta questão, utilizamos metáforas, simbolizações. Pensamos em um código com seus elementos (como a língua tem verbos, partes da fala etc.);

---

22 A metáfora designa um objeto ou qualidade mediante uma palavra que designa outro objeto ou qualidade que tem, com o primeiro, uma relação de semelhança. Por exemplo, uma vontade férrea (forte *como* o ferro).

23 A metonímia designa uma palavra fora do seu contexto semântico normal, uma relação de contigüidade, material ou conceitual, com o conteúdo ou o referente. Por exemplo: o Palácio do Planalto (*por* o governo federal).

24 Kronenfeld e Decker, 1979:509.

- qual a espécie dos elementos? Isto é, perguntamo-nos: os elementos que estamos considerando são espécies de quê? (Galinha e alface são espécies de alimentos; galinha e sapo são espécies de animais; marketing e fábrica são espécies de setores de uma empresa; marketing e sociologia são espécies de campos de estudo etc.)

Na descrição sintagmática do modelo, perguntamo-nos:

- como os elementos se relacionam entre si? Para respondermos a esta questão, analisamos um discurso, os elementos relacionados, as cadeias sintagmáticas, procuramos as metonímias, reconhecemos o todo pelas partes;
- que elementos são imprescindíveis nestas relações? Isto é, que elementos não podem ser retirados sem descaracterizar o modelo.

Na interpretação estruturalista, tratamos de verificar quais transformações do modelo ocorrem. Isso nos conduzirá a algum princípio organizacional invariável, enraizado no cérebro humano: a estrutura. Para desvelarmos a estrutura, descrevemos os elementos e as relações que são comuns a vários planos, a vários modelos empíricos.

Relações

O modelo estruturalista é focado nas relações, enquanto outros modelos, como os modelos sistêmicos, são focados nas entidades. A sua fidedignidade é julgada pelo rigor na definição das relações, como, por exemplo, a fidelidade de uma maquete de uma casa de tijolos é julgada pela proporção e distribuição dos compartimentos, não pela quantidade das miniaturas de tijolos.

As relações podem ser inferidas da lógica interna ao modelo, de um caso observado ou relatado ou de um conjunto de casos. Lévi-Strauss[25] faz uma distinção entre modelos mecânicos – que descrevem a sociedade segundo um conjunto de regras, de forma que a sociedade aparece como um de muitos conjuntos possíveis – e modelos estatísticos – que são um resumo quantitativo da sociedade real. O que importa é que os modelos revelem as relações estruturais.

A construção do modelo se dá da forma mais variada. Inclui hierarquias, formas de sociabilidade, regras sociais, mentalidades, modos de dividir o trabalho, modos de repartir a acumulação, valores manifestos, normas etc. O pai da "dinâmica dos

---

[25] Lévi-Strauss, 1958:311 e seg.

grupos", Kurt Lewin,[26] por exemplo, inspirando-se na topologia, procede à análise puramente qualitativa do seu objeto (o campo total, como o denomina) em termos de vizinhança e separações, de fronteiras (inclusive barreiras e interdições), de envolvimentos, de interseções etc. Depois introduz vetores, descrevendo a totalidade do campo por meio da teoria dos grafos e obtendo estruturas em redes.

Na construção de modelos explicativos, Lévi-Strauss[27] utiliza a técnica da bricolagem,[28] isto é, de modelagem artesanal, para a transformação de perceptos em conceitos. Nada impede de proceder como ele. Mas podemos valer-nos um pouco mais da lógica. Ela nos dá indicações úteis, como, por exemplo, a distinção entre as relações:[29]

- algébricas, que incluem todos os tipos de operação (soma, subtração, diferenciação, inclusão etc.);
- de ordem, que contemplam os diversos tipos de redes (entrelaçamentos), seriações, correspondências;
- topológicas, as de uso mais freqüente, uma vez que fundadas nas noções de proximidade, continuidade, limite etc.

As relações são os elos que ligam um elemento a outro. Além de poderem ser de tipos diferentes, as relações têm propriedades que devem ser explicitadas quando da construção dos modelos. São elas:

- reflexividade: uma relação é reflexiva quando o elemento tem relação consigo mesmo. Por exemplo, quando dizemos que x é idêntico a y;
- irreflexividade: uma relação é irreflexiva quando os elementos considerados não podem ter relação consigo mesmos. Por exemplo, quando dizemos que x é o pai de y, ou que x se comunica com y a distância;
- não-reflexividade: uma relação é não-reflexiva quando é possível que seja tanto reflexiva quanto irreflexiva. Por exemplo, quando dizemos que x é amigo de y (x pode ser amigo dele mesmo);
- simetria: uma relação é simétrica quando os elementos têm a mesma relação entre si. Por exemplo, quando x é primo de y (então y é, necessariamente, primo de x);

---

26 Lewin, 1951.

27 Lévi-Strauss, 1962b:27.

28 A *bricolage* significa, na origem, atamancar, executar trabalho grosseiro e rápido. Hoje o conceito se estendeu aos trabalhos manuais feitos em casa.

29 Baseado parcialmente em Piaget (2003: 23).

- assimetria: uma relação é assimétrica quando a simetria não é possível. Por exemplo: *x* é maior do que *y*;
- não-simetria: uma relação é não-simétrica quando não é o caso de simetria ou assimetria. Por exemplo, *x* é incluído em *y*;
- transitividade: uma relação é transitiva quando um elemento *x* tem uma relação com um elemento *y* e este tem uma relação com o elemento *z*; então *x* tem uma relação com o elemento *z*. Por exemplo, *x* é avô de *z* (é pai de *y* que é pai de *z*);
- intransitividade, quando não é o caso de transitividade. Por exemplo, *x* é o dobro de *y*;
- não-transitividade, quando não é o caso de transitividade ou de intransividade. Por exemplo, *x* é distinto de *y*.

A interpretação

O método estruturalista consiste em superar uma descrição direta do sensível (como no empiricismo), ou do vivido (como na fenomenologia), ou de uma gênese (como no historicismo). Essa superação encontra-se na estrutura, na racionalidade que jaz para além do empírico.[30] Vamos buscá-la: na construção de modelos conscientes, mediante a inferência lógica do possível, a observação do empírico e a determinação dos elementos e relações estáveis (sempre parciais) que permitem comparar e classificar;[31] na análise estrutural; e em uma síntese das nossas descobertas.

Análise

A análise estrutural tem como objeto os modelos inconscientes, implícitos, e consiste em proceder a experimentações com os modelos, isto é, procedimentos que permitam saber como um modelo dado reage a modificações, e em efetuar comparações entre modelos de mesmo tipo e de tipos diferentes.

O exemplo utilizado por Lévi-Strauss é o do estudo do suicídio.[32] Em um primeiro nível observacional, ele toma o suicídio da perspectiva dos casos individuais (mecânica): a vítima, o meio etc. Em um segundo nível, toma-o a partir do conjunto (estatística): freqüência dos suicídios em diferentes sociedades, em diferentes épocas

---

[30] Viet, 1973:84.
[31] Lévi-Strauss, 1958:356.
[32] Ibid., p. 303-352.

etc. Dessas relações, extrai os modelos das várias formas de suicídio, do suicídio em sociedades diferentes, da relação entre o suicídio e outros fenômenos sociais etc.

A chave da descrição de um modelo é a presença (por exemplo: um alimento vegetal *versus* um alimento animal; um animal terrestre *versus* um animal marinho etc.). A chave da análise de um modelo é a ação. Por exemplo: as mulheres cuidam de prover os vegetais (alguns são cultivados, outros colhidos); alguns homens cuidam de prover a caça; outros, a pesca; algumas mulheres são mais essenciais do que outras etc. A análise estrutural compara os modelos entre si, procurando encontrar propriedades formais (leis, lógicas, como permitido/proibido) que encerrem estruturas explicativas.

O compromisso analítico do estruturalismo é com a plausibilidade, não com a probabilidade, muito menos com a certeza. Ao analisar uma estrutura, as séries paradigmáticas, os códigos e as cadeias sintagmáticas, nós somos o principal informante, mas o informante do último estado sincrônico. Aqui entra o imponderável da interpretação. O tema, o foco da nossa interpretação já traz um significado implícito. Da mesma forma que Lévi-Strauss não teria como saber o que o mito de Édipo representava para Sófocles, nós ignoramos o que os modelos que analisamos podem significar para nossos informantes ou para nossos observados.[33]

Os modelos são construídos, conscientemente ou inconscientemente, segundo nossas estruturas mentais. O que permite a compreensão do fenômeno psicossocial é que tanto o investigador como o objeto da investigação, os outros, compartilham as mesmas estruturas mentais. Mas a escolha entre códigos possíveis é condicionada socioculturalmente. Um intelectual de classe média "lê" o chão-de-fábrica de forma completamente diferente da de um operário. Conforme o espectador, os acontecimentos e personagens de um *reality show* são lidos como a imagem de "gente como a gente", ou como o espelho da mediocridade abjeta do ser humano.

Riscos

A análise estrutural implica buscar múltiplos exemplos, modelos em que isomorfismos, transformações, inversões, possam ser claramente destacados. O acúmulo de modelos empíricos nos dá a confirmação da estrutura, dos elementos e das relações invariantes. Mas a interpretação encerra vários riscos. O primeiro é o de inverter o processo. Ao invés de ajustarmos o modelo à realidade, podemos, insensi-

[33] Kronenfeld e Decker, 1979:526.

velmente, ajustar uma pretensa "realidade" ao modelo. O segundo é o da justificativa. É fácil demonstrar que a realidade se ajusta ao modelo, mas é dificílimo provar o contrário. É que não há como provar que a realidade não se ajusta a um modelo que ou bem partiu da "lógica" humana, ou da observação do "real". O terceiro é o da dificuldade em descrever o "lugar" das estruturas. Durkheim fala em "consciente coletivo". Lévi-Strauss fala do inconsciente, do "espírito humano" (o que nós, humanos, pensamos à nossa revelia).[34]

Mas a principal dificuldade da interpretação é que, entre a realidade empírica e sua descrição, medeiam três tipos de modelos.[35] O modelo operacional encerra a estrutura mental internalizada. Para que seja inteligível, esse modelo operacional deve ser imaginado por nós de alguma maneira, o que nos dá um segundo modelo, o representativo. Por fim, essa representação deve ser transmitida em um modelo explanatório.

Um caminho que percorremos freqüentemente constitui um modelo operacional, um mapa mental que encerra a estrutura de relações constituída pela justaposição das estruturas que observamos nas repetidas vezes em que percorremos esse mesmo caminho. Quando percorremos um caminho novo, o nosso modelo operacional pode ser útil, na medida em que nos ajuda a constituirmos a nova estrutura mais rapidamente. Mas esse modelo mental nos atrapalha quando as relações entre os elementos que formam o caminho são diferentes. Por isso é fácil nos perdermos em cidades como Veneza ou Amsterdã, que têm estruturas incomuns de relações entre ruas, canais, pontes, passagens etc. São cidades que requerem a construção de modelos operacionais particulares.

Para lidarmos com uma situação, um ambiente ou um fenômeno desconhecido, temos de visualizá-lo de algum modo; temos de, conscientemente, construir um modelo representativo desse ambiente, situação ou fenômeno. Os modelos representativos são de natureza diferente da dos modelos operacionais. Caminhar por uma cidade é uma experiência inteiramente diversa da de olhar o mapa da mesma cidade. Os modelos operacionais são determinados diretamente pelas estruturas mentais, enquanto o entendimento destas estruturas é mediado por representações conscientes, por modelos representativos. Uma coisa é a estrutura mental; outra, a representação que fazemos dela.

---

34 Lévi-Strauss, 1964:20.

35 Sigo aqui uma adaptação das idéias e terminologias de Peter Caws (1974).

Finalmente, os modelos representativos têm de ser constituídos. Isto significa também que, quando nos referimos às estruturas, nós já incorporamos uma linguagem, mesmo que tal linguagem seja tão pouco concreta como são as da matemática ou da lógica. Para serem universalmente inteligíveis, eles devem ter força explanatória, isto é, devem vir descritos em uma linguagem universal, o que implica a construção do terceiro tipo de modelo: os modelos explanatórios.

Além dessas três instâncias, devemos ter presente que os modelos operacionais de um investigador podem estar francamente distantes dos modelos operacionais, das estruturas mentais, constituídas, por exemplo, pelos trabalhadores que ele observa. O investigador tem a sua própria estrutura mental, um modelo operacional que condiciona tanto a percepção como a formulação do modelo representativo do observado. O mesmo se passa na transposição para um modelo explanatório. Em muitos sentidos, e devido ao seu treinamento, a estrutura mental do investigador é homóloga à de outros investigadores no mesmo campo. Há uma sintaxe apreendida, a linguagem científica, que corresponde ao modelo explanatório.

Figura 1
Mediações em um processo investigativo

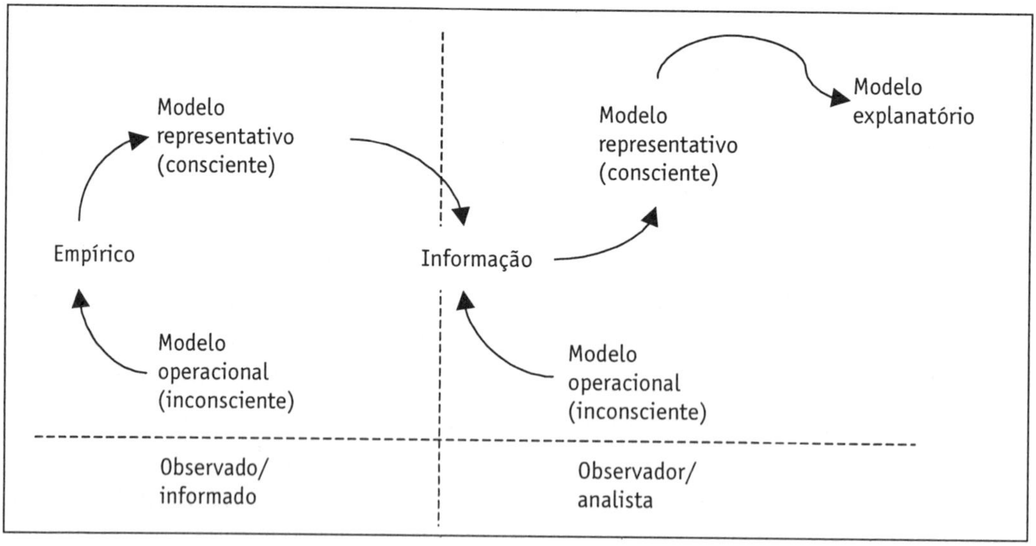

O diagrama da figura 1 sintetiza as mediações em um processo investigativo. Os modelos operacionais e representativos são construídos por todos os membros da sociedade. Os modelos explanatórios são constituídos pelos investigadores. Entre o empírico e o modelo explanatório há, portanto, uma cadeia de mediações. A começar do material bruto – observações e relatos –, que no caso dos fenômenos psicossociais já corresponde ao modelo operacional dos atores do fenômeno sob análise, seguem-se o condicionamento mental do observador e a mediação entre o representativo e a linguagem em que ele se expressa no modelo explanatório.

Síntese

A análise estruturalista procura, mediante a variação das informações analisadas, explicitar a estrutura objetiva, que jaz, inconscientemente, para além das mediações entre os modelos. Procura fazer coincidir a estrutura mental do observado com o modelo explanatório, produzido segundo a estrutura mental do investigador. Compreende uma descrição, a modelização da estrutura (da relação entre os elementos observados) baseada nas estruturas arquetípicas (já elaboradas pela lógica, pela lingüística, pela retórica, pelas matemáticas, pela música etc.) das quais todas as estruturas são meras variações, e uma interpretação baseada no pressuposto de que a estrutura manifesta representa estruturas profundas da psique, da cultura, do pensamento lógico.

A interpretação é uma possibilidade, nunca uma certeza. A descrição pode estar incompleta (o fato de o trabalhador torcer por um ou outro time de futebol tem um papel importante, e despercebido, na estrutura de relações de produção); ou ser dúbia (o siri é pesca ou caça?); ou, ainda, o elemento da estrutura pode ter um papel não percebido ou diferente daquele que lhe atribuímos.

Isto porque o ser humano não é um sujeito livre dos processos de que participa. Ele é um elemento estrutural desse processo. A mente humana é estruturante: ela organiza os elementos segundo padrões inteligíveis. Elabora linguagens que refletem seus padrões, necessidades e limites.

O estruturalismo, através do manejo dos modelos, oferece não mais do que uma via de acesso à compreensão da vida social. As sínteses a que chegamos depois de percorrer o método estruturalista são sempre questionáveis. O próprio Lévi-Strauss forçou as suas provas a caberem em modelos perfeitamente simétricos.[36] Mas esta é uma deficiência do etnólogo Lévi-Strauss, não do método que ele criou. Em que pesem riscos como este, a construção e a interpretação dos modelos estruturalistas, seja intelectualmente, seja a partir de observações, permitem considerar categorias, contrastes e co-ocorrências que não só elevam as possibilidades de simplificação e de

[36] Leach, 1973:85.

inteligibilidade dos objetos, como jogam uma luz revolucionária sobre fatos aparentemente estabelecidos e autorizam o lançamento de hipóteses e predições inovadoras.

Referências bibliográficas

CAWS, Peter. Operational, representational, & explanatory models. *American Anthropologist*, v. 76, n. 1, Mar. 1974.

DOSSE, François. *História do estruturalismo*. São Paulo: Ensaio; Campinas: Editora da Universidade Estadual de Campinas, 1993. 2 v.

JAKOBSON, R.; HALLE, M. Phonologie et phonétique. In : ______. *Essais de linguistique générale*. Paris: Éditions de Minuit, 1963.

KRONENFELD, David; DECKER, Henry W. Structuralism. *Annual Review of Anthropology*, v. 8, p. 403-541, 1979.

LEACH, Edmund. *As idéias de Lévi-Strauss*. São Paulo: Cultrix, 1973.

LÉVI-STRAUSS, Claude. *Anthropologie structurale*. Paris: Plon, 1958.

______. *La pensée sauvage*. Paris: Plon, 1962a.

______. Les limites de la notion de structure en ethnologie. In: BASTIDE, Roger (Dir.). *Sens et usages du terme structure*. Haya: Mouton, 1962b. p. 40-45.

______. *Le cru et le cuit*. Paris: Plon, 1964.

______. *Les structures élémentaires de parente*. Paris: Mouton, 1967.

______. Introdução à obra de Marcel Mauss. In: MAUSS, Marcel. *Sociologia e antropologia*. São Paulo: Cosac e Naif, 2003.

______. *Tristes trópicos*. Lisboa: Portugália, s.d.

LEWIN, Kurt. *Field theory in social science*. New York: Harper, 1951.

PARAIN-VIAL, Jeanne. *Análisis estructurales e ideologías estructuralistas*. Buenos Aires: Amorrurtu, 1972.

PIAGET, Jean. *O estruturalismo*. Rio de Janeiro: Difel, 2003.

RUNCIMAN, W. G. What is structuralism? *The British Journal of Sociology*, v. 20, n. 3, p. 253-265, Sept. 1969.

VIET, Jean. *Los métodos estructuralistas en las ciencias sociales*. Buenos Aires: Amorrurtu, 1973.

Realismo crítico em pesquisa em estratégia

ALEXANDRE FARIA*

Introdução

Desafios e oportunidades trazidos pela globalização a partir do início dos anos 1990 puseram em evidência a relevância da área de gerência estratégica.[1] Membros da alta hierarquia e gerentes passaram a demandar conhecimento que fosse relevante para a construção de vantagens competitivas sustentáveis em um novo cenário caracterizado pela hipercompetição, pela turbulência, pelas fronteiras mal definidas e pela complexidade.[2]

Confirmando a falta de reflexão crítica na área,[3] acadêmicos, consultores e praticantes se lançaram em busca de soluções e esqueceram os questionamentos sobre a relevância da área iniciados nos anos 1980.[4] O resultado líquido desse processo recente foi mais desfavorável do que favorável para a área. Ficaram mais freqüentes as críticas — produzidas e publicadas principalmente na Europa — quanto à relevância da área.

---

* PhD em administração pela University of Warwick, Reino Unido; professor da Escola Brasileira de Administração Pública e de Empresas da Fundação Getulio Vargas (Ebape/FGV), pesquisador do CNPq e coordenador do Grupo de Estudos em Estratégia e Marketing (Geem). E-mail: afaria@fgv.br.

[1] Apesar de os termos administração estratégica e gestão estratégica serem os mais usados no Brasil para traduzir *strategic management*, o autor prefere "gerência estratégica" como tradução mais precisa.

[2] Lowendahl e Revang, 1998.

[3] Pettigrew et al., 2002.

[4] Bettis, 1991.

Entre as transformações trazidas pela globalização, as redes estratégicas merecem destaque. A partir dos anos 1990, grandes conglomerados desafiaram o paradigma da "empresa autônoma", estabelecido também pela academia, e passaram a atuar como redes. Segundo diversos autores, a competição pelo mercado passou a ser feita não mais somente por empresas individuais, mas principalmente por redes interorganizacionais, com ramificações em diversos países e lideradas, em sua maioria, por empresas transnacionais.[5]

Apesar da difusão mundial das redes e da popularização, ao longo dos anos 1990, do princípio de cooperar para competir nos contextos empresarial e gerencial, as redes ainda não alcançaram o esperado reconhecimento pelos acadêmicos de gerência estratégica. Pesquisadores da área ainda não conseguem descrever ou explicar o que são, como funcionam e para que servem as redes que vêm sendo constituídas em diversos países.[6]

Pode-se afirmar que os principais obstáculos residem na academia, não no mundo das empresas e da gerência. As transformações recentes e as redes obrigam o pesquisador a desafiar lógicas tradicionais de causa e efeito[7] e a considerar as dimensões invisíveis da gerência estratégica, dos mercados e do desempenho competitivo.[8] Entre os obstáculos, podemos destacar três. O primeiro é o paradigma da "empresa como entidade autônoma em face do ambiente externo em busca de vantagem competitiva" que a área ajudou a estabelecer. O segundo é o paradigma de que ações que gerentes executam ou deveriam executar levam ao desempenho superior das empresas. O terceiro é a fragmentação teórica que se constituiu na área ao longo dos últimos 25 anos.

Esses obstáculos afastaram pesquisadores de questionamentos ontológicos sobre o que é estratégia e gerência.[9] O principal objetivo deste capítulo é mostrar como e por que a ontologia de realismo crítico pode ser usada para ajudar a superar tais problemas. Na próxima seção, é feita uma breve descrição da crise de relevância da área de gerência estratégica e o impacto correspondente no âmbito das redes. Na terceira seção, descreve-se como e por que a ontologia de realismo crítico pode ser aplicada em pesquisa na área. Na quarta seção, apresenta-se a aplicação do realismo crítico no âmbito das redes estratégicas. Na última seção, apresentam-se o resumo do capítulo e as considerações finais.

---

[5] Hitt et al., 2002.

[6] Gulati et al., 2000.

[7] Gaddis, 1997.

[8] Lowendahl e Revang (1998), Baron (1995).

[9] Pettigrew et al., 2002.

A crise de relevância em gerência estratégica

A área de gerência estratégica desenvolveu ampla gama de *frameworks* nos últimos 25 anos.[10] Em termos acadêmicos, essa profusão teórica e conceitual pode ser interpretada como um avanço importante, tendo em vista que, no final dos anos 1970, a reputação acadêmica da área era muito precária, mesmo nos Estados Unidos. Naquela época, não havia periódicos sérios específicos para publicação de pesquisa, nem professores de *business policy* ou *policy* (como a área era denominada nos Estados Unidos) que tivessem carreira estabelecida — com a exceção de Harvard.

Esse novo direcionamento da área — inaugurado com a criação do termo *strategic management* e com o lançamento do *Strategic Management Journal* nos Estados Unidos — iniciou-se em 1980. A área passou então a contemplar não somente empresas, mas também outros tipos de organização; não somente gerentes de topo, mas também gerentes dos outros níveis; não somente o plano estratégico, mas também as mudanças dentro da empresa.

> *strategic management starts with a surveillance and perception of trends, threats and opportunities and ends when a new product has been established, a new market developed, a new technology acquired, threats have been averted, or a new contract has been negotiated with the socio-political environment* (...).
> *It is already clear that the advanced practitioners are moving beyond the strategic planning perspective, which terminates in decisions, to the strategic management perspective which terminates in strategic changes within the enterprise.*[11]

Ao longo desse processo, a área incorporou diversas bagagens teóricas, tais como organização industrial, jogos, economia de custo de transação, agência institucional, dependência de recursos, abordagem de recursos, ecologia populacional, economia evolucionária, capacitações dinâmicas.[12] Isso resultou na constituição de escolas. Em seguida, levou a disputas disfuncionais entre os representantes de cada escola.

Esse processo — aparentemente "pluralista" — baseou-se em teorias vindas da economia[13] e na abordagem positivista de investigação.[14] Isso significa que certas

---

[10] Cummings e Wilson, 2003.
[11] Schendel et al., 1980:2.
[12] Hambrick (2004), Pettigrew et al. (2002), Mintzberg et al. (2001).
[13] Seth e Thomas, 1994.
[14] Snow e Thomas, 1994.

concepções teóricas — mobilizadas conscientemente ou não pelos pesquisadores — ficaram mais importantes do que a realidade em si.

Ademais, o imperativo de *publish or perish* nos Estados Unidos e os critérios correspondentes ou impostos pelos principais periódicos da área e pelas instituições acadêmicas também tiveram importância central ao longo desse processo.

> *Naturally, these theories are almost always supported no matter how modestly, because that is a precondition for getting the articles published. But we have no real idea about the rank order or any other gauge or relative strength of the predictive power of these theories.*[15]

Apesar das crescentes críticas quanto à relevância da área, importantes autores da área se vêem como comprometidos em descobrir a realidade, não em satisfazer aos preceitos de determinada escola. Um conceito como "estratégia de diferenciação", por exemplo, ganha o *status* de verdade, em lugar de uma formalização dos pensamentos de Michael Porter, por causa da "importância" do autor — como guru, pesquisador, consultor, palestrante etc. –, da importância mística atribuída à gerência estratégica[16] e da falta de reflexão crítica na área.

Essas características ajudam a explicar a crise de relevância enfrentada pela área[17] e o comportamento dos pesquisadores. Um grupo de pesquisadores adota a postura de "qualquer coisa serve"; outro grupo defende a unificação da área; um terceiro grupo adota a postura de "isolacionismo".[18] O primeiro grupo entende que nenhuma escola é superior a qualquer outra; o segundo defende a "cientização" da área e a imposição de uma abordagem funcionalista; o terceiro entende que cada escola deve seguir seu próprio caminho. Esses grupos não se confrontam e isso ajuda a explicar por que não observamos "testes entre teorias, em vez de meros testes de teorias isoladas".[19]

A área vem sendo governada pelos princípios do construtivismo, apesar de cada uma das escolas se apresentar como comprometida com a realidade. Destacamos a seguir os principais pressupostos do construtivismo: o conhecimento é inevitavelmente dirigido por alguma(s) teoria(s); a separação entre pesquisador (sujeito) e o fenômeno investigado (objeto) não é viável; a separação entre teoria e prática tampouco é viável; pesquisadores nunca são "objetivos" ou neutros em relação a valores; a pesquisa

---

15 Hambrick, 2004:92.
16 Wensley, 2004.
17 Volberda e Elfring (2001), Whittington (2004).
18 Scherer, 1998.
19 Hambrick, 2004:93.

ocorre dentro de uma "comunidade" na qual são utilizados pressupostos mútuos para criar "conversações".[20]

Para pesquisa no âmbito de redes, um grande problema é que o processo de profusão de escolas na área de gerência estratégica teve como principal base o paradigma da "empresa como entidade autônoma em busca de vantagem competitiva", advindo da economia neoclássica. Isso significa que a literatura dominante em gerência estratégica não apenas dificultou o desenvolvimento de pesquisa no âmbito de redes. Ela também transferiu para esse âmbito seu principal duelo epistemológico, protagonizado pelos defensores das "questões humanas" e "questões econômicas"[21] — representado nas figuras de Henry Mintzberg e Igor Ansoff.[22]

O quadro 1 ilustra esse debate, protagonizado por aqueles que argumentam que a realidade da gerência estratégica é objetiva (compreendendo as perspectivas clássica e moderna) e os que argumentam que a realidade da gerência estratégica é subjetiva (a perspectiva pós-moderna).

Quadro 1

Perspectivas em gerência estratégica

Clássica	Moderna	Pós-moderna
Do topo para a base	Da base para o topo/do topo para a base	Multiagente
Planejamento	Experimentação	Fazer sentido
Analítica	Incremental	Cognitiva
Racionalidade perfeita	Racionalidade local	Racionalidade substantiva

Fonte: Volberda, 2004:33.

Essas duas perspectivas dominam a literatura de redes. Os autores da "corrente econômica" — que compõem a grande maioria e são, aqui, denominados "positivistas" — representam redes como sistemas objetivos que geram vantagens competitivas para seus membros por meio da gerência estratégica planejada.[23] Os autores da "corrente humana" — que compõem a minoria e são, aqui, denominados "interpretativistas" — representam redes como sistemas subjetivos, de fronteiras não bem definidas, e complexas demais para serem gerenciadas do jeito que a escola concorrente prescreve.[24]

[20] Ver Mir e Watson (2000:942-944).

[21] Ver Mintzberg e Quinn (2001:viii).

[22] Ver Tsoukas (1994).

[23] Lorenzoni e Baden-Fuller (1995), Lamming (1993).

[24] Axelsson e Easton, 1992.

Os representantes das duas correntes não dialogam entre si. Essa ausência de diálogo reproduz um problema central da área de gerência estratégica: os pressupostos teóricos acerca do que é a realidade são tidos como epistemologicamente incomensuráveis pelos pesquisadores de cada escola.[25] O principal problema advindo desse cenário de disputas em gerência estratégica e no âmbito de redes é a crescente distância entre pesquisadores e a realidade. O segundo problema é a manutenção do *status* "marginal" das redes dentro da área de gerência estratégica.

Tendo em vista esse complicado cenário acadêmico, grandes empresas do setor automotivo promoveram, a partir do início dos anos 1990, a constituição e a difusão de estratégias e de conhecimento que pudessem ser úteis para o propósito de construir vantagens competitivas sustentáveis. Em diversos países, alguns fornecedores foram então transformados em gerentes de redes pelas grandes montadoras do setor automotivo (figura 1). Esses gerentes de rede ganharam responsabilidades estratégicas enquanto a maioria dos fornecedores continuou tendo (ou passou a ter) responsabilidades operacionais. Analogamente ao que se espera de gerentes médios nas grandes empresas, esses gerentes de redes deveriam cooperar com as montadoras e eliminar conflitos nos níveis inferiores das redes.[26] O não-atendimento de tais requisitos pode levar a montadora a rebaixar o gerente de rede para a posição de "fornecedor operacional", ou ainda excluí-lo da rede.

Figura 1
***Framework* de estruturação das redes estratégicas no setor automotivo**

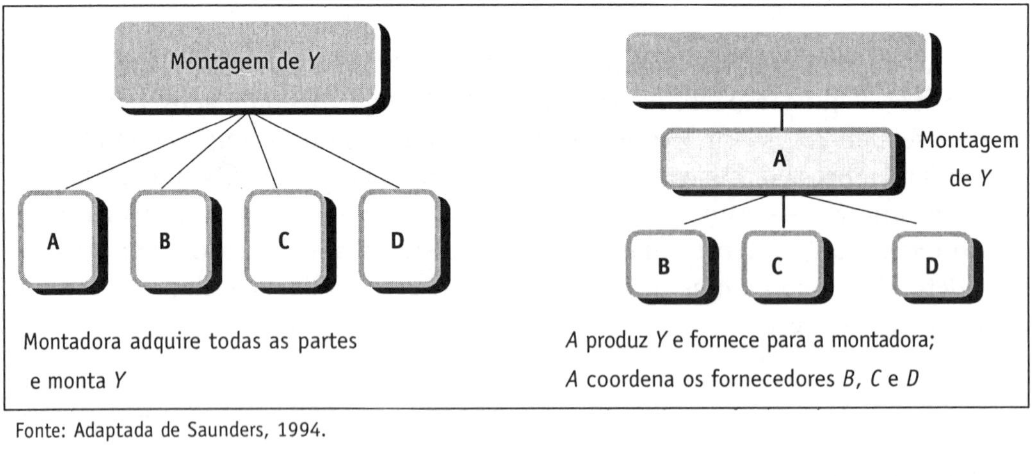

Fonte: Adaptada de Saunders, 1994.

[25] Ver Combe (1999).
[26] Lamming, 1993.

Na prática, entretanto, não tem sido fácil a implementação de estratégias cooperativas no âmbito das redes interorganizacionais que levem aos esperados níveis de desempenho competitivo. Baixos níveis de confiança e de comprometimento mútuo entre as firmas, assim como problemas de comunicação, têm sido identificados por diversos pesquisadores como os principais obstáculos.

Preocupados com a crise de relevância da área de gerência estratégica e com a dissolução das fronteiras entre empresas, e entre estas e o mercado, alguns pesquisadores argumentaram que pesquisadores da área deveriam tentar compreender como se dá a gerência estratégica dessas redes, em vez de aplicar teorias estabelecidas.[27] Esse argumento ecoa o argumento mais recente de que a área de gerência estratégica tem de produzir conhecimento útil para gerentes[28] para que a crise de relevância seja superada.

Em consonância com a ênfase da área de gerência estratégica na dimensão mais "visível" da realidade, a dimensão menos superficial da realidade tem sido desprezada por pesquisadores do âmbito de redes. O desempenho das empresas ou das redes costuma ser correlacionado às ações "visíveis" que gerentes exercem ou deveriam exercer. Isso significa suprimir outros aspectos menos "visíveis", tais como, por exemplo, o poder político e econômico de empresas transnacionais perante governos e mercados[29] e a influência de políticas nacionais na *performance* de empresas e setores industriais.[30] Em outras palavras, vêm sendo tratadas como "invisíveis" a dimensão política das estratégias de grandes empresas,[31] a dimensão política das redes[32] e as interfaces correspondentes entre os âmbitos público e privado.[33]

Os mecanismos, as estruturas e as redes mais elevadas que podem causar a maior parte do desempenho competitivo das empresas e das redes poderiam ser reconhecidos (ou descobertos) se a ontologia do pesquisador quanto ao que é estratégia e gerência transcendesse o domínio do que é tido como "visível". Na próxima seção, descrevemos como e por que a ontologia do realismo crítico pode ser útil para lidar com esse interessante desafio.

---

27 Foss, 2001.
28 Hambrick, 2004.
29 Murtha e Lenway, 1994.
30 Brahm, 1995.
31 Boddewyn e Brewer, 1994.
32 Faria, 2004a.
33 Gopinath e Hoffman, 1995.

Realismo crítico em pesquisa em estratégia

Realistas críticos argumentam que o pesquisador deve desafiar as aparências e os conhecimentos estabelecidos sobre como é a realidade. Segundo realistas críticos, as aparências e os conhecimentos estabelecidos costumam mais dificultar do que facilitar a descoberta da realidade e de seus mecanismos e estruturas causais, os quais existem independentemente de nossos conhecimentos ou conceitos.[34]

A maioria das pesquisas em gerência estratégica se baseia no positivismo e, correspondentemente, se caracteriza pela imposição de teorias estabelecidas sobre dados empíricos.[35] Ainda que a maioria dos constructos na área não seja observável,[36] pesquisadores buscam regularidades "observáveis" ou "empíricas" por meio da aplicação de testes estatísticos que satisfaçam os preceitos de determinada "escola" ou "igreja".[37] Mesmo o que é não observável de fato acaba sendo tido como "visível" nessas investigações, devido às convenções estabelecidas pela área.

A fração minoritária das pesquisas desafia o pressuposto positivista de que estratégia é uma entidade "objetiva" a ser descrita e explicada pelo pesquisador. Baseada na abordagem interpretivista, que pressupõe estratégia como "um processo eminentemente criativo que não pode ser abstraído fora de seu contexto",[38] essa minoria das pesquisas se concentra em descrever significados atribuídos por praticantes em processos específicos.

No final das contas, tanto para a maioria quanto para a minoria, em vez de um "espelho" da realidade, a verdade para pesquisadores da área acabou se transformando em "uma questão de convenção".[39] Em outras palavras, é muito mais comum que "teorias precedam a observação"[40] do que o contrário. Isso significa a supressão do "invisível" e das descobertas que poderiam resgatar a relevância da área de gerência estratégica.[41]

Aquilo que o pesquisador classifica como realidade empírica em sua investigação reflete, em grande parte, os pressupostos estabelecidos pelo próprio pesquisador sobre o que existe e, conseqüentemente, também sobre como se conhece o que exis-

---

34 Bhaskar, 1989.
35 Mir e Watson (2000), Bettis (1991).
36 Godfrey e Hill, 1995.
37 Hambrick (2004), Mintzberg et al. (2001).
38 Tsoukas, 1994:776.
39 Sayer, 1992:75.
40 Chalmers, 1993:29.
41 Prahalad e Hamel, 1994.

te. Esses pressupostos manifestam-se de uma forma ou de outra nas pesquisas, sejam estas do tipo "positivista" ou "interpretivista". Por exemplo, quando a "observação" empírica são relatos produzidos pelo informante, sempre há alguma influência das teorias estabelecidas ou da chamada "lógica dominante".[42] Muitas são as situações em que o informante relata para o pesquisador aquilo que o pesquisador espera ouvir.[43] Ademais, não são raras as situações em que o informante, por ter sido educado formalmente por acadêmicos da área, reproduz nas entrevistas os *frameworks* e as teorias privilegiadas pelo pesquisador.[44] Finalmente, não são raras as situações em que o pesquisador, nas fases de redação e análise, seleciona apenas aqueles "dados" que reproduzem os pressupostos de sua investigação.[45]

A despeito da abordagem positivista ou interpretivista seguida pelo pesquisador, os pressupostos acabam não apenas determinando a natureza da evidência empírica revelada, mas também "quais fatores serão selecionados como importantes" pelo pesquisador.[46] O problema resultante, de central importância para realistas críticos e para o desenvolvimento de pesquisa na área de gerência estratégica e no âmbito de redes, é que o que não é contemplado pelos pressupostos — tais como mecanismos e estruturas da realidade que causam o que é "observável" — acaba não sendo "observado" ou "reconhecido".

> *Observations and experiments are carried out in order to test or shed light on some theory, and only those observations considered relevant to that task should be recorded. However, insofar as the theories that make up our scientific knowledge are fallible and incomplete, the guidance that theories offer as to what observations are relevant to some phenomenon under investigation may be misleading, and may result in some important factors being overlooked.*[47]

Essa questão é de central importância para a relevância da área. O entendimento da realidade que pesquisadores (re)produzem, e não necessariamente a realidade em si, é usado como base para orientar novas pesquisas e as ações de usuários do conhecimento acadêmico. Pesquisadores reproduzem os pressupostos de suas escolas

---

[42] Bettis e Prahalad, 1995.
[43] Easterby-Smith et al., 1991.
[44] Alvesson e Deetz, 2000.
[45] Stablein, 2001.
[46] Wilson, 1992:24.
[47] Chalmers, 1993:33.

e desconsideram um dos argumentos centrais do realismo crítico: de que "a natureza e seus processos materiais (incluindo atividades humanas) têm estruturas e propriedades específicas que existem independentemente de nosso entendimento sobre elas".[48]

É fundamental, por conseguinte, que relativismo epistemológico não seja confundido com relativismo ontológico. Ontologia é a ciência ou o estudo do que existe. Em termos mais específicos, ontologia se refere a pressupostos produzidos por uma abordagem específica da ciência social sobre a natureza da realidade social — pressupostos sobre "o que existe, como se parece, quais unidades a compõem e como essas unidades interagem entre si".[49] Epistemologia é uma teoria ou ciência do conhecimento. Em termos mais específicos, epistemologia se refere a pressupostos do pesquisador sobre os modos pelos quais é possível conhecer essa realidade — pressupostos sobre "como o que existe pode ser conhecido (...) o que pode ser conhecido, e quais critérios esse conhecimento tem de satisfazer para que seja chamado de conhecimento ao invés de crenças".[50]

A ontologia do realismo crítico pressupõe que a realidade existe e que esta independe de nosso conhecimento, interpretação ou observação. A realidade tem a ver com a dimensão ontológica da ciência, ou aquilo que Bhaskar[51] chama de dimensão intransitiva do conhecimento. Por isso, ciência é definida como "uma atividade humana que visa a descobrir, por meio de uma mistura de experimentação e razão teórica, as entidades, estruturas, mecanismos (visíveis ou invisíveis) que existem e operam no mundo".[52] Bhaskar reconhece que a realidade só pode ser expressa por meio do pensamento e da linguagem e que estes meios são influenciados pelo contexto social. Esse domínio transitivo ou epistemológico do conhecimento difere do domínio intransitivo ou ontológico do conhecimento do mesmo modo que correlações causais diferem de correlações espúrias ou acidentais.

Segundo o realismo crítico, a realidade é composta de estruturas e mecanismos causais que se dispõem verticalmente e produzem a maioria dos eventos e experiência que costumamos observar. O pesquisador deve buscar a descoberta de estruturas, mecanismos, redes e agentes causais — tidos analiticamente como tendências — que estão por trás dos fenômenos que conseguimos observar ou não. Em termos

---

48 Sayer, 1992:21.
49 Blaikie, 1993:6.
50 Ibid., p. 7.
51 Bhaskar, 1998.
52 Ibid., p. 322.

mais específicos, a atenção do pesquisador deve se mover desde o fluxo de eventos mais visíveis/observáveis até os "mecanismos causais, estruturas sociais, poderes e relações que governam tais eventos".[53]

O realismo crítico desafia a hegemonia do "relativismo", que se observa na área de gerência estratégica. Realistas críticos defendem o uso do critério de plausibilidade, o qual se baseia no confronto de teorias e em julgamentos intersubjetivos efetuados pelo pesquisador. Esses procedimentos levam o pesquisador a um conhecimento da realidade que deve ser superior a outros tipos. O critério de plausibilidade estabelece que sempre existe uma melhor descrição da realidade, mais próxima à dimensão intransitiva do conhecimento. Essa melhor descrição da realidade é alcançada quando os mecanismos e as estruturas postulados são capazes de explicar fenômenos de interesse; temos boas razões para acreditar em sua existência, e não podemos pensar em alternativas igualmente boas.[54]

Uma das premissas do realismo crítico, baseada na diferenciação dos domínios transitivo e intransitivo do conhecimento, é que as razões produzidas ou reproduzidas por informantes, empresas ou acadêmicos, não devem ser tidas como causas nem como "neutras". Em outras palavras, a tarefa de tentar descobrir mecanismos e estruturas causais — ou seja, aquilo "que 'faz com que aconteça', que 'produz', 'gera', 'cria', ou 'determina' isso ou aquilo, ou, mais fracamente, que 'permite' ou 'leva a' isso ou aquilo"[55] — não se reduz a conhecer as razões usadas ou preferidas pelos agentes, ou a identificar as regularidades "empíricas" correspondentes.

Isso não quer dizer que as razões mobilizadas pelos agentes sociais não são importantes; tampouco quer dizer que são desconsideráveis as razões concebidas ou testadas pelo pesquisador. O que se argumenta é que a realidade é em grande parte, mas não exclusivamente, construída por agentes sociais. Agentes sociais conhecem muitos ou alguns dos mecanismos e estruturas causais que estão por trás de ações e de fenômenos observáveis ou não-observáveis. O que se pressupõe é que nem sempre as causas (do que é observável ou não) são conhecidas pelos agentes. Também se admite que a atribuição de razões pelos agentes não é necessariamente uma atividade neutra ou fácil. O usual descasamento entre aquilo que se conhece (ou desconhece) e o que causa (ou não causa) é um desafio central tanto para agentes sociais quanto

[53] Ackroyd e Fleetwood, 2000:13.
[54] Bhaskar, 1997:58.
[55] Sayer, 1992:104.

para pesquisadores. Esse descasamento costuma levar agentes sociais e pesquisadores ao uso de razões equivocadas para explicar fenômenos observáveis.

Três domínios de realidade, os quais se articulam por meio de uma estrutura de estratificação, são concebidos pelo realismo crítico. O "real", o domínio no nível mais elevado, é formado por redes, agentes, mecanismos e estruturas não necessariamente empíricas, as quais tomam a forma de eventos ("o factual"). O domínio do factual inclui não apenas experiências, mas também eventos, que podem ser observados ou não — por não existir alguém para observá-los, por serem muito pequenos/grandes/rápidos/lentos etc. para serem percebidos pelos recursos de observação disponíveis.[56] Alguns desses eventos são manifestados no nível da experiência ("o empírico"); outros, não. O empírico é tratado então como "um subconjunto do factual, o qual é em si um subconjunto do real".[57] Diferentes estruturas podem existir, mas contra-agir e, conseqüentemente, produzir "não eventos" no nível do factual. De forma análoga, eventos podem ocorrer sem que sejam experimentados[58] no nível correspondente.

Os sinais do quadro 2 (✔) indicam o domínio de realidade no qual mecanismos, eventos e experiências respectivamente "residem", bem como os domínios envolvidos para que tais "residências" sejam possíveis. Experiências, por exemplo, são eventos que são identificados no domínio do empírico. Tais experiências pressupõem a ocorrência de eventos e ações no domínio do factual, independentemente de nossa observação ou de nosso conhecimento desses eventos e ações no nível do empírico. Por sua vez, eventos pressupõem a existência de mecanismos e estruturas no domínio do real que foram responsáveis pela geração desses eventos e de outros que eventualmente não são identificados.[59]

Quadro 2

Bases ontológicas do realismo crítico

Discriminação	Domínio do real	Domínio do factual	Domínio do empírico
Mecanismos/estruturas/atores/redes de poder	✔		
Eventos e ações	✔	✔	
Experiências/percepções	✔	✔	✔

Fonte: Adaptação do autor, a partir de Tsoukas (1994b:291) e de Ackroyd e Fleetwood (2000:13).

56 Outhwaite, 1983.

57 Bhaskar, 1989:100.

58 Ibid., p. 16.

59 Ver Tsoukas (1994b:291).

Descobrir mecanismos, estruturas e redes causais não é tarefa muito fácil. Essa tarefa exige que o pesquisador transcenda os domínios do conhecimento estabelecido na área de gerência estratégica e reconheça desenvolvimentos feitos por outras disciplinas, tais como sociologia, ciência política e administração pública. Além dos dados "empíricos" e de determinada bagagem teórica, o pesquisador deve usar pesquisas realizadas em outras áreas do conhecimento e dados secundários confiáveis, para a melhor identificação e análise de mecanismos, estruturas e redes de poder que residem em nível mais elevado da realidade.

Para a operacionalização do realismo crítico, o pesquisador deve se concentrar em perguntar seguidamente "por quê", "por que não" e "como" tanto aos informantes quanto a si mesmo e a outras fontes ou interlocutores. Durante a coleta de dados, o pesquisador deve garantir que os informantes não somente descrevam como também expliquem com o máximo de precisão aquilo que está sendo investigado. Mais especificamente, essas descrições devem ser construídas e tratadas como narrativas (quadro 3).

Quadro 3
Características básicas de narrativas

Características básicas	Descrição
Seqüência no tempo	Embora histórias fragmentadas possam representar uma seqüência temporal, a narrativa deve conter início, meio e fim claros.
Ator(es) focal(is)	Narrativas são sempre sobre indivíduos, grupos, projetos ou empresas e nem sempre a mudança de referência se faz de forma clara ou explícita. Narrativas contêm tanto elementos conhecidos e desconhecidos quanto verdadeiros e ficcionais.
Voz identificável	Uma narrativa é algo que é contado por alguém. Por isso, é necessário identificar a voz específica e o ponto de vista correspondente.
Referência subjacente ou estrutura "canônica"	Narrativas carregam, de forma explícita ou implícita, algum tipo de moral ou julgamento. Esse tipo de significado subjacente pode refletir "valores culturais" ou algum tipo de mecanismo ou estrutura dominante.
Outros indicadores de conteúdo e contexto	Narrativas representam mais do que os meros eventos. Narrativas carregam recursos textuais que indicam tempo, espaço, atributos do personagem e do contexto que são essenciais para a interpretação dos eventos.

Fonte: Pentland, 1999.

De acordo com os pressupostos do realismo crítico acerca dos significados e descrições mobilizados por agentes sociais, narrativas produzidas durante a coleta de dados não podem ser tidas como descrições ou explicações suficientes ou neutras da realidade. O pesquisador deve identificar interesses e teorias mobilizados por informantes em suas narrativas para tentar construir explicações plausíveis e também identificar estruturas e mecanismos que impeçam os informantes de compreender — e, conseqüentemente, de transformar — a realidade.

O pesquisador deve tentar conhecer os "outros lados da história" por meio da comparação cuidadosa das narrativas dos informantes-chave com as dos informantes de outras empresas. Baseando-se no critério de plausibilidade, o pesquisador deve testar as diferentes narrativas obtidas e as diferentes bagagens teóricas. Finalmente, o pesquisador deve debater os resultados e os desenvolvimentos analíticos tanto com acadêmicos quanto com não-acadêmicos (tanto da área de administração quanto de outras áreas) ao longo da investigação, até que seja avaliado como capaz de descrever e explicar a realidade.

Os princípios mais importantes do realismo crítico podem, então, ser resumidos nos pontos descritos a seguir.[60]

- Os objetos transitivos e intransitivos da ciência são distintos. Objetos transitivos são os conceitos, as teorias e os modelos que são desenvolvidos para entender e explicar alguns aspectos da realidade. Objetos intransitivos são as entidades reais e suas relações que produzem o mundo social e natural.
- A realidade é estratificada em três domínios: empírico, factual e real. O domínio do empírico consiste em eventos que podem ser observados; o domínio do factual consiste em eventos observados ou não; o domínio do real consiste em estruturas e processos que geram a realidade e que produzem eventos.
- Relações causais são tidas como tendências ou poderes de coisas que interagem com outras tendências, de forma que um evento observável pode ou não ser produzido, e pode ou não ser observado. Diferentemente do que prescrevem os positivistas, leis sociais não têm de ser universais; elas somente precisam ser reconhecidas como tendências.
- Mecanismos explanatórios no domínio do real são postulados e uma das principais tarefas do pesquisador é tentar demonstrar sua existência.

---

[60] Outhwaite, 1987:45-46.

Aplicação do realismo crítico no âmbito de redes

Nesta seção, é descrito como e por que a ontologia de realismo crítico deve ser usada em pesquisa no âmbito de redes. O principal objetivo não é esgotar a questão ou as possibilidades acadêmicas. Ao contrário, o principal objetivo é estimular a produção de pesquisas futuras na área de gerência estratégica em geral e, em particular, no âmbito de redes.

O setor automotivo vem protagonizando, desde o final dos anos 1980, o acelerado processo de construção e difusão das redes em diversos países. Esse setor também vem protagonizando e impulsionando a produção e difusão de pesquisas acadêmicas focadas nessas redes em diversos países.[61] O poder político-econômico do setor e sua influência sobre o meio acadêmico, tanto em países mais desenvolvidos quanto em países menos desenvolvidos, ajudam a explicar tamanha rapidez e abrangência.

Conseqüentemente, não parece muito plausível tentar investigar e explicar o desempenho competitivo das redes ou das empresas, no Brasil ou em qualquer outro país, por meio de abordagens "reducionistas", focadas nas ações que gerentes executam ou deveriam executar. Tampouco é muito plausível explicar o desempenho das redes ou das empresas por meio de abordagens focadas nos "recursos" e "competências" intangíveis e não imitáveis. Não obstante a força da idéia de que, devido ao advento da globalização, a mudança é a única certeza para os estrategistas, a economia política do setor e as estruturas e mecanismos sócio-históricos correspondentes não podem ser desprezados pelo pesquisador.

A ontologia do realismo crítico deve levar o pesquisador a diferenciar "a superfície aparente e as estruturas profundas [da realidade]",[62] as quais são muito mais representativas de continuidade do que de mudança, e capacitá-lo a trazer à tona certas "coisas" que são tidas como "não empíricas" ou "invisíveis" para pesquisadores ou gerentes da área.

Pesquisadores de outras áreas têm mostrado que, no contexto da globalização, as articulações políticas e econômicas entre empresas transnacionais e governos locais vêm sendo um dos principais mecanismos para a atuação estratégica das grandes empresas transnacionais. Essa literatura, a qual ainda não chamou a atenção dos acadêmicos ou não foi aceita pela área de gerência estratégica, mostra que a "co-

---

[61] Womack et al., 1990.
[62] Marsden, 1993:119.

optação" de membros do âmbito público[63] e negociações entre os âmbitos público e privado, principalmente em países menos desenvolvidos,[64] têm sido mais efetivas para a conquista e manutenção de "mercados" e para a construção de "vantagens competitivas sustentáveis" do que ações e estratégias de nível "gerencial".

Na Inglaterra, por exemplo, a implantação das redes interorganizacionais se deu em paralelo a reformas da economia política local que foram iniciadas no governo liberal de Margaret Thatcher. Conseqüentemente, três processos importantes — que ajudam a explicar o comportamento e a *performance* das redes naquele país no setor automotivo — devem ser reconhecidos por pesquisadores do âmbito de redes: a desnacionalização da indústria automotiva local e a entrada de grandes grupos de outros países;[65] o estabelecimento do regime neoliberal da "nova competição" e o enfraquecimento de políticas industriais locais;[66] e o *take-over* de cidades da Inglaterra por grandes montadoras que se instalaram naquele país e aproveitaram o enfraquecimento do Estado.[67]

No Brasil, o cenário é parecido. Os principais antecedentes da implantação das redes foram o processo de desregulamentação iniciado pelo governo liberal de Collor e a reestruturação do setor automotivo por meio dos investimentos feitos pelas grandes montadoras (em ausência de investimentos do Estado), iniciada em 1995, durante o governo neoliberal de Fernando Henrique Cardoso. Mais especificamente, o chamado "Novo Regime Automotivo" refletiu no Brasil o processo global de enfraquecimento do Estado ante as grandes corporações do setor e produziu transformações estratégicas que, segundo analistas que não pertencem à área de gerência estratégica, têm gerado, em termos locais, mais problemas do que benefícios.[68] As aquisições de importantes empresas fornecedoras nacionais por grupos estrangeiros, o enxugamento e achatamento dos quadros de funcionários do setor automotivo e de outros setores, o esvaziamento do sindicato na região do ABCD paulista e a reestruturação "geopolítica" do setor no Brasil em função dos acordos controversos entre municípios — Betim (MG), São José dos Pinhais (PR), Juiz de Fora (MG), Porto Alegre (RS), Resende (RJ), Salvador (BA) — e as montadoras[69] são mecanis-

---

63 Monbiot (2000), Korten (1995), Sklair (1995).
64 Lecraw, 1984.
65 Ruigrok e Van Tulder, 1995.
66 Best, 1990.
67 Oliver e Wilkinson, 1992.
68 Rodríguez-Pose e Arbix (2001), Bedê (1997), Zauli (2000).
69 Ver Arbix e Zilbovicius, 1997.

mos "estratégicos" que, apesar de residirem em um nível mais elevado da realidade e de não serem tidos como "visíveis" pela área de gerência estratégica, não devem ser desprezados por pesquisadores.

Por meio do reconhecimento de tais elementos, extensa pesquisa conduzida pelo autor deste capítulo mostrou que empresas transnacionais mobilizam redes, as quais "residem" em um nível mais elevado da realidade, para a consecução de suas estratégias.[70] Essas "supra-redes"[71] são coalizões estratégicas, compostas por membros dos âmbitos público e privado, que transcendem fronteiras nacionais e desafiam as distinções que a área de gerência estratégica atribui aos domínios econômico e político. Essas supra-redes, difíceis de serem observadas de perto por pesquisadores ou gerentes, expressam tanto o caráter político das redes e da estratégia empresarial (ilustrado pela denominação de *policy* que se dava a essa área) quanto o caráter econômico da política.

Considerar "coisas" "não empíricas", tais como as supra-redes, para a compreensão do que é estratégia, do que é gerência estratégica, e de qual é a contribuição dessas duas dimensões para o desempenho das grandes empresas e de suas redes, exige que o pesquisador transcenda o idealismo extremo que se observa na área de administração em geral[72], e na de gerência estratégica em particular[73], sobre o que é estratégia e o que é gerência.

É necessário, então, a redefinição de certos conceitos ou pressupostos que se tornaram fundamentais ou dominantes na área. As supra-redes nos levam ao reconhecimento de que "gerência estratégica" não pode ser entendida tão-somente como o conjunto de ações realizadas ou percebidas por gerentes ou estrategistas. Gerência estratégica deve ser vista também como um processo institucional coletivo e de ordem sócio-histórica que transcende o domínio mais superficial e visível da realidade.[74] Isso quer dizer que gerência estratégica não pode ser reduzida às microações observáveis de gerentes/estrategistas.

O pesquisador deve reconhecer mecanismos e estruturas no nível "macro" — os quais podem ser tidos como "não empíricas" ou "não observáveis" — que tanto permitem quanto restringem não somente as microações individuais do gerente/

---

70 Ver Faria (2004b).
71 Faria, 2004a.
72 Willmott, 1984.
73 Pettigrew et al., 2002.
74 Ver Tsoukas (1994).

estrategista, mas também as estratégias e o desempenho da grande empresa ou das redes interorganizacionais.

As teorias que vêm sendo impostas pelos "positivistas" do âmbito de redes, reproduzindo o que ocorre na área de gerência estratégica, suprimem tanto o caráter político e econômico das estratégias de grandes empresas transnacionais quanto o papel dos governos de origem e anfitriões. Os "interpretativistas" enfrentam o mesmo problema, já que nem eles nem os informantes mobilizam ou aceitam conhecimentos que não façam parte do domínio que se convencionou chamar de conhecimento em gerência estratégica.

Essas questões, as quais residem no domínio do real e refletem o caráter político-econômico da estratégia corporativa, não vêm sendo tratadas por pesquisadores do âmbito de redes porque a área de gerência estratégica se afastou dessas questões mais "elevadas" desde a publicação do influente trabalho de Alfred Chandler. Ao construir uma teoria para o crescimento da grande empresa nos Estados Unidos, Chandler[75] suprimiu o caráter político da estratégia das grandes corporações e as interfaces entre governo e empresa nos Estados Unidos e ainda criou a idéia de que gerentes — por meio da metáfora da "mão visível" — são os agentes mais importantes da economia.[76] Mais especificamente, o trabalho de Chandler, tido por muitos como um dos pais da área de gerência estratégica, tornou "invisível" para a área a chamada elite de poder e os correspondentes mecanismos e estruturas.[77]

Correspondentemente, as elites corporativas[78] e as supra-redes que essas elites vêm mobilizando no contexto da globalização, estão sendo desprezadas não somente pela literatura de gerência estratégica, mas também pela academia de ciências sociais como um todo.

The study of business has not emerged as a distinctive subfield within political science, while only a handful of political scientists teach at the business schools. Nor has the intellectual gap between the study of politics in business schools and the study of business in political science departments has been bridged. (...) This is particularly unfortunate because the study of the relationship between business and government has never been more important. The contemporary triumph of capitalism has made

---

[75] Chandler, 1962.
[76] Id., 1977.
[77] Mills, 1959.
[78] Davis et al., 2003.

corporations the most important non-governmental institutions not only in Western democracies, but globally.[79]

Com base no realismo crítico, pesquisadores devem diferenciar em suas investigações o *locus* da "gerência estratégica" e o das práticas efetivamente estratégicas. Em outras palavras, pesquisadores deveriam diferenciar o domínio do "empírico" — que é o *locus* da estratégia onde a maioria dos pesquisadores obtém os "dados" — e os domínios do factual e do real — que são os *loci* onde as decisões, práticas e mecanismos efetivamente estratégicos ocorrem ou não.

Essas questões aumentam a importância do realismo crítico para a difícil tarefa de se descobrirem, segundo o critério da plausibilidade, os mecanismos e as estruturas do domínio do real que mais "fazem diferença". É possível argumentar que esses são os mecanismos que dão identidade e relevância à área de estratégia empresarial — denominação mais realista do que a de gerência estratégica — e a diferenciam das outras áreas do conhecimento no campo da administração de empresas.

Conclusão

Este capítulo tentou mostrar que a crise de relevância que se observa na área de gerência estratégica requer de seus pesquisadores não somente questionamentos de ordem epistemológica e metodológica, mas também de ordem ontológica. A vigorosa expansão da literatura que se verificou a partir dos anos 1980 trouxe avanços importantes, mas também sérios problemas que se acentuaram a partir do advento da globalização.

A literatura de gerência estratégica fortaleceu a disputa epistemológica entre escolas de pensamento, suprimiu a dimensão política da estratégia empresarial e, conseqüentemente, afastou pesquisadores das reais oportunidades e desafios trazidos pela globalização. Com base na ontologia do realismo crítico, tentou-se mostrar como e por que pesquisadores no âmbito de redes, em termos específicos, e da área de gerência estratégica, em termos mais gerais, devem transcender disputas epistemológicas e reconhecer elementos causais tidos como "não empíricos" ou "invisíveis".

A área de "estratégia empresarial" é importante demais para se limitar a disputas epistemológicas construídas e disseminadas pela área de gerência estratégica nos últi-

[79] Vogel, 1996:146-147.

mos 25 anos. Pesquisa nessa área vem sendo produzida, patrocinada, disseminada e usada por organizações, instituições e atores poderosos e influentes em diversas partes do mundo.[80] Não surpreende, portanto, que o conhecimento acadêmico em estratégia seja capaz de moldar identidades pessoais[81] e mesmo de transformar "sociedades inteiras".[82] O problema, por conseguinte, é o tipo de conhecimento que vem sendo valorizado pela academia.

Finalmente, cabe aqui destacar dois elementos — mais ou menos visíveis e invisíveis — que fazem parte da pesquisa acadêmica nessa importante área. O primeiro é que informantes das grandes empresas não são tão "livres" para manifestar o que conhecem sobre a realidade das redes estratégicas ou da estratégia empresarial quanto imaginam os pesquisadores.[83] O segundo é que pesquisadores não são tão "livres" para reconhecer o quanto informantes sabem sobre a realidade ou para publicar os mecanismos, as estruturas e os atores que de fato "fazem a diferença"[84] quanto imaginam os realistas críticos.

Referências bibliográficas

ACKROYD, S.; FLEETWOOD, S. (Ed.). *Realist perspectives on management and organizations.* London: Routledge, 2000.

AKTOUF, O. Governança e pensamento estratégico: uma crítica a Michael Porter. *Revista de Administração de Empresas*, v. 42, n. 3, p. 43-53, 2002.

ALVESSON, M.; DEETZ, S. *Doing critical management research.* London: Sage, 2000.

______; WILLMOTT, H. On the idea of emancipation in management and organization studies. *Academy of Management Review*, v. 17, n. 3, p. 432-465, 1992.

______; ______. *Making sense of management.* London: Sage, 1996.

ARBIX, G.; ZILBOVICIUS, M. (Ogs.). *De JK a FHC*: a reinvenção dos carros. São Paulo: Scritta, 1997.

---

[80] Ver Clark (2003), Whittington et al. (2003).

[81] Knights e Morgan, 1991.

[82] Whittington, 2004:49.

[83] Easterby-Smith et al., 1991.

[84] Faria e Wensley, 2002.

AXELSSON, B.; EASTON, G. (Ed.). *Industrial networks*: a new view of reality. London: Routledge, 1992.

BARON, D. The nonmarket strategy system. *Sloan Management Review*, v. 37, p. 73-85, 1995.

BEDÊ, M. A política automotiva nos anos 90. In: ARBIX, G.; ZILBOVICIUS, M. (Orgs.). *De JK a FHC*: a reinvenção dos carros. São Paulo: Scritta, 1997.

BEST, M. *The new competition*: institutions of industrial restructuring. Cambridge: Polity Press, 1990.

BETTIS, R. Strategic management and the straightjacket: an editorial essay. *Organization Science*, v. 2, n. 3, p. 315-319, 1991.

______; PRAHALAD, C. The dominant logic: retrospective and extension. *Strategic Management Journal*, v. 16, p. 5-14, 1995.

BHASKAR, R. *The possibility of Naturalism*: a philosophical critique of the contemporary human sciences. 2. ed. Hemel Hampstead: Harvester Wheatcheaf, 1989.

______. *A realist theory of science*. 2. ed. London: Verso, 1997.

______. General introduction. In: ARCHER, M.; BHASKAR, R.; COLLIER, A.; LAWSON, T.; NORRIE, A. (Ed.). *Critical realism*: essential readings. London: Routledge, 1998.

BLAIKIE, N. *Approaches to social enquiry*. London: Polity, 1993.

BODDEWYN, J.; BREWER, T. International-business political behavior: new theoretical directions. *Academy of Management Review*, v. 19, n. 1, p. 119-143, 1994.

BRAHM, R. National targeting policies, high-technology industries, and excessive competition. *Strategic Management Journal*, v. 16, p. 71-91, 1995.

CHALMERS, A. *What is this thing called science?* 2. ed. London: Open University, 1993.

CHANDLER, A. *Strategy and structure*: chapters in the history of the American industrial enterprise. Cambridge, MA: MIT Press, 1962.

______. *The visible hand*: the managerial resolution in American business. Cambridge, MA: Harvard University, 1977.

CLARK, T. Strategy viewed from a management fashion perspective. *European Management Journal*, v. 1, n. 1, p. 105-111, 2003.

COMBE, I. Multiple strategy paradigms: an integrational framework. *Journal of Marketing Management*, v. 15, p. 341-359, 1999.

CUMMINGS, S.; WILSON, D. (Ed.). *Images of strategy*. London: Blackwell, 2003.

DAVIS, G.; YOO, M.; BAKER, W. The small world of the American corporation elite, 1982-2001. *Strategic Organization*, v. 1, n. 3, p. 301-326, 2003.

DENT, J. Strategy, organization and control: some possibilities for accounting research. *Accounting, Organizations and Society*, v. 15, n. 1/2, p. 3-25, 1990.

DICKEN, P. *Global shift*: transforming the world economy. London: Paul Chapman, 1998.

EASTERBY-SMITH, M.; THORPE, R.; LOWE, A. *Managemente research:* an introdution. London: Sage, 1991.

FARIA, A. Theorising networks from a critical realist standpoint: the discovery of power and contextual issues within and outside "networks". In: FLEETWOOD, S.; ACKROYD, S. (Ed.). *Critical realist applications in organisation and management studies*. London: Routledge, 2004a.

______. Uma proposta de *framework* em gerência estratégica de redes verticais. In: ENCONTRO ANUAL DA ASSOCIAÇÃO NACIONAL DOS PROGRAMAS DE PÓS-GRADUAÇÃO EM ADMINISTRAÇÃO, 27., 2004, Curitiba. *Anais*... [Rio de Janeiro]: Anpad, 2004b.

______; WENSLEY, R. In search of "interfirm management" in supply chains: recognizing contradictions of language and power by listening. *Journal of Business Research*, v. 55, n. 7, p. 603-611, 2002.

FLEETWOOD, S.; ACKROYD, S. (Ed.). *Critical realist applications in organisation and management studies*. London: Routledge, 2004.

FOSS, N. The boundary school. In: VOLBERDA, H.; ELFRING, T. (Ed.). *Rethinking strategy*. London: Sage, 2001.

GADDIS, P. Strategy under attack. *Long Range Planning*, v. 30, n. 1, p. 38-45, 1997.

GODFREY, P.; HILL, C. The problem of unobservables in strategic management research. *Strategic Management Journal*, v. 16, p. 519-533, 1995.

GOPINATH, C.; HOFFMAN, R. The relevance of strategy research: practitioner and academic viewpoints. *Journal of Management Studies*, v. 32, n. 5, p. 575-594, 1995.

GULATI, R.; NOHRIA, N.; ZAHEER, A. Guest editors' introduction to the special issue on strategic networks. *Strategic Management Journal*, v. 21, p. 199-201, 2000.

HAKANSSON, H.; FORD, D. How should companies interact in business networks? *Journal of Business Research*, v. 55, n. 2, p. 133-139, 2002.

HAMBRICK, D. The disintegration of strategic management: it's time to consolidate our gains. *Strategic Organization*, v. 2, n. 1, p. 91-98, 2004.

HITT, M.; IRELAND, R.; HOSKISSON, R. *Administração estratégica*. São Paulo: Thomson, 2002.

KNIGHTS, D.; MORGAN, G. Strategic discourse and subjectivity: towards a critical analysis of corporate strategy in organizations. *Organization Studies*, v. 12, n. 2, p. 251-273, 1991.

KORTEN, D. *When corporations rule the world*. Bloomfield: PCD Forum, 1995.

LAMMING, R. *Beyond partnership*: strategies for innovation and lean supply. London: Prentice-Hall, 1993.

LECRAW, D. Bargaining power, ownership and profitability of transnational corporations in developing countries. *Journal of International Business Studies*, v. 15, n. 1, p. 27-43, 1984.

LORENZONI, G.; BADEN-FULLER, C. Creating a strategic center to manage a web of partners. *California Management Review*, v. 37, n. 3, p. 146-163, 1995.

LOWENDAHL, B.; REVANG, O. Challenges to existing strategy theory in a postindustrial society. *Strategic Management Journal*, v. 19, p. 755-773, 1998.

MARSDEN, R. The politics of organisational analysis. *Organisation Studies*, v. 14, p. 93-124, 1993.

MILLS, C. *The power elite*. New York: Oxford University Press, 1959.

MINTZBERG, H.; QUINN, J. *O processo da estratégia*. Porto Alegre: Bookman, 2001.

______; AHLSTRAND, B.; LAMPEL, J. *Safári de estratégia*. Porto Alegre: Bookman, 2000.

MIR, R.; WATSON, A. Strategic management and the philosophy of science: the case for a constructivist methodology. *Strategic Management Journal*, v. 21, n. 9, p. 941-953, 2000.

MONBIOT, G. *Captive state*: the corporate takeover of Britain. London: Macmillan, 2000.

MURTHA, T.; LENWAY, S. Country capabilities and the strategic state: how national political institutions affect multinational corporations' strategies. *Strategic Management Journal*, v. 15, p. 113-129, 1994.

OLIVER, N.; WILKINSON, B. *The japanization of British industry*. Oxford: Blackwell, 1992.

OUTHWAITE, W. Toward a realist perspective. In: MORGAN, G. (Ed.). *Beyond method*: strategies for social research. Beverly Hills, CA: Sage, 1983.

______. *New philosophies of social science*: realism, hermeneutics and critical theory. London: Macmillan, 1987.

PENTLAND, B. Building process theory with narrative: from description to explanation. *Academy of Management Review*, v. 24, n. 4, p. 711-724, 1999.

PETTIGREW, A.; THOMAS, H.; WHITTINGTON, R. Strategic management: the strengths and limitations of a field. In: ______; ______; ______. (Ed.). *Handbook of strategy and management*. London: Sage, 2002.

PRAHALAD, C.; HAMEL, G. Strategy as a field of study: why search for a new paradigm? *Strategic Management Journal*, v. 15, p. 5-16, 1994. Special issue.

RODRÍGUES-POSE, A.; ARBIX, G. Strategies of waste: bidding wars in the Brazilian automotive sector. *International Journal of Urban and Regional Research*, v. 25, n. 1, p. 134-154, 2001.

RUIGROK, W.; VAN TULDER, R. *The logic of international restructuring*. London: Routledge, 1995.

RUMELT, R. The many faces of Honda. *California Management Review*, v. 38, n. 4, p. 103-111, 1996.

SAUNDERS, M. *Strategic purchasing and supply chain management*. London: Pitman; CIPS, 1994.

SAYER, A. *Method in social science*: a realist approach. 2. ed. London: Routledge, 1992.

SCHENDEL, D.; ANSOFF, I.; CHANNON, D. Statement of editorial policy. *Strategic Management Journal*, v. 1, n. 1, p. 1-5, 1980.

SCHERER, A. Pluralism and incommensurability in strategic management and organization theory: a problem in search of solution. *Organization*, v. 5, n. 2, p. 147-168, 1998.

SETH, M.; THOMAS, H. Theories of the firm: implications for strategy research. *Journal of Management Studies*, v. 31, n. 2, p. 165-190, 1994.

SKLAIR, L. *A sociologia do sistema global*. Petrópolis: Vozes, 1995.

SNOW, C.; THOMAS, J. Field research methods in strategic management: contributions to theory building and testing. *Journal of Management Studies*, v. 31, n. 4, p. 457-480, 1994.

STABLEIN, R. Dados em estudos organizacionais. In: CLEGG, S.; HARDY, C.; NORD, W. (Orgs.). *Handbook de estudos organizacionais*. São Paulo: Atlas, 2001. v. 2.

TSOUKAS, H. Refining common sense: types of knowledge in management studies. *Journal of Management Studies*, v. 31, n. 6, p. 761-780, 1994a.

______. What is management? An outline of a metatheory. *British Journal of Management*, v. 5, p. 289-301, 1994b.

VOGEL, D. The study of business and politics. *California Management Review*, v. 38, n. 3, p. 146-165, 1996.

VOLBERDA, H. Crise em estratégia: fragmentação, integração ou síntese. *Revista de Administração de Empresas*, v. 44, n. 4, p. 32-43, 2004.

______; ELFRING, T. (Eds.) *Rethinking strategy*. London: Sage, 2001.

WENSLEY, R. Isabella Beeton: management lessons from the kitchen. *Business Strategy Review*, p. 66-72, 2004.

WHITTINGTON, R. *O que é estratégia*. São Paulo: Pioneira, 2001.

______. Estratégia após o modernismo: recuperando a prática. *Revista de Administração de Empresas*, v. 44, n. 4, p. 44-53, 2004.

______; JARZABKOWSKI, P.; MAYER, M.; MOUNOUD, E.; NAHAPIET, J.; ROULEAU, L. Taking strategy seriously. *Journal of Management Inquiry*, v. 12, n. 4, p. 396-409, 2003.

WILLMOTT, H. Images and ideals of managerial work: a critical examination of conceptual and empirical accounts. *Journal of Management Studies*, v. 21, n. 3, p. 349-367, 1984.

WILSON, D. *A strategy of change*. London: Thomson, 1992.

WOMACK, J.; JONES, D.; ROOS, D. *The machine that changed the world*. New York: Rawson, 1990.

ZAULI, E. Políticas públicas e *targeting* setorial — efeitos da nova política industrial sobre o setor automotivo brasileiro. *Revista de Economia Política*, v. 20, n. 3, p. 76-94, 2000.

Pesquisa internacional em gestão: abordagem interdisciplinar com múltiplos níveis de análise

Ana Lúcia Guedes*

Introdução

O desenvolvimento de abordagens interdisciplinares em pesquisa no campo de gestão tem sido sistematicamente defendido por acadêmicos, editores e agências financiadoras. No entanto, segundo Knights e Willmott,[1] as dificuldades para a interdisciplinaridade no ensino e na pesquisa permanecem devido a diversas barreiras psicológicas e institucionais. Ignorar os argumentos a favor da interdisciplinaridade ou não enfrentar as barreiras estabelecidas por cada disciplina não é muito prudente, visto que os acadêmicos vêm sendo pressionados a melhorar a compreensão da realidade dos praticantes e a produzir conhecimento que seja relevante. A crescente complexidade dos fenômenos (ou objetos de estudo) no campo da gestão deveria levar o pesquisador a buscar fora dos domínios de sua disciplina os resultados dos esforços de outros.[2] Cabe destacar aqui que o cenário de complexidades observado no campo da gestão ficou ainda mais desafiante nos últimos 15 anos, devido ao advento da globalização. Isso representa tanto uma oportunidade quanto um desafio para a infante área de gestão internacional.

---

* PhD em relações internacionais pela London School of Economics and Political Science (LSE), Inglaterra; professora adjunta da Ebape/FGV; coordenadora do Grupo de Pesquisa e Estudos Internacionais da Ebape. E-mail: guedes@fgv.br. A autora agradece os comentários sobre edição e a cuidadosa revisão efetuados por Alexandre Faria.

[1] Knights e Willmott, 1997.

[2] Sobel, 2003.

Este capítulo trata de uma modalidade particular de pesquisa interdisciplinar focada na empresa transnacional (ETN).[3] Não é nosso propósito esgotar todas as possibilidades ou modalidades neste capítulo. A principal justificativa para o desenvolvimento da proposta aqui apresentada é a confusão causada pela profusão da literatura focada nesse tipo de empresa. Nos dias atuais, é possível dizer que a literatura é extremamente abrangente e dispersa. Esse fenômeno vem afetando profundamente a área de gestão internacional (GI), tendo em vista que as ETNs são um dos protagonistas dessa área.

Apenas a título de ilustração, ressaltamos que alguns pesquisadores vêm se concentrando nos atributos específicos que diferenciam essas empresas das empresas domésticas;[4] outros, no modo como essas empresas internacionalizam suas operações;[5] outros, em suas relações com os governos;[6] outros, ainda, no poder relativo dessas corporações na economia mundial;[7] e, finalmente, aqueles focados no papel dessas empresas na difusão da ideologia de consumo de massa.[8] Para tornar o quadro ainda mais complicado, pesquisadores de diferentes áreas (e também das mesmas áreas) tratam indistintamente tais empresas como internacionais, multinacionais, globais ou transnacionais.[9]

Assim como se observa no campo de gestão,[10] a área de gestão internacional vem caminhando em direção à fragmentação teórica e, possivelmente, a um quadro de incomensurabilidade epistemológica. Por um lado, a área corre o risco de se enrijecer em torno de um paradigma e perder o contato com a realidade. Por outro, a área corre o risco de ser governada por uma abordagem construtivista extrema, cujos

---

[3] A escolha do conceito de "empresa transnacional" em vez de "empresa multinacional" está fundamentada em Strange (1994:76). A expressão empresa transnacional é mais precisa porque corporações não são, em termos de caráter nem em termos de controle, "multinacionais". Elas são, de fato, empresas nacionais operando transnacionalmente.

[4] Ver Sundaram e Black (1992).

[5] Vernon (1966), Hymer (1976), Dunning (1980), Johanson e Vahlne (1977).

[6] Ver Grosse e Behrman (1992).

[7] Ver Gilpin (1976, 2001), Strange (1994, 1996).

[8] Ver Sklair (2001).

[9] Contractor (2000:5) problematiza a diversidade de terminologias. Segundo o autor, "internacional" é um termo amplamente usado para descrever qualquer empresa com operações em mais de uma nação; "multinacional", para descrever uma federação de corporações semi-autônomas sob a propriedade de uma empresa cujas ações são negociadas principalmente em uma nação; "globais", para descrever empresas com elevado grau de integração; e "transnacionais", para descrever empresas que procuram equilíbrio entre as forças de integração global e de adaptação nacional. Ver também Bartlett e Ghoshal (1989), acerca da diferenciação entre empresas globais e transnacionais, apesar da ausência de consenso quanto à existência de empresas globais.

[10] Pfeffer (1993), Hambrick (2004), Morgan (1997).

princípios são descritos a seguir: o conhecimento é inevitavelmente dirigido por alguma(s) teoria(s); a separação entre pesquisador (sujeito) e o fenômeno investigado (objeto) não é viável; a separação entre teoria e prática tampouco é viável; pesquisadores nunca são "objetivos" ou neutros em relação a valores; a pesquisa ocorre dentro de uma "comunidade" na qual são utilizados pressupostos mútuos para criar "conversações".[11]

Pesquisadores vêm seguindo diferentes perspectivas teóricas, relacionadas a distintos âmbitos das ciências sociais. Apesar de esse dinamismo parecer extremamente promissor, os avanços teóricos e empíricos vêm sendo feitos dentro de determinadas perspectivas. O problema é que pesquisadores, praticantes e outros atores ou instituições interessadas nesse tipo de empresa e no conhecimento acadêmico produzido pela área de GI acabam se deparando com descrições e explicações parciais da realidade. Mais problemáticos ainda — em especial para pesquisadores de países menos desenvolvidos, tendo em vista a hegemonia dos Estados Unidos na área de GI — são os argumentos de que a área reproduz interesses controversos,[12] sendo as ETNs de países desenvolvidos as maiores beneficiárias.

Essas questões vêm dificultando o reconhecimento da área pelo campo de gestão, e também sua legitimação em face de outros campos, não obstante sua inegável importância para um número crescente de *stakeholders* nos mais diversos países. O entendimento e a explicação dos antecedentes e implicações das estratégias e operações de empresas transnacionais requerem uma abordagem mais ampla, que contemple as contribuições desenvolvidas por distintas disciplinas. Essa perspectiva mais ampla requer, também, que sejam respeitadas as proposições metodológicas, principalmente em termos de níveis de análise, seguidas pelas distintas perspectivas teóricas, para que sejam preservadas as contribuições desses estudos para a compreensão adequada do fenômeno de interesse.

Multiplicidade de abordagens

Até o início dos anos 1980, o fenômeno da internacionalização de empresas atraiu a atenção de alguns poucos acadêmicos.[13] Vernon desenvolveu o modelo de ciclo do produto de investimento direto externo (IDE), enfatizando a importância da liderança econômica — o tamanho do mercado americano — e tecnológica —

[11] Ver Mir e Watson (2000:942-944).
[12] Boddewyn et al., 2004.
[13] Vernon (1966), Hymer (1976), Gilpin (1976), Johanson e Vahlne (1977), Dunning (1980).

superioridade em pesquisa e desenvolvimento — para a expansão das empresas americanas nos anos 1960. Hymer demonstrou que IDE era fundamentalmente diferente de investimento em portfólio e poderia ser explicado como parte da estratégia de expansão de uma empresa, em face do seu interesse em controlar unidades produtivas em outros países. Hymer argumentou que as firmas americanas investiram no exterior para explorar e preservar alguma vantagem específica ou monopolística.

Gilpin indicou que o sucesso das multinacionais somente havia acontecido em decorrência de um ambiente político internacional favorável. Ele destacou a estreita relação entre as multinacionais americanas e a política externa dos Estados Unidos no pós-guerra. Johanson e Vahlne descreveram internacionalização da empresa como um processo experimental de aquisição de conhecimento, em vez de um processo de alocação de recursos, como previsto pela abordagem tradicional de Vernon. Finalmente, Dunning desenvolveu a teoria eclética da empresas multinacionais, destacando a vantagem tecnológica específica da firma como fator fundamental para explicar um estágio particular na evolução das multinacionais.

Jones[14] destaca o caráter crítico dessas contribuições desenvolvidas por Vernon, Gilpin e Hymer.[15] Curiosamente, o caráter crítico dessas abordagens, desenvolvidas principalmente nas décadas de 1960 e 1970, foi esquecido pelas abordagens que se tornaram dominantes nas áreas de economia internacional, negócios internacionais e gestão estratégica, mas não da área de economia política internacional.

De uma perspectiva mais ampla,[16] Sklair[17] afirma que as abordagens predominantemente econômicas e críticas — como, por exemplo, aquelas desenvolvidas por Vernon e Hymer — acabaram por influenciar posteriormente o debate sobre ETNs em outras disciplinas das ciências sociais. A literatura crítica desenvolvida nessas outras áreas ganhou ímpeto ao longo dos anos 1990 e já é bastante diversificada. É possível identificar abordagens mais radicais[18] sobre o papel das ETNs no sistema capitalista; abordagens anticorporação e antiglobalização;[19] estudos setoriais comparados;[20] bem como estudos focados em alianças estratégicas e redes globais.[21]

---

[14] Jones, 2000:943.

[15] Vernon (1971), Gilpin (1976), Hymer (1976).

[16] O trabalho de Sklair (2002:63-81) fornece uma descrição detalhada da profusão de pesquisas no âmbito da sociologia focadas nas "corporações transnacionais" — para usar a terminologia adotada pelo autor — que está além do escopo deste capítulo.

[17] Sklair, 2002.

[18] Jenkins, 1987.

[19] Korten (2001), Monbiot (2000), Klein (1999), Mokkiber e Weissman (1999).

[20] Sklair, 2001.

[21] Dicken, 1998.

Ao longo dos anos 1980, o escopo da área de negócios internacionais foi expandido, bem como a dimensão internacional das áreas funcionais da administração, com base em estudos desenvolvidos predominantemente por acadêmicos americanos e em paralelo ao processo de globalização dos negócios e dos mercados. As empresas transnacionais têm sido, histórica e majoritariamente, investigadas por meio de abordagens desenvolvidas por áreas específicas do campo da gestão — tais como estratégia, marketing e finanças —, e minoritariamente por abordagens subordinadas à economia e à ciência política.[22] Usunier[23] destaca, de forma similar, que essas teorias e paradigmas dominantes vêm sustentando a pesquisa internacional na área de gestão desde a década de 1960. Usunier identifica diversas limitações e dificuldades correspondentes para a prática de pesquisa intercultural na área de gestão internacional, as quais não são usualmente reconhecidas por pesquisadores.

Em realidade, a necessidade de uma abordagem interdisciplinar[24] para a investigação de ETNs faz parte de importante debate, desenvolvido mais fortemente no início da década de 1990, na área de negócios internacionais. Devido à complexidade dessas organizações, importantes autores argumentam que é difícil manter as fronteiras da discussão dentro de poucas ou limitadas perspectivas.[25]

Alguns autores das áreas de economia política internacional[26] e negócios internacionais[27] foram um pouco mais específicos, ao enfatizarem que a crescente interdependência da economia mundial no contexto da globalização resultava em interfaces complexas entre governos e essas empresas. A investigação das relações entre governos e empresas resultou em uma abordagem interdisciplinar, ainda sendo raramente usada, cuja estrutura de análise foi denominada diplomacia triangular. A estrutura de análise desenvolvida por esses autores contempla três conjuntos de relações — entre governo e governo, entre empresa e empresa, e entre governo e empre-

---

22 Ver Grosse e Behrman (1992).

23 Usunier, 1998:11-15.

24 Nissani (1997:203) proporciona uma definição abrangente de interdisciplinaridade. O autor identifica quatro domínios do discurso acadêmico nos quais a interdisciplinaridade se aplica: conhecimento, pesquisa, educação e teoria. Interdisciplinaridade no domínio do conhecimento envolve a familiaridade com os componentes de duas ou mais disciplinas; no domínio da pesquisa, combina componentes de duas ou mais disciplinas na busca ou criação de novo conhecimento; no domínio da educação, funde componentes de duas ou mais disciplinas em um único programa de instrução; finalmente, no domínio da teoria, adota conhecimento, pesquisa ou educação interdisciplinar como seu principal objeto de estudo.

25 Sundaram e Black (1992), Grosse e Behrman (1992), Dymsza (1984).

26 Strange, 1994.

27 Stopford et al., 1991.

sa — que correspondem, respectivamente, às disciplinas de relações internacionais, gestão (nacional e internacional) e negócios internacionais.

Também enfatizando a importância da interdisciplinaridade, Choucri[28] argumenta que as perspectivas teóricas aplicadas à investigação de ETNs estão historicamente subordinadas a lentes específicas de três disciplinas: análises de relações internacionais em ciência política; análises de mercado em economia; teoria organizacional em negócios e gestão.[29]

Em trabalho mais recente, Contractor[30] argumentou que a prática e o estudo de negócios e gestão, nos contextos nacional e internacional, são multifuncionais, multidimensionais, interdisciplinares e ecléticos. Segundo o autor, acadêmicos de gestão internacional estão mais bem posicionados para contribuir com perspectivas mais balanceadas e de melhor poder explicativo. Mais especificamente, preocupado com a concorrência com as áreas funcionais do campo de gestão, o autor justifica GI como um campo de estudo específico e relevante devido a dois fatores: a existência de uma instituição chamada firma internacional ou multinacional; a permanência de diferenças substanciais entre os países. O autor, ainda que não reconhecendo desenvolvimentos feitos na área de economia política internacional, também identifica sobreposições de interesses entre as áreas de GI e negócios internacionais (NI), e salienta uma oportunidade interessante para pesquisas futuras baseadas na interdisciplinaridade: ambas não tratam da interação da firma com as instituições supranacionais (apesar da ênfase de NI em governos nacionais).

Martínez e Toyne[31] sugerem a necessidade de mais pesquisas interdisciplinares[32] e com múltiplos níveis de análise para o desenvolvimento de conhecimento na crescente área de GI. Os autores identificam três paradigmas na área de negócios inter-

---

[28] Choucri, 1993:215.

[29] Gladwin (Fischer e Schot:1993) desenvolveu uma contribuição importante para a explicação do comportamento ambiental de empresas industriais. O autor indica que os estudos sobre o "esverdeamento" da indústria não são muito impressionantes porque as perspectivas teóricas disponíveis nos âmbitos de gestão estratégica, estudos organizacionais, inovações e psicologia costumam ser ignoradas. Ghoshal e Westney (1993) exploram contribuições potenciais entre as áreas de teoria organizacional (no nível macro das interações entre a organização e o ambiente externo) e de gestão internacional. Os autores afirmam que, com possível exceção da teoria da contingência, nenhum paradigma da teoria organizacional teve um impacto no estudo das empresas multinacionais e nenhuma pesquisa sobre multinacionais recebeu significativa atenção dos teóricos organizacionais.

[30] Contractor, 2000:7.

[31] Martínez e Toyne, 2000.

[32] Interdisciplinar refere-se à fusão de disciplinas e eventual substituição com novo campo de investigação (Martínez e Toyne, 2000:23). Ver Knights e Willmott (1997) para debate similar na área de gestão nas universidades britânicas.

nacionais: paradigma da extensão, paradigma de gestão além-fronteiras e paradigma "emergente" de interação. O primeiro tem como premissa a universalidade dos conceitos de gestão desenvolvidos nos Estados Unidos, que passam a ser internacionalizados, replicados e verificados em outros contextos nacionais. O segundo foca nos desafios para as organizações e para a gestão das operações em vários países, sem a necessidade de resultar em teorias específicas de gestão. O terceiro procura entender e explicar os resultados de dois ou mais processos de negócios culturalmente distintos que estão em interação, o que contribui com conhecimento que é único em gestão. Segundo os autores, os dois últimos tipos de investigação podem ser classificados como investigações que pertencem genuinamente à área de gestão internacional.

Dessa forma, Martínez e Toyne indicam que o esperado avanço na área de gestão, em geral, e em gestão internacional, em particular, enfrenta três grandes desafios: estudos multidisciplinares e interdisciplinares; construção de teoria de múltiplos níveis;[33] pesquisa colaborativa intercultural.[34] Apesar de enfatizarem que "pesquisa baseada em teorias de múltiplos níveis, múltiplas unidades de análise, desenhos interdisciplinares e times multiculturais/multinacionais são necessários para desenvolver uma área de gestão que é realmente internacional em escopo",[35] os autores não indicam quais são as disciplinas, além dos dois paradigmas de NI já mencionados, que devem ser levadas em consideração.

Em conjunto, a literatura, revista sucintamente nesta seção, evidencia a diversidade de abordagens focadas nas ETNs. No entanto, essa literatura abrange distintas áreas do conhecimento — como relações internacionais, sociologia global, negócios internacionais, organização industrial e gestão internacional, para mencionar apenas as mais relevantes — que raramente compartilham as explicações e/ou entendimento das ETNs.

O objeto de estudo focalizado neste capítulo — a ETN — está subordinado a "fronteiras" estabelecidas por diversas disciplinas, apesar dos inúmeros argumentos a favor da interdisciplinaridade. Cabe aqui destacar que as contribuições de cada uma dessas "disciplinas" estão subordinadas a níveis de análise e metodologias específicas.

---

33 Mais detalhes sobre essa questão são encontrados em edição especial da *Academy of Management Review* (v. 24, 1999). No campo de estudos organizacionais, o nível de microanálise corresponde aos indivíduos e o nível de macroanálise às organizações; em gestão internacional, a importância da cultura é tratada no nível de microanálise e o ambiente político é tipicamente reconhecido no de macroanálise, mas os dois são raramente estudados em conjunto (Martínez e Toyne, 2000:23).

34 Os autores sugerem que pesquisa colaborativa pode ser realizada com mais efetividade por meio do uso de metodologia reflexiva (ver Easterby-Smith e Malina, 1999).

35 Martínez e Toyne, 2000:25.

Essas fronteiras acabam impedindo o pesquisador de obter a compreensão mais ampla dessas empresas. A premissa subjacente para a prática de pesquisa interdisciplinar é que outra "disciplina" pode colaborar para o entendimento de um objeto que não seria possível por meio de uma só disciplina.

Esse tipo de argumentação, entretanto, não deve levar o pesquisador a entender que a prática de pesquisa interdisciplinar seja neutra. Em geral, "disciplinas" se apropriam de conceitos desenvolvidos por outras disciplinas em uma abordagem de colonização, não de diálogo franco. Knights e Willmott[36] destacam o problema da colonização como uma das principais barreiras para o desenvolvimento e realização de pesquisa interdisciplinar.

Os limites das disciplinas impõem uma restrição poderosa para estudos que tentem sugerir uma abordagem interdisciplinar. Porém, abordagens disponíveis em uma disciplina costumam ser muito estreitas para incluir todas as dimensões sob investigação. Às vezes, as abordagens são muito amplas, mas não suficientemente desenvolvidas para incluir todas as explicações para questões específicas. No entanto, as fronteiras que separam as disciplinas têm sido mantidas por várias razões,[37] as quais estão fora do escopo deste capítulo.

O ponto central que merece destaque neste capítulo é que nossa proposição de pesquisa interdisciplinar focada em ETNs não deve ser entendida como crítica à atual compartimentalização das ciências sociais. Ao contrário, sua relevância decorre do propósito de "agregar" ou "incorporar" conceitos e idéias (subordinados a níveis de análise e metodologias específicas) para o entendimento da complexidade do fenômeno "empresa transnacional". Busca-se evitar a perpetuação de abordagens reducionistas da realidade. A área de GI já é importante demais, para número crescente de *stakeholders* em diversos países, para ser tratada dessa forma. Segundo Sobel,[38] os esforços interdisciplinares devem fazer avançar outros estudos interdisciplinares, mas também estudos dentro das disciplinas. Dessa forma, as abordagens interdisciplinares não resultam no desaparecimento das disciplinas de origem por meio da constituição de uma "nova disciplina".

A principal contribuição da pesquisa interdisciplinar, como proposta neste capítulo, decorre do fato de que, ao construir uma estrutura teórica mais complexa para investigar ETNs, a literatura focada em ETNs pode avançar sem que isso, ne-

[36] Knights e Willmott, 1997.
[37] Huhn, 1970.
[38] Sobel, 2003.

cessariamente, resulte na constituição de uma "nova disciplina" ou na eliminação de uma "velha disciplina". Eventualmente, novas abordagens interdisciplinares podem resultar em uma perspectiva mais ampla, com base nas ciências sociais, para o entendimento e/ou explicação do fenômeno das transnacionais. O item a seguir ilustra, com ênfase em aspectos epistemológicos e metodológicos, questões mais específicas sobre o desenvolvimento da pesquisa interdisciplinar focada em ETNs.

Múltiplos níveis de análise

A escala e o escopo das ETNs na economia mundial indicam que as atividades dessas empresas possuem antecedentes e implicações tanto no nível local quanto nos níveis nacional, internacional e global.[39] Os antecedentes e as implicações mais amplas não são facilmente detectados ou investigados e isso é um problema sério quando o propósito da investigação é "pensar teoricamente sobre as relações causais" do fenômeno. Conseqüentemente, o reconhecimento de múltiplos níveis de análise é justificado pelo fato de que investigar as ETNs com base em um nível único poderia resultar em compreensões parciais que podem levar a conseqüências disfuncionais para diferentes *stakeholders*.

Como visto no item anterior, as abordagens teóricas focadas nas ETNs, nos âmbitos de relações internacionais, economia política internacional, negócios internacionais e gestão internacional, foram desenvolvidas com níveis de análise, abordagens e metodologias específicas. Conseqüentemente, não basta a adoção de uma abordagem interdisciplinar que tome emprestados conceitos de distintos âmbitos do conhecimento. É necessário que a investigação incorpore a complexidade do fenômeno na realidade e que o pesquisador seja capaz de estabelecer as ligações entre os conceitos de diferentes níveis.

Não reconhecer os níveis mais elevados da realidade, como costuma ocorrer em diversas áreas do campo da gestão, pode resultar em problemas sérios, já detectados e criticados na área de estratégia empresarial quanto à atribuição de causalidade por pesquisadores e praticantes.

> *One of the main concerns was that managers could argue that performance was caused by planned change when it could be actually caused by the national contexts.*[40]

---

[39] Sobel, 2003.
[40] Wilson, 1992:36.

A abordagem resultante pode ser entendida como uma adaptação da matriz condicional desenvolvida por Strauss e Corbin.[41] Segundo os autores, a matriz condicional representa uma complexa "rede/teia" de condições inter-relacionadas, "ações/interações" e conseqüências que dizem respeito a um dado fenômeno. A noção de "triangulação" é de central importância para o desenvolvimento desse tipo de abordagem. A detalhada descrição da origem da triangulação e das vantagens do uso de múltiplos métodos em ciências sociais já foi feito por outros autores. Triangulação "dentro do método" envolve checar consistência interna ou confiabilidades, enquanto triangulação "entre métodos" testa o grau de validade externa.[42] O que propomos aqui é "triangulação" não "dentro" de disciplinas ou abordagens específicas, mas "entre" disciplinas e abordagens específicas.

> A metatriangulação não é um substituto para a construção de teorias de paradigma único, mas, em vez disso, é uma alternativa para a exploração de fenômenos complexos a partir de divergentes perspectivas teóricas e epistemológicas. Na realidade, enxergamos este processo como uma extensão das estratégias tradicionais, voltadas para intensificar possíveis interpretações da bibliografia disponível, dos dados e da intuição dos teóricos.[43]

Apresentamos então, neste capítulo, um desenho de pesquisa[44] que resulta da tentativa de integração de conceitos e idéias que desafiam as premissas e fronteiras de disciplinas específicas. Isso não implica a tentativa de colonização de um âmbito pelo outro, de uma disciplina pela outra ou de uma abordagem epistemológica pela outra. A integração aqui proposta se baseia no questionamento das contribuições que cada disciplina pode dar para o entendimento do fenômeno.[45]

A adoção de abordagem interdisciplinar para a investigação de ETNs sugere um desenho de pesquisa com múltiplos níveis de análise. Em termos de prática de pesquisa, a estrutura interdisciplinar de análise envolve um conjunto de variáveis que

---

[41] Strauss e Corbin, 1990:161-163.

[42] Jick, 1979:135-137.

[43] Lewis e Grimes, 2005:86.

[44] Segundo Yin (1994:19-20), o desenho de pesquisa é a seqüência lógica que conecta os dados empíricos à pergunta de pesquisa e, finalmente, às conclusões. Em outras palavras, o desenho de pesquisa é um "plano de ação" a ser seguido das perguntas iniciais até um conjunto de conclusões (respostas) para estas questões. Cinco componentes são, segundo o autor, importantes: perguntas de pesquisa; proposições; unidade(s) de análise; lógica ligando os dados às proposições; critério para interpretar os resultados.

[45] Ver Knights e Willmott (1997).

foram selecionadas a partir da definição da pergunta de pesquisa. No caso específico da pesquisa realizada pela autora deste capítulo, a pergunta de pesquisa era: "por que e como empresas transnacionais, operando nos setores químico e farmacêutico, adotam e implementam políticas ambientais nas subsidiárias de países em desenvolvimento?" As variáveis foram organizadas em quatro níveis de análise,[46] os quais orientam a coleta de dados (ver quadro 1).

Quadro 1
Estrutura de análise: interdisciplinar com múltiplos níveis de análise

Níveis	Variáveis	Referencial teórico
Internacional	Regimes internacionais Pressões de ONGs	Gilpin (2001), Strange (1994, 1996), Sklair (2001, 2002)
Nacional	Regulamentação do país de origem Regulamentação do país de operação	Gladwin e Walter (1980), Stopford e Strange (1991), Moran (1985)
Industrial	Estrutura industrial Iniciativas da associação industrial	Dunning (1980), Rugman e D'Cruz (2000), Choucri (1993)
Organizacional	Estratégia corporativa Autoridade e controle	Ghoshal e Westney (1993), Bartlett e Ghoshal (1989), Sundaram e Black (1992)

No nível internacional, estão variáveis representativas de uma série de restrições que afetam as práticas de ETNs, tais como princípios, normas e regulamentos de instituições e regimes internacionais; pressões de organizações não-governamentais internacionais (ONGs), consumidores, e princípios e práticas de entidades empresariais. A literatura correspondente referente a esse nível está disponível no âmbito de relações internacionais ou, mais especificamente, de economia política internacio-

[46] Adotando-se uma abordagem centrada no Estado (ver Gilpin, 2001) para a investigação de ETNs, estes níveis estão estritamente relacionados ao conceito de contextos nacional e internacional. O contexto nacional representa o Estado nacional e envolve não somente a idéia de uma jurisdição governamental distinta, mas também aquela de um distinto senso de nacionalidade, ao qual estão relacionados os fatores étnico e cultural. Correspondentemente, contexto internacional é um conceito da área de ciência política, e resulta do conceito de fronteiras políticas nacionais que dividem o mundo, teoricamente, em Estados nacionais soberanos e independentes (Apter e Goodman, 1976). No entanto, se for adotada uma abordagem sistêmica (ver análise de sistemas mundiais de Wallerstein, 1999, ou do sistema global de Sklair, 1995) para a investigação de ETNs, a correspondência dos níveis de análise com os contextos nacional e internacional não se sustenta porque as lógicas e práticas destes atores são transnacionais.

nal,[47] bem como no âmbito de sociologia global.[48] Apesar das incompatibilidades entre as premissas das estruturas de análise de Gilpin e Sklair em termos do papel do Estado, da erosão da soberania etc., as contribuições de ambos para o entendimento das estratégias e práticas de ETNs na economia mundial devem ser reconhecidas. Cabe também destacar que Strange[49] adota um "caminho do meio", em termos de atores — Estados e ETNs — que dominam as estruturas de poder no sistema internacional.

No nível nacional, estão os aparatos regulatórios do país de origem e dos países de operação. A literatura correspondente referente a este nível de análise é multidisciplinar, mas com destaque para a teoria de barganha,[50] por problematizar as interações entre governo e ETNs. É relevante mencionar que Gladwin[51] adotou múltiplos níveis de análise ao investigar pressões governamentais que ETNs sofriam para incorporação de proteção ambiental.

No nível industrial, está a estrutura industrial, tanto mundial quanto do país de origem e dos países de operação. Essas variáveis são basicamente de caráter econômico (características da organização industrial, tais como mercado, tecnologia, competitividade e custos) e, dependendo do tópico específico, podem incluir o papel desempenho pelas respectivas associações industriais (no país de origem e de operação). A literatura correspondente engloba as abordagens econômicas de Dunning, Rugman e D'Cruz, e Choucri, no âmbito de negócios internacionais.[52]

No nível organizacional, está a corporação, inicialmente no âmbito dos dilemas entre país de origem e país de operação em termos de práticas de gestão. Argumenta-se que autoridade e controle são os principais elementos dessa relação, a qual se caracteriza, por vezes, mas não necessariamente, como conflituosa. A fundamentação teórica correspondente está subordinada ao âmbito de gestão internacional.[53]

Uma das estratégias de pesquisa que mais se ajustam a esse tipo de estrutura é o estudo de caso[54] com propósito analítico-causal. Essa estratégia permite produzir

---

47 Gilpin (2001), Strange (1994, 1996).

48 Sklair, 2001, 2002.

49 Strange, 1994, 1996.

50 Ver Gladwin e Walter (1980), Stopford e Strange (1991), Moran (1985).

51 Gladwin, 1977.

52 Dunning (1980), Rugman e D'Cruz (2000), Choucri (1993).

53 Ver Ghoshal e Westney (1993), Bartlett e Ghoshal (1989), Sundaram e Black (1992).

54 Estratégia de pesquisa refere-se às diferentes formas de realizar pesquisa, mais especificamente formas de coletar e analisar evidência empírica. O estudo de caso é selecionado como estratégia quando as perguntas de pesquisa são do tipo "como" e "por que", o investigador não tem controle dos eventos, e o foco do estudo é em um fenômeno contemporâneo (ver Yin, 1994:1).

generalizações limitadas referentes às causas de categorias teoricamente definidas de fenômeno empírico comum a um conjunto de casos.[55] Em outras palavras, os resultados produzem generalizações analíticas da estrutura teórica desenvolvida. A unidade de análise em questão é a empresa transnacional nas suas múltiplas interfaces entre matriz e subsidiária(s). Em face da natureza complexa dessas organizações, a unidade de análise mais adequada é do tipo *embedded*. Investigações focadas em ETNs devem levar em consideração, implícita ou explicitamente, as interfaces entre a unidade principal e as subunidades de análise,[56] bem como as interfaces com atores governamentais e não-governamentais, mesmo que o foco seja em determinada unidade da corporação.

Yin afirma que a definição das unidades de análise principal e *embedded*, bem como a definição dos eventos contextuais cercando essas unidades, depende do nível de análise.[57] A principal unidade de análise deve estar provavelmente no nível tratado pelas principais questões do estudo. Dependendo do tipo do fenômeno em estudo, a unidade de análise pode conter subunidades que freqüentemente adicionam significantes oportunidades para análises extensivas. Isto geralmente resulta em desenho de pesquisa mais complexo.[58]

A seleção das empresas que compõem a investigação, bem como dos respectivos países de origem e de operação, deve ser justificada teoricamente.[59] Mais especificamente, países não devem ser tratados como objetos de estudo nem unidades de análise.[60] Ao contrário, países devem ser tratados como contextos que podem exercer distintas influências sobre a unidade principal e as subunidades de análise.

Por exemplo, a seleção do Brasil como país de operação, tal como em pesquisas realizadas pelos autores deste artigo, pode ser fundamentada teoricamente com base em estudo recente da United Nations Conference on Trade and Development. A versão preliminar desse estudo identifica não somente a escassez de dados sobre os investimentos diretos estrangeiros no Brasil, mas também as modestas contribuições das ETNs para o desenvolvimento do país.[61] O Brasil (como país em desenvolvimento) constitui-se em importante "país de operação" para investigações focadas em

[55] Ragin, 1989:35.
[56] Rappaport e Flaherty, 1989.
[57] Yin, 1994:24.
[58] Ibid., p. 39-44.
[59] Oyen, 1992.
[60] Ibid., p. 6.
[61] Unctad, 2004.

ETNs, diante do elevado número de empresas estrangeiras (de distintos países de origem, apesar de certa concentração industrial), as quais participam de diversos setores industriais (e os influenciam).[62] A seleção do país também é justificada, segundo Oyen, pela facilidade de acesso aos dados e à familiaridade com o país. Este último aspecto proporciona "informação adicional, aumentando o valor das afirmações explicativas".[63]

As variações referentes aos contextos dos países de origem, diante das diferenças histórico-culturais, são importantes para verificar a estrutura de análise. Em outras palavras, países de origem são contextos nos quais as proposições da pesquisa devem ser examinadas, a despeito dos discursos atuais focados na idéia de corporação global que rejeitam a importância do país de origem.[64] Stopford e Strange, por exemplo, afirmam que a nacionalidade da empresa é uma questão importante para pesquisas no âmbito de relações internacionais.[65] Mais especificamente, os autores[66] afirmam que, independentemente do alcance global das operações, as ETNs, psicológica e sociologicamente, "pertencem a sua origem".[67]

A seleção dos setores industriais depende da existência de subsidiárias de ETNs dos países de origem selecionados. A seleção das empresas resulta das prioridades atribuídas, pela pergunta de pesquisa, inicialmente ao país de operação, aos países de origem e aos setores industriais. Seguindo essa lógica, não se pode esperar que a investigação compare um "conjunto ideal" de empresas. A "amostragem" intencional é constituída de um número mínimo de empresas, operando em alguns setores industriais importantes que representam os países de origem responsáveis pelos maiores volumes de investimentos no Brasil. O desenho de pesquisa assume, dessa forma, que estratificação entre nações e entre indústrias é necessária para o propósito de explorar a influência dos distintos contextos (ver quadro 2).

---

62 Ver Gonçalves, 1999.

63 Oyen, 1992:11.

64 Ver Gilpin (2001).

65 Stopford e Strange, 1991:232.

66 Ibid., p. 233.

67 É importante notar que premissa semelhante é mantida pela abordagem centrada no Estado, de Gilpin (2001:297). O autor afirma que as multinacionais, transnacionais ou globais ainda são empresas nacionais conduzindo negócios internacionais. Essa premissa é refutada pela abordagem do sistema global de Sklair (2001:35-38). O autor afirma que a origem nacional das principais corporações está se tornando menos importante do que o controle que elas exercem sobre a economia global; essa característica proporciona a base material para a existência da classe capitalista transnacional.

Quadro 2
Casos múltiplos

Setores industriais	País de origem A	País de origem B	País de origem C
Setor 1	Caso A1	Caso B1	Caso C1
Setor 2	Caso A2	Caso B2	Caso C2

Alguns critérios podem ser usados para a seleção das empresas nos respectivos setores industriais, tais como: empresas que produzem produtos similares, isto é, operam no mesmo segmento do mercado; empresas que produzem para o mercado doméstico e para exportação; empresas que detêm vantagens de localização similares. Este último critério é importante — como no caso da investigação focada em questões ambientais conduzida pela autora deste capítulo —, porque indica que as empresas estejam sujeitas a legislações e incentivos governamentais similares. Isso auxilia na análise comparativa e na definição dos eventos contextuais em torno das unidades de análise neste nível de análise específico.

Apesar de todas as considerações mencionadas para a seleção das empresas, cabe ressaltar que não é raro que o processo de seleção não siga as restrições referentes à prática de pesquisa, as quais costumam ser muito intensas em ETNs devido às dificuldades de acesso enfrentadas pelo pesquisador.[68] Conseqüentemente, nem sempre é viável implementar alguns aspectos dos critérios estabelecidos *a priori*.[69] O item a seguir trata, brevemente, das limitações da abordagem interdisciplinar com múltiplos níveis de análise, bem como do método de estudo de caso.

Limitações da abordagem e do método

Sobre a interdisciplinaridade

Os obstáculos para o desenvolvimento e a legitimação da pesquisa interdisciplinar têm merecido destaque por aqueles que defendem sua adoção. Wallerstein, por exemplo, ressalta que o "louvor aos méritos do trabalho interdisciplinar nas ciências sociais ainda não solapou de forma significativa as forças dos aparatos organizacionais que defendem as disciplinas separadas".[70]

[68] Easterby-Smith, 1991.
[69] Miles e Huberman, 1994:27-28.
[70] Wallerstein, 1999:450.

Wallerstein[71] demonstra que os critérios — nível de análise, objeto, métodos, pressupostos teóricos — que podem ser usados para estabelecer as fronteiras entre as "pretensas disciplinas", tais como antropologia, economia, ciência política e sociologia, deixaram de ser verdadeiros diante da perspectiva teórica interdisciplinar que ele desenvolveu para a análise dos sistemas mundiais.[72] Mais especificamente, o autor argumenta que diferenças internas são maiores do que as diferenças entre disciplinas, o que significa uma crescente sobreposição entre os diferentes campos.

Wallerstein argumenta que a apologia da interdisciplinaridade trouxe um problema inesperado: "acentuou a reivindicação de cada disciplina de representar separadamente um nível coerente de análise ligado à metodologia apropriada".[73] Nessa perspectiva, poderíamos esperar reações similares das áreas funcionais do campo de gestão a iniciativas interdisciplinares desenvolvidas por pesquisadores na área de GI. Na opinião de Wallerstein, esse tipo de problema somente pode ser superado por meio de influência política para afetar as estruturas institucionais.

Nissani identifica alguns outros obstáculos a respeito de conhecimento e pesquisa interdisciplinar: eles demandam elevado investimento de tempo e de energia intelectual; podem resultar em generalizações ingênuas; eventualmente, requerem cooperação de especialistas de diferentes disciplinas — algo que é notoriamente difícil dentro da academia.[74] Ademais, pesquisadores interdisciplinares costumam enfrentar dificuldades para obter recursos para pesquisa, participar de programas de intercâmbio, publicar e obter reconhecimento. Mesmo a manutenção do emprego e as promoções mostram-se mais difíceis.

Com relação às estruturas institucionais, Martínez e Toyne afirmam que, apesar da complexidade da investigação no campo de gestão, a abordagem adotada pelos programas de doutorado nos Estados Unidos contribui para que acadêmicos concentrem suas pesquisas em áreas estreitas de especialização.[75] Um debate semelhante, porém focado em ensino e pesquisa de gestão nas universidades britânicas, é conduzido por Knights e Willmott.[76] Os autores ressaltam o equívoco de dissociar

---

[71] Ibid., p. 452.

[72] A maior contribuição da teoria do sistema mundial é que ela tem forçado pensadores sociais a se moverem além do nível de análise "societal" e ver os fatores globais que têm impacto na mudança social dentro dos Estados nacionais (Thomas, 2001:74).

[73] Wallerstein, 1999:450.

[74] Nissani, 1997:212-213.

[75] Martínez e Toyne, 2000:23.

[76] Knights e Willmott, 1977.

cursos interdisciplinares e a prática de pesquisa interdisciplinar. Os autores identificam também outras dificuldades para pesquisa interdisciplinar: a potencialidade de colonização nas pesquisas colaborativas; as questões de poder e identidade que resultam dos limites das disciplinas; os obstáculos institucionais, tais como as limitadas oportunidades de emprego e de publicação para estudos interdisciplinares.

Tendo em vista as dificuldades para a superação de obstáculos institucionais, Sobel[77] ressalta que o sucesso dos esforços interdisciplinares depende também das habilidades do investigador de se mover além dos interesses disciplinares e de comunicar idéias e resultados de uma maneira que permeie as fronteiras disciplinares. No âmbito específico de negócios internacionais, Clark e Knowles[78] argumentam que o grau de isolamento disciplinar é muito elevado e disfuncional em face da complexidade dos fenômenos. Por isso eles sugerem que pesquisadores se habituem a praticar o chamado "turismo interdisciplinar" — isto é, consulta rotineira e sistemática de periódicos de outras áreas. Esta sugestão se aplica muito bem ao âmbito de GI, especialmente quando o pesquisador tem as ETNs como foco.

Cabe enfatizar que conhecimento prévio do investigador é um aspecto importante para esse tipo de procedimento. Por meio do chamado "turismo interdisciplinar", o pesquisador tem a oportunidade de acompanhar um determinado fenômeno sob investigação em outras disciplinas. Como visto anteriormente, distintas disciplinas adotam níveis de análise, metodologias e abordagens específicas para a investigação das ETNs.

Questões ou fenômenos complexos, tais como muitos outros na área de GI (além das ETNs), não se restringem a um nível específico. Conseqüentemente, abordagens baseadas em múltiplos níveis de análise deveriam ser adotadas para a investigação de tais fenômenos. Em termos metodológicos, esse tipo de abordagem torna-se um problema quando o pesquisador usa dados que dizem respeito a um determinado nível para representar algo em outro nível. As limitações correspondentes dos múltiplos níveis da análise[79] são denominadas falácias ecológica e atomística. Ambas reproduzem o problema da colonização e subvertem os princípios mais importantes da metatriangulação. A primeira resulta da tentativa de pesquisadores focados no macronível de generalizar resultados de dados agregados para

---

[77] Sobel, 2003.

[78] Clark e Knowles, 2003.

[79] Ver Rousseau (1985) para dificuldades inerentes à adoção de abordagem com múltiplos níveis no estudo das organizações. Klein e Kozlowski (2000) descrevem as escolhas e questões críticas que devem ser confrontadas pelo pesquisador que muda do nível único para uma perspectiva de múltiplos níveis nos estudos organizacionais.

um nível mais baixo. A segunda resulta da tentativa de pesquisadores focados no micronível de generalizar resultados de estudos no nível do indivíduo, por exemplo, para níveis mais elevados. Para superar tais falácias, o modelo teórico com múltiplos níveis deve estabelecer, ainda que hipoteticamente, as relações entre os níveis para cada constructo teórico. Essas relações devem ser seguidas durante a coleta e a análise dos dados.[80] O pesquisador deve também adotar rigorosa definição, justificativa e explicação de cada um dos níveis do constructo teórico. Os procedimentos devem seguir os princípios da metatriangulação propostos por Lewis e Grimes na área de estudos organizacionais.[81]

Sobre o método de estudo de caso

Cabe ainda ressaltar que a metodologia de pesquisa adotada deve ser fundamentada teoricamente e que os métodos apresentam limitações. Mais especificamente, o estudo de caso, como estratégia de pesquisa, possui um conjunto de aspectos positivos que justifica seu uso. Esse método, entretanto, apresenta limitações. Segundo Yin,[82] o pesquisador deve incorporar um conjunto de técnicas para superar as críticas. A influência de julgamentos subjetivos na análise dos dados, por exemplo, pode ser evitada pela construção de validade.

Para isso, é recomendável o uso de múltiplas fontes de evidência do fenômeno como forma de testar a qualidade dos dados empíricos durante o processo de coleta de dados. Miles e Huberman[83] denominam essa técnica de "triangulação".[84] Esta deve ser usada tanto para dar suporte a um resultado — ao permitir que mostremos que outras fontes concordam ou, ao menos, não contradizem o resultado — quanto para contradizê-lo.

Outro ponto importante, em termos das limitações dos estudos de caso, é o recorte de tempo que define o começo e o fim dos casos investigados. Essa questão deve ser considerada não somente porque auxilia na definição das unidades de análise e na determinação dos limites da coleta e análise dos dados,[85] como também

---

[80] Klein e Kozlowski, 2000.

[81] Lewis e Grimes, 2005.

[82] Yin, 1994.

[83] Miles e Huberman, 1994:266.

[84] Jick fornece detalhada descrição da origem da triangulação e das vantagens do uso de múltiplos métodos em ciências sociais. Segundo o autor, triangulação "dentro do método" envolve checar consistência interna ou confiabilidades, enquanto triangulação "entre métodos" testa o grau de validade externa (Jick, 1979:135-137).

[85] Yin, 1994:24-25.

porque indica a maior ou menor necessidade de o pesquisador se aprofundar na história da empresa (considerando matriz e subsidiárias) e em questões históricas do contexto no qual a empresa atua.

Outra questão importante, para alguns autores, é que conhecimento prévio é também necessário na fase de análise dos dados.[86] Para outros, é útil na seleção adequada dos casos e na procura de outras fontes de evidência por meio de entrevistas especializadas.[87] Yin argumenta que conhecimento prévio é importante na definição dos componentes do desenho de pesquisa, no desenvolvimento da estrutura de análise e na organização da coleta dos dados.[88]

O problema de generalização, usualmente atribuído aos estudos de caso, pode ser superado de uma forma particular pelo uso de múltiplos casos. Os resultados dos casos investigados podem ser analiticamente generalizados; conseqüentemente, é possível generalizar um conjunto particular de resultados para um debate teórico mais amplo, o que não é o mesmo que generalizar para outros estudos de caso.[89] Diante das críticas com relação à construção de teorias a partir de estudos de caso,[90] cabe mencionar que as proposições subentendidas na estrutura de análise estão relacionadas com casos específicos; assim, as limitações correspondentes devem ser cuidadosamente tratadas. As conclusões decorrentes da investigação baseada neste desenho de pesquisa podem proporcionar direções para futuras pesquisas, incluindo premissas para serem investigadas por meio do uso de outros métodos de pesquisa.

Considerações finais

Neste capítulo, que teve como principal objetivo contribuir para o fortalecimento e a legitimação da área de GI no campo de gestão e em outros campos, tentamos mostrar por que pesquisadores da área não devem ignorar a complexidade dos fenômenos nas suas teorizações e investigações. Abordagens reducionistas focadas em um dos protagonistas da área, em especial no contexto da globalização, podem levar a conseqüências disfuncionais para crescente número de *stakeholders*, em diversos países, que vêm usando conhecimento acadêmico para tomar decisões. Apesar

---

86 Strauss, 1990:219.
87 Hakin, 1987:64-73.
88 Yin, 1994:28.
89 Ibid., p. 36.
90 Ver Ragin e Becker (1992:175).

disso, as dificuldades para a realização de pesquisa interdisciplinar, em especial com múltiplos níveis da análise, não devem ser negligenciadas pelos pesquisadores.

Tentamos mostrar que o pesquisador deve estar atento para o fato de que a tentativa de integração de conceitos e idéias que desafiam as premissas e as fronteiras estabelecidas por disciplinas específicas não deve resultar na colonização de um âmbito pelo outro, mas sim no questionamento das contribuições que cada disciplina pode dar para o entendimento do fenômeno. A preocupação com a "não-colonização" e sim com as idéias de "triangulação", "diálogo franco" e "metatriangulação", deve ser parte fundamental das tentativas de integração de conceitos e perspectivas.

Apesar das barreiras institucionais e psicológicas enfrentadas por pesquisadores que defendem a adoção de pesquisa interdisciplinar, não devemos negligenciar o fato de que muitos pesquisadores, particularmente na área de GI, possuem formação multidisciplinar. Em alguns casos, esses pesquisadores têm formação multicultural e experiências profissionais nos âmbitos público e privado. Esses são os atributos necessários, segundo Martínez e Toyne,[91] para o desenvolvimento de uma área de gestão que seja realmente internacional em escopo.

Referências bibliográficas

APTER, David E.; GOODMAN, Louis Wolf (Ed.). *The multinational corporation and social change.* New York: Praeger, 1976.

BARTLETT, G.; GHOSHAL, S. *Managing across borders.* London: Century, 1989.

BERTING, J.; GEYER, F.; JURKOVICH, R. (Ed.). *Problems in international comparative research in the social sciences.* Oxford: Pergamon, 1979.

BLALOCK Jr., H.; BLALOCK, A. B. *Methodology in social research.* New York: McGraw-Hill, 1975.

BODDEWYN, Jean J. Political aspects of MNE theory. *Journal of International Business Studies*, p. 341-363, Fall 1988.

______; BREWER, Thomas L. International-business political behavior: new theoretical directions. *Academy of Management Review*, v. 19, n. 1, p. 119-143, 1994.

91 Martínez e Toyne, 2000.

______; TOYNE, B.; MARTÍNEZ, Z. The meanings of "international management". *Management International Review*, v. 44, n. 2, p. 195-212, 2004.

CHALMERS, A. *What is this thing called science?* 2. ed. Buckingham: Open University Press, 1993.

CHOUCRI, Nazli (Ed.). *Global accord, environmental challenges and international responses.* Cambridge: MIT Press, 1993.

CLARK, T.; KNOWLES, L. Global myopia: globalization theory in international business. *Journal of International Management*, v. 9, p. 361-372, 2003.

CONTRACTOR, F. The raisons d'être for international management as a field of study. *Journal of International Management*, v. 6, p. 3-10, 2000.

DENZIN, Norman K.; LINCOLN, Yvonna S. (Ed.). *Handbook of qualitative research.* Thousand Oaks: Sage, 1994.

DICKEN, P. *Global shift*: transforming the world economy. 3. ed. London: Paul Chapman, 1998.

DUNNING, J. Towards an eclectic theory of international production: some empirical tests. *Journal of International Business Studies*, p. 9-31, Spring/Summer 1980.

DYMSZA, W. Future international business research and multidisciplinary studies. *Journal of International Business Studies*, v. 15, p. 9-13, Spring/Summer 1984.

EASTERBY-SMITH, M.; MALINA, D. Cross-cultural collaborative research: toward reflexivity. *Academy of Management Journal*, v. 42, p. 76-86, 1999.

EISENHARDT, Kathleen M. Building theories from case study research. *Academy of Management Review*, v. 14, n. 4, p. 532-550, 1989.

FISCHER, Kurt; SCHOT, Johan (Ed.). *Environmental strategies for industry, international perspectives on research needs and policy implications.* Washington, DC: Island Press, 1993.

GHOSHAL, Sumantra; WESTNEY, D. Eleanor (Ed.). *Organization theory and the multinational corporation.* London: St. Martin's, 1993.

GILPIN, Robert. *US power and the multinational corporations*: the political economy of foreign direct nvestment. London: MacMillan, 1976.

______. *The political economy of international relations.* Princeton: Princeton University Press, 1987.

______. *Global political economy.* Princeton: Princeton University Press, 2001.

GLADWIN, Thomas. Environment, Planning and the Multinational Corporation. In: ALTMAN, Edward I.; WALTER, Ingo (Ed.). *Contemporary studies in economic and financial analysis*. Greenwich, Connecticut: JAI Press, 1977. v. 8.

______; WALTER, Ingo. *Multinationals under fire*: lessons in the management of conflict. New York: John Wiley, 1980.

GLASER, B.; STRAUSS, A. *The discovery of grounded theory*. Chicago: Aldine, 1967.

GONÇALVES, R. *Globalização e desnacionalização*. São Paulo: Paz e Terra, 1999.

GROOM, A. J. R.; LIGHT, Margot (Ed.). *Contemporary international relations*: a guide to theory. London: Pinter, 1994.

GROSSE, R.; BEHRMAN, J. Theory in international business. *Transnational Corporations*, v. 1, n. 1, p. 93-126, 1992.

HAKIM, Catherine. *Research design*: strategies and choices in the design of social research. London: Routledge, 1987.

HALEY, U. *Multinational corporations in political environments*. Singapore: World Scientific, 2001.

HAMBRICK, D. The disintegration of strategic management: it's time to consolidate our gains. *Strategic Organization*, v. 2, n. 1, p. 91-98, 2004.

HICKSON, J. (Ed.). *Exploring management across the world*. London: Penguin, 1997.

HOFSTEDE, G. *Culture's consequences*. London: Sage, 1980.

HOLLIS, Martin; SMITH, Steve. *Explaining and understanding international relations*. Oxford: Clarendon, 1990.

HYMER, S. *The international operations of national firms*: a study of direct investment. Cambridge: The MIT Press, 1976.

JACKSON, R.; SORENSEN, G. *Introduction to international relations*. Oxford: Oxford University Press, 1999.

JACKSON, T. (Ed.). *Cross-cultural management*. Oxford: Butterworth-Heinemann, 1995.

JENKINS, R. *Transnational corporations and uneven development*. London: Routledge, 1987.

JICK, T. Mixing qualitative and quantitative methods. In: VAN MAANEN, J. (Ed.). *Qualitative methodology*. London: Sage, 1979.

JOHANSON, J.; VAHLNE, J. E. The internationalisation process of the firm: a model of knowledge development and increased market commitments. *Journal of International Business Studies*, v. 8, n. 1, p. 23-32, 1977.

JONES, M. The competitive advantage of the transnational corporations as an institutional form: a reassessment. *International Journal of Social Economics*, v. 27, n. 7-10, p. 943-958, 2000.

KLEIN, K. J.; KOZLOWSKI, S. W. From micro to meso: critical steps in conceptualizing and conducting multilevel research. *Organizational Research Methods*, v. 3, n. 3, p. 211-236, July 2000.

KLEIN, N. *No logo*: taking aim at the brand bullies. New York: Picador US, 1999.

KNIGHTS, D.; WILLMOTT, H. The hype and hope of interdisciplinary management studies. *British Journal of Management*, v. 8, p. 9-22, 1997.

KORTEN, D. *When corporations rule the world*. 2. ed. Bloomfield: Kumarian, 2001.

KUHN, Thomas. *The structure of scientific revolutions*. 2. ed. Chicago: University of Chicago Press, 1970.

LEWIS, Marianne; GRIMES, Andrew. Metatriangulações: a construção de teorias a partir de múltiplos paradigmas. *Revista de Administração de Empresas*, v. 45, n. 1, p. 72-91, jan./mar. 2005.

MARTÍNEZ, Z.; TOYNE, B. What is international management, and what is its domain? *Journal of International Management*, v. 6, p. 11-28, 2000.

MILES, Matthew B.; HUBERMAN, A. Michael. *Qualitative data analysis*: an expanded sourcebook. 2. ed. Thousand Oaks, CA: Sage, 1994.

MIR, R.; WATSON, A. Strategic management and the philosophy of science: the case for a constructivist methodology. *Strategic Management Journal*, v. 21, n. 9, p. 941-953, 2000.

MOKKIBER, R.; WEISSMAN, R. *Corporate predators*. Monroe: Common Courage, 1999.

MONBIOT, G. *The captive state*: the corporate takeover of Britain. London: Macmillan, 2000.

MORAN, T. (Ed.). *Multinational corporations*. Lexington, MA: Lexington Books, 1985.

MORGAN, G. *Images of organization*. 2. ed. Thousand Oaks, CA: Sage, 1997.

NISSANI, M. Ten cheers for interdisciplinarity: the case for interdisciplinary knowledge and research. *The Social Science Journal*, v. 34, n. 2, p. 201-216, 1997.

OYEN, Else (Ed.). *Comparative methodology*: theory and practice in international social research. 2. ed. London: Sage, 1992.

PFEFFER, J. Barriers to the advance of organizational science: paradigm development as a dependent variable. *Academy of Management Review*, v. 18, p. 599-620, 1993.

RAGIN, Charles C. *The comparative method*: moving beyond qualitative and quantitative strategies. Berkeley: University of California Press, 1989.

______; BECKER, Howard S. (Ed.). *What is a case?* Exploring the foundations of social inquiry. Cambridge: Cambridge University Press, 1992.

RAPPAPORT, Ann; FLAHERTY, Margaret Fresher. *Corporate responses to environmental challenges*: initiatives by multinational management. New York: Quorum, 1992.

ROUSSEAU, D. Issues of level in organizational research: multi-level and cross-level perspectives. *Research in Organizational Behavior*, v. 7, p. 1-37, 1985.

RUGMAN, A.; D'CRUZ, J. *Multinationals as flagship firms*. Oxford: Oxford University Press, 2000.

SIMON, J. L. *Basic research methods in social science*. New York: Randon House, 1969.

SKINNER, Quentin (Ed.). *The return of grand theory in the human sciences*. Cambridge: Cambridge University Press, 1985.

SKLAIR, Leslie. *Sociology of the global system*. 2. ed. London: Prentice-Hall; Haverter Wheatsheaf, 1995.

______. *The transnational capitalist class*. Oxford: Blackwell, 2001.

______. *Globalization*: capitalism and its alternatives. Oxford: Oxford University Press, 2002.

SOBEL, A. Comments on globalization, interdisciplinary research, myopia and parochialism, government, convergence, and culture. *Journal of International Management*, v. 9, p. 419-425, 2003.

STOPFORD, J. M.; STRANGE, S.; HENLEY, J. *Rival states and rival firms*: competition for world shares markets. Cambridge: Cambridge University Press, 1991.

STRANGE, Susan. *States and markets*. 2. ed. London: Pinter, 1994.

______. *The retreat of the state*. Cambridge: Cambridge University Press, 1996.

STRAUSS, Anselm L. *Qualitative analysis for social scientists*. 2. ed. Cambridge: Cambridge University Press, 1990.

______; CORBIN, Juliet. *Basic of qualitative research*: grounded theory procedures and techniques. Newbury Park, CA: Sage, 1990.

SUNDARAM, Anant K.; LACK, J. Stewart. The environment and internal organization of multinational enterprises. *Academy of Management Review*, v. 17, n. 4, p. 729-757, 1992.

THOMAS, A. O. Global media corporations and the nation-state: balancing political-economic and socio-cultural globalization. *Global Business Review*, v. 2, n. 1, p. 71-82, 2001.

UNCTAD. *Investment policy review* of Brazil. Geneva, Aug. 2004.

USUNIER, J.-C. *International & cross-cultural management research*. London: Sage, 1998.

VERNON, R. International trade and international investment in the product cycle. *Quarterly Journal of Economics*, p. 190-207, June 1966.

______. *Sovereignty at bay*. New York: Praeger, 1971.

WALLERSTEIN, I. *The modern world-system*. New York: Academic, 1974.

______. Análise dos sistemas mundiais. In: GIDDENS, A.; TURNER, J. (Orgs.). *Teoria social hoje*. São Paulo: Editora Unesp, 1999.

WARWICK, Donald P.; OSHERSON, Samuel (Ed.). *Comparative research methods*. Englewood Cliffs, New Jersey: Prentice-Hall, 1973.

WILSON, D. *A strategy of change*. London: Routledge, 1992.

WRIGHT, L.; LANE, H.; BEAMISH, P. International management research: lessons from the field. *International Studies of Management and Organization*, v. 18, n. 3, p. 55-71, 1988.

YIN, Robert K. Application of case study research. In: BICKMAN, Leonard; ROG, Debra J. *Applied social research methods*. London: Sage, 1993. v. 34.

______. *Case study research*: design and methods. 2. ed. Thousand Oaks, CA: Sage, 1994.

Análise de conteúdo e sua aplicação em pesquisa na administração

Eloise Helena Livramento Dellagnelo*
Rosimeri Carvalho da Silva**

Tratar da utilização da análise de conteúdo na pesquisa em administração é uma tarefa interessante, tendo em vista sua crescente utilização por pesquisadores no Brasil, em especial aqueles que se têm dedicado mais à pesquisa cuja abordagem se caracteriza por ser predominantemente qualitativa.

Pode-se supor que o interesse na análise de conteúdo, por parte desses pesquisadores, esteja relacionado à necessidade de se apoiarem em uma técnica de análise de dados em pesquisa qualitativa que alcance alguma credibilidade acadêmica entre seus pares, sem, no entanto, ficarem restritos aos métodos quantitativos mais clássicos nem, tampouco, se lançarem numa atividade de pesquisa que exclua o método. Observa-se cada vez mais, em nossa pesquisa, o uso de estratégias na coleta de dados envolvendo entrevistas, quer não estruturadas ou semi-estruturadas, e a observação documental. Supõe-se que a necessidade de tratamento e interpretação dos materiais decorrentes, ou seja, dos textos obtidos, requeira aparato metodológico que subsidie de maneira sólida as conclusões a serem alcançadas.

A análise de conteúdo, como poderemos aprofundar em seguida, é um método de análise de dados em pesquisa que pode utilizar diferentes técnicas para tratamento do material coletado. Muitas delas têm forte sustentação na lingüística, ou até

* Doutora em engenharia de produção pela Universidade de Santa Catarina; professora do Curso de Pós-Graduação em Administração da Universidade de Santa Catarina (CPGA/UFSC). E-mail: eloise@mbox1.ufsc.br.
** Doutora em ciências da gestão pela École des Hautes Études Commerciales (HEC), Paris, França. E-mail: rosimeri@cse.ufsc.br.

mesmo na estatística, o que direciona a análise para uma perspectiva mais quantitativa. Entretanto, essa não é a única forma de abordá-la e talvez não seja a mais interessante na busca de significados a que se dispõem os trabalhos desenvolvidos.

Considerando-se os usos, abusos, imprecisões e novas possibilidades de aplicação do método, objetivamos neste texto esclarecer a análise de conteúdo, abordando sua história, suas aplicações, seus objetivos e as técnicas possíveis de serem aplicadas, bem como as críticas, controvérsias e reflexões sobre sua potencialização na pesquisa qualitativa. Acreditamos que esclarecimentos possam ser feitos neste trabalho no sentido de orientar estudos que venham a utilizar este método, bem como facilitar a avaliação, e conseqüentemente a crítica, aos trabalhos que já vêm sendo realizados.

Um breve histórico

Para vários autores, a análise de conteúdo é tida como uma técnica que surge há muito tempo, desde que aparecem estudos preocupados com a interpretação de escritos sagrados ou políticos, os quais, segundo Trivinos,[1] não apresentavam um grande rigor científico. Entende-se, assim, que nesse momento não se registram aspectos sistematizados dos procedimentos adotados, característica fundamental para distingui-los efetivamente como método. Nesse sentido, é no início do século passado que se reconhece efetivamente o surgimento da técnica, a partir dos estudos realizados por Leavell na análise de propagandas bélicas. Conforme Trivinos: "A Segunda Guerra Mundial agudizou o desenvolvimento da propaganda e nele o método de análise de conteúdo alcançou importância."[2] As décadas de 1950 e 1960 são consideradas de grande desenvolvimento da técnica, sobretudo em seu aspecto quantitativo, sendo elaborados vários estudos principalmente nos Estados Unidos.

No final da década de 1970, temos a obra de Bardin, a qual representa, no Brasil, uma significativa referência. Nesse trabalho, a autora enfatiza a força do método na perspectiva qualitativa e apresenta, de maneira pormenorizada, exemplos de diferentes técnicas que podem ser utilizadas.

O interesse pelo uso da técnica expande-se em diversas áreas, redefinições também vão surgindo, novos requisitos metodológicos e também as controvérsias começam a ser ressaltadas. Essas redefinições, requisitos e críticas proporcionam o aperfeiçoamento das práticas utilizadas. Da mesma forma, o desenvolvimento de

---

[1] Trivinos, 1987.
[2] Ibid., p. 159.

conhecimentos em áreas como a lingüística, estatística e informática tem produzido impactos expressivos nas transformações das práticas utilizadas pelo método.

Conceito

Em coerência com sua própria história, encontramos diferentes formas de conceituar ou definir a análise de conteúdo. As diversas definições acompanham perspectivas predominantemente qualitativas ou quantitativas de pesquisa, visões mais objetivistas ou subjetivistas da realidade e enfoques que se podem situar em diferentes paradigmas na análise organizacional.

Berelson,[3] por exemplo, apresenta uma perspectiva que pode ser hoje considerada mais limitada para o método, mas que teve e tem forte influência sobre sua prática. Para ele: "A análise de conteúdo é uma técnica quantitativamente orientada através da qual medidas padronizadas são aplicadas a unidades metricamente definidas e estas são usadas para caracterizar e comparar documentos."[4] O mesmo autor[5] afirma que é uma técnica de pesquisa para a descrição objetiva, sistemática e quantitativa do conteúdo manifesto da comunicação.

Nesse sentido, a análise de conteúdo foi acentuadamente facilitada pelos computadores eletrônicos e seus diversos sistemas especializados. A literatura em língua inglesa é forte representante dessa perspectiva. Patton[6] define a análise de conteúdo como um processo de identificação, codificação e categorização de dados primários em informações. De maneira semelhante, para Bailey, "a meta básica da análise de conteúdo é tomar documentos verbais, não-quantitativos, e transformá-los em dados quantitativos. O resultado da análise de conteúdo pode, de maneira geral, ser apresentado em tabelas contendo freqüências ou percentagens, do mesmo modo que os dados de *survey*".[7] Os conceitos que fundamentam a perspectiva do autor foram desenvolvidos na década de 1950: "a análise de conteúdo é uma técnica de pesquisa para se chegar a conclusões por meio da identificação sistemática e objetiva das características específicas em um texto".[8] Ele conclui afirmando que a análise de conteúdo é uma técnica de análise de documentos estruturada, na qual o pesquisa-

---

[3] Apud Manning e Cullum-Swan, 1998.
[4] Ibid., p. 248.
[5] Apud Richardson, 1999.
[6] Patton, 1998:381.
[7] Bailey, 1994:304.
[8] Stone et al., apud Bailey (1994:304).

dor primeiro constrói um conjunto de categorias mutuamente exaustivas e exclusivas que podem ser usadas na análise de documentos; a partir disso, verifica a freqüência na qual cada categoria é observada nos documentos estudados. A posição do autor é muito enfática nessa direção e, provavelmente, representa aquilo que muitos pensam e fazem quando utilizam a técnica, algo que pode confundir pesquisadores iniciantes ou pouco conhecedores do assunto. Nessa perspectiva, muitos consideram a análise de conteúdo uma técnica equivalente à pesquisa do tipo *survey* realizada em documentos. É considerada adequada, assim, no uso de hipóteses, grandes amostras de dados, dados quantificáveis que podem ser analisados por meio de recursos computacionais e técnicas estatísticas modernas.

De maneira mais ponderada, Bardin enfatiza que a técnica pode ter duas perspectivas. Para a autora, a análise de conteúdo é "um conjunto de técnicas de análise das comunicações, visando, por procedimentos sistemáticos e objetivos de descrição do conteúdo das mensagens, obter indicadores quantitativos ou não, que permitam a inferência de conhecimentos relativos às condições de produção/recepção (variáveis inferidas) das mensagens".[9] De acordo com a autora, esse método de análise busca inferir os significados que vão além das mensagens concretas. Dessa forma, a simples aplicação de técnicas eminentemente quantitativas, geralmente identificadas pelos usuários ou praticantes como enumeração, não faz sentido. Conforme se argumenta nos debates quanto à utilização de abordagens puramente quantitativas em pesquisa social, números por si só não trazem significado para os estudos.

Uma das controvérsias quanto ao significado e, conseqüentemente, à utilização da técnica reside na possibilidade de se investigarem aspectos relativos aos documentos em si ou aos seus produtores e seu contexto. Ou seja, em uma situação, analisam-se as características de um texto (mensagem) sem referência às intenções do emissor ou aos efeitos da mensagem sobre o receptor; em outras, busca-se analisar as causas e antecedentes de uma mensagem, procurando conhecer as suas condições de produção. Apesar de autores como Richardson[10] aceitarem a possibilidade da primeira alternativa como um dos objetivos da análise de conteúdo, questionamos essa postura, uma vez que uma análise desse tipo facilmente se confundiria com um trabalho tal como realizado em outras áreas, como literatura ou lingüística. Este parece não ser o caso mais apropriado para os estudos em administração.

---

9 Bardin, 1994:38.
10 Richardson, 1999.

O caráter meramente quantitativo dos trabalhos em análise de conteúdo também é outra controvertida discussão que merece atenção. A pesquisa social fortemente baseada em dados numéricos certamente incorpora uma perspectiva de investigação que não aceita afirmações sem comprovações estatísticas – aquilo que muitas vezes chamam dados objetivos. Esse tipo de trabalho, contudo, é coerente quando buscamos a comprovação de hipóteses, as quais pressupõem estudos onde a relação entre variáveis exista e seja passível de verificação. Assim, para tratarmos de temas como universo vocabular em setores específicos dentro de organizações, ou em determinados grupos profissionais, ou da incorporação de termos ou expressões por sujeitos em organizações após a sua submissão a algum programa de comunicação desenvolvido, talvez essa perspectiva seja suficiente. Entretanto, uma vez que muito da pesquisa qualitativa na área envolve discussões sobre atitudes, valores, ideologias existentes em indivíduos e organizações, sabemos que a aplicabilidade de técnicas estatísticas é extremamente limitada, senão questionada. Acrescenta-se a isso uma perspectiva epistemológica, onde se acredita, com maior ou menor intensidade, na objetividade da realidade e na neutralidade do conhecimento.

Diferenças e semelhanças com outros estudos da linguagem

É importante distinguir, para uma melhor compreensão, a análise de conteúdo de outros métodos e abordagens de análise da língua. A análise de conteúdo trabalha sobre mensagens contidas em documentos; entretanto, esses materiais também podem ser estudados por meio da análise documental ou da lingüística, por exemplo.

Em princípio, ambas, análise de conteúdo e lingüística, estudam a linguagem. No entanto, conforme Bardin esclarece, fundamentada em Saussure, a lingüística preocupa-se ou tem como objeto de estudo a *língua*, quer dizer, o aspecto coletivo e virtual da linguagem. Já a análise de conteúdo preocupa-se com o estudo da *palavra*, isto é, o aspecto individual e atual (em ato) da linguagem. A lingüística trabalha numa língua teórica, encarada como um "conjunto de sistemas que autorizam combinações e substituições regulamentadas em elementos definidos".[11] O seu papel resume-se à descrição das regras de funcionamento da língua, para além das variações individuais ou sociais, tratadas pela psicolingüística e pela sociolingüística. A análise de conteúdo, pelo contrário, trabalha a palavra, quer dizer, a prática da língua realizada por emissores identificáveis. A autora aprofunda ainda a distinção, buscan-

[11] Bardin, 1994:43.

do esclarecer os papéis da semântica, da sociolinguística, da lexicologia, da estatística lingüística e da análise do discurso, sobre as quais discorreremos rapidamente, a fim de evidenciar as principais distinções.

Assim, de acordo com a autora, a semântica é o estudo do sentido das unidades lingüísticas e trabalha com o material principal da análise de conteúdo: os significados. Descreve, no entanto, os universais do sentido lingüístico (no nível da língua, e não da palavra, como na análise de conteúdo). A sociolingüística movimenta-se da língua para as palavras, de modo a estabelecer de maneira sistemática correlações (co-variância) entre estruturas lingüísticas e sociais. Está, por conseguinte, próxima da análise de conteúdo, na medida em que deixa a esfera dessocializada da lingüística e tenta descrever correspondências entre características "linguajeiras" e grupos sociais.[12] Contudo, a sociolingüística trabalha com dois conjuntos gerais de comparação, um conjunto lingüístico e outro social. Já a análise de conteúdo visa o conhecimento de variáveis de ordem psicológica, sociológica, histórica etc., por meio de um processo de dedução com base em indicadores reconstruídos a partir de uma amostra de mensagens específicas. A lexicologia e a estatística lexical, que tratam, respectivamente, do vocabulário e da aplicação de métodos estatísticos à descrição do vocabulário, aproximam-se da análise de conteúdo por trabalharem com unidades de significações simples, como a palavra, e por utilizarem processos de enumeração e de classificação através de categorias. Como esclarece a autora, essas ciências são úteis à análise de conteúdo, mas a sua analogia é puramente técnica e limitada. Já ao se referir à análise do discurso, Bardin esclarece que, tal como a análise de conteúdo, aquela trabalha com unidades lingüísticas superiores à frase, ou seja, os enunciados.

Considerando-se os objetivos das duas abordagens, análise de conteúdo e lingüística, constatamos que a lingüística, por meio da semântica, da sociolingüística, da lexicologia, da estatística lingüística, pode dar apoio à análise de conteúdo, mas difere fundamentalmente desta ao tentar buscar respostas para a compreensão da linguagem enquanto sistema geral de uso social, ou seja, enquanto língua. Já a análise de conteúdo busca entender a linguagem muito mais como expressão de sistemas específicos, locais, ou seja, da linguagem em uso, da palavra.

A sociolingüística e a análise do discurso parecem ter maior proximidade do que aquela levantada pela autora, principalmente considerando perspectivas sociais a respeito da construção da realidade.[13] Apesar de tratar da distinção entre a análise de

---

12 Bardin, 1994:43.

13 Berger e Luckmann, 1996.

discurso e a análise de conteúdo, a autora a ilustra em seu livro como uma das técnicas possíveis de serem utilizadas, contribuindo, assim, para maior confusão em esquemas de distinção que não são familiares àqueles não iniciados nos estudos da língua.

A aproximação e o distanciamento da análise de conteúdo em relação à análise documental também são destacados por diferentes autores.

Richardson (1999) esclarece muito bem que os documentos escritos e as estatísticas não são as únicas fontes documentais que podem fornecer informações referentes a fenômenos sociais. Uma série de outros elementos pode ser citada como exemplos de valor documental para as ciências sociais: objetos, elementos iconográficos, documentos fotográficos, cinematográficos, fonográficos, videocassetes etc. Conforme o autor, esses elementos são fontes que reúnem e expressam, "muitas vezes de maneira dispersa e fragmentária, as manifestações da vida social em seu conjunto e em cada um dos seus setores".[14] Sabe-se que todos esses documentos constituem a base da observação documental. De acordo com Richardson:

> a análise documental consiste em uma série de operações que visam estudar e analisar um ou vários documentos para descobrir as circunstâncias sociais e econômicas com as quais podem estar relacionados. O método mais conhecido de análise documental é o método histórico que consiste em estudar os documentos visando investigar os fatos sociais e suas relações com o tempo sócio-cultural-cronológico.[15]

Em se tratando de documentos escritos, podemos dizer que a análise documental busca as informações explicitadas no texto; já a análise de conteúdo vai além, busca entender a mensagem, o significado transmitido pela mensagem, aquilo que pode estar implícito.

Campo de aplicação da análise de conteúdo

Como já podemos observar, a análise de conteúdo é um conjunto de instrumentos metodológicos que, conforme salientamos em seu histórico, vêm sendo aperfeiçoados na medida do desenvolvimento de tecnologias eletrônicas de processa-

[14] Richardson, 1999:182.
[15] Ibid., p. 182.

mento de dados e do conhecimento em diferentes campos. Ela pode ser aplicada a diversos tipos de discursos, ou diferentes tipos de mensagens apresentadas em determinada língua. Esclarecemos aqui que a compreensão sobre a troca de mensagens em grupos sociais pode ser preocupação em várias áreas de conhecimento e se basear em outros tipos de código, os quais podem ser estudados na antropologia, com base na etnografia ou outra técnica adequada. A língua é um dos códigos possíveis de serem usados na troca de mensagens.

O uso inicial da técnica estava voltado principalmente para materiais de comunicação de massa, mas isso se amplia e passa-se a utilizá-la, também, na investigação de livros, revistas especializadas, discursos etc. Embora possamos observar certo predomínio na referência a documentos, em estudos organizacionais predomina a utilização de entrevistas.

Minayo cita alguns exemplos de utilização geral da análise de conteúdo: "analisar obras de um romancista para identificar seu estilo e/ou para descrever sua personalidade; analisar depoimentos de telespectadores que assistem a uma determinada emissora ou de leitores de um determinado jornal para determinar os efeitos de comunicação de massa; analisar textos de livros didáticos para o desmascaramento de ideologia subjacente; analisar depoimentos de representantes de um grupo social no sentido de levantar o universo vocabular desse grupo".[16] Em estudos organizacionais, a análise de conteúdo pode ser utilizada para a compreensão dos depoimentos de dirigentes a respeito do processo de construção de políticas institucionais, para a explicitação dos jogos de poder que se estabelecem ao longo de um processo de mudança ou explicitação da ideologia subjacente ao processo de comunicação organizacional. Enfim, a quantidade de temas em que se pode utilizar o método nos estudos organizacionais pode ser considerada ilimitada.

Ao considerar o grande volume e a diversidade de formas que apresenta a comunicação entre as pessoas, Richardson afirma que "o campo de aplicação da análise de conteúdo está limitado apenas pela imaginação do pesquisador que trabalha com esses materiais".[17] Assim, o autor exemplifica alguns de seus usos: desmascaramento da ideologia subjacente nos textos didáticos; diferenças culturais refletidas na literatura; reação das pessoas a programas de rádio ou televisão; levantamento do repertório semântico ou da sintaxe de jornais ou revistas; levantamento do universo vocabular de uma população; análise de estereótipos sociais, culturais ou raciais das fotonovelas;

---

[16] Minayo, 1998:74-75.
[17] Richardson, 1999:178.

detecção de intenções em um discurso político. Considerando as devidas adequações aos questionamentos da área de estudos organizacionais, ou mesmo da administração, todos esses exemplos podem ser temas de análise.

Considerando-se a amplitude dos temas passíveis de serem trabalhados nos estudos organizacionais, argumenta-se que a análise de conteúdo possa ser aplicada a qualquer interesse de pesquisa na área. Salienta-se que o aprofundamento de documentos organizacionais seja uma alternativa interessante que ainda muito pouco se tem observado na utilização da técnica.

Etapas da análise de conteúdo

Como qualquer método, a análise de conteúdo implica certas etapas que, embora sejam apresentadas com algumas variações pelos autores interessados no tema, já alcançaram suficiente similaridade para poder guiar o processo de pesquisa de um investigador.[18] Considerando as diferenças nas classificações encontradas, apresentaremos as etapas com base em Bardin,[19] buscando esclarecer possíveis dúvidas quanto à aplicação de suas idéias. Assim, trataremos do processo em termos de pré-análise, exploração ou análise e inferência e interpretação dos dados.

Pré-análise

O momento da pré-análise é tratado por Trivinos[20] como a etapa onde simplesmente se organiza o material. Bardin esclarece que, nesse momento, se procede à leitura flutuante, a escolha dos documentos, a formulação das hipóteses e dos objetivos, a referenciação dos índices, a elaboração de indicadores e a preparação do material.

Considerando-se *a priori* uma perspectiva mais qualitativa do trabalho, cabe esclarecer que esses itens são altamente flexíveis. Isso quer dizer, por exemplo, que hipóteses nem sempre são definidas e que indicadores nem sempre são quantitativos.

A leitura "flutuante" é uma leitura geral do material. É o momento do conhecimento dos textos, de se deixar "invadir por impressões e orientações". A leitura vai ficando pouco a pouco mais precisa, as hipóteses vão emergindo; quando for o caso,

---

18 Trivinos (1987), Richardson (1999), Bardin (1994), Bailey (1994).
19 Bardin, 1994.
20 Trivinos, 1987.

procede-se à avaliação da aplicação de técnicas a serem utilizadas na análise. Em pesquisa, muitos consideram esse um momento exploratório do processo geral de investigação. Nessa fase, o pesquisador, já com seu tema e com sua questão de pesquisa focada, deve decidir sobre os materiais a serem coletados para análise. Essa consideração é pertinente, entretanto, quando se vai trabalhar com documentos. A utilização da entrevista como técnica de coleta implica que a definição dos entrevistados equivale a esses procedimentos. Assim, dependendo do material disponível, a preparação do material pode consistir em transcrição de fitas, ordenação, classificação de documentos ou entrevistados, codificação de textos, caso tenhamos tratamento informatizado a ser efetuado, ou qualquer outra elaboração necessária para tornar o material selecionado ou existente pronto para receber os procedimentos da análise.

Uma discussão interessante quanto a essa primeira etapa consiste na referência ao critério da representatividade na escolha dos documentos a serem analisados. Cabe salientar aqui que essa parece ser uma preocupação coerente quando se objetiva alcançar a generalização das conclusões obtidas. Na pesquisa predominantemente qualitativa, esse não é o caso, assim a recomendação não seria necessária. Entretanto, deve-se ter clara coerência entre os objetivos propostos na pesquisa, os dados obtidos através dos documentos ou entrevistas e as conclusões alcançadas. Em certos casos, a pesquisa qualitativa usa do argumento de não buscar a generalização para definir aquilo que aqui estamos tratando por *corpus* de análise; no entanto, peca ao apresentar conclusões que extrapolam os limites das informações efetivamente analisadas.

Exploração e análise do material

A exploração e análise do material é um momento considerado por muitos cansativo, longo e fastidioso, nas palavras de Bardin.[21] No entanto, salienta ela que esse é um momento fundamental na pesquisa, uma vez que as possibilidades de inferências e interpretações são bastante dependentes daquilo que for feito nessa etapa. Pode-se argumentar que aqui o pesquisador deixa claros os procedimentos utilizados para sustentar suas conclusões e considerações.

Conforme Bardin, os resultados brutos são tratados nessa etapa de maneira a serem significativos e válidos. Operações estatísticas simples como percentagens, ou mais complexas, como a análise fatorial, que muitas vezes são realizadas, permitem

[21] Bardin, 1994:101.

estabelecer quadros de resultados, diagramas, figuras e modelos, os quais condensam e põem em relevo as informações fornecidas pela análise. Em abordagens quantitativas, esses resultados são submetidos a provas estatísticas, assim como a testes de validação. Tendo à sua disposição resultados significativos, do ponto de vista qualitativo, e fiéis, do ponto de vista quantitativo, o pesquisador pode apresentar suas inferências e interpretações relativas aos objetivos propostos previamente no estudo, ou àqueles que emergiram no trabalho, ou, ainda, especular novas possibilidades de investigações futuras.

Bardin aborda a *codificação* como um importante processo a ser efetuado nesse momento. Ele corresponde, segundo a autora, a três escolhas: o recorte ou escolha das unidades; a enumeração ou escolha das regras de contagem; a classificação e a agregação ou escolha das categorias.

A maior parte dos autores que tratam do assunto também faz menção às mesmas questões, destacando itens ou subitens diferentes, porém com o mesmo conteúdo. Assim, nessa etapa, tratamos de assuntos como unidade de registro e de contexto, regras de quantificação ou de enumeração e a categorização.

É importante esclarecer que a categorização não é julgada obrigatória por Bardin, embora a autora considere que a maioria dos procedimentos de análise se organize em torno deste processo. Isso ocorre devido à necessidade existente nas práticas de pesquisa dominantes de buscar algum tipo de agrupamento, alguma forma de classificação dos dados de maneira que facilite a sua interpretação. É interessante colocar, porém, que, embora a autora fale da categorização como um processo na etapa de análise (obrigatório ou não) – e ela não é a única a fazê-lo –, esta também é considerada uma das técnicas próprias da análise de conteúdo, como a análise da enunciação, da expressão e do discurso, por exemplo. Na verdade, muitos pesquisadores, ao destacar a análise de conteúdo no tratamento dos dados em suas pesquisas, fazem uso da análise categorial como técnica específica, sem deixar isso claro. Em grande parte, isso se deve à utilização desavisada do método, ou à confusão proporcionada pelas referências dominantes em português sobre o assunto.

Esclarecido isso, podemos retomar a *codificação*, que é o primeiro momento da etapa de exploração e análise do material. Nesse momento, definem-se as unidades de registro e de contexto (se for o caso) a serem trabalhadas. Esse é um processo de desagregação de uma mensagem em seus elementos constitutivos. Esses elementos correspondem ao segmento de conteúdo considerado unidade base da análise, visando algum tratamento posterior.

As unidades de registro citadas por Bardin podem ser: a palavra, o tema, o objeto ou referente, o personagem, o documento ou item. Outros acrescentam ainda a frase como unidade a ser selecionada. Dependendo do tipo de análise a ser realizada, pode-se trabalhar com diferentes unidades. A frase, por exemplo, quase sem sentido em uma análise categorial ou de discurso, é extremamente importante quando se usam técnicas como análise da enunciação e análise da expressão. A palavra não é uma unidade de registro muito fácil de ser trabalhada, devido ao volume de sua ocorrência. O coeficiente de variedade vocabular, por exemplo, é ilustrado como uma das possibilidades de uso dessa unidade quando na fase de enumeração. O coeficiente do tipo gramatical também é citado, entretanto dificilmente esses tipos de uso tendem a ocorrer na pesquisa em administração. O tema é considerado um dos tipos de unidade mais utilizados e tem forte presença dos estudos organizacionais. Ele tem sido bastante utilizado como unidade de registro para o estudo de motivações, opiniões, atitudes, crenças etc. Com esse tipo de elemento, buscamos descobrir o "sentido" que o autor deseja dar a uma determinada mensagem. O ator é outra unidade que aparece mais em estudos de documentos como novelas e peças teatrais; no entanto, acredita-se que possa ser mais bem explorado na administração. Sabe-se que na análise da cultura organizacional, por exemplo, ao se obterem relatos sobre heróis, histórias, rituais e cerimônias, os personagens citados tendem a se constituir em fonte importantíssima de significado. Da mesma forma, o ator pode ser uma unidade de registro essencial nas análises sobre poder.

A unidade de contexto, conforme Bardin, serve de unidade de compreensão para codificar a unidade de registro e corresponde ao segmento da mensagem, cujas dimensões, superiores às da unidade de registro, são ótimas para que se possa compreender melhor a sua significação. Isso pode, por exemplo, ser a frase para a palavra e o parágrafo para o tema. Elas não são obrigatórias, sua necessidade depende das possibilidades de compreensão obtidas com a unidade de registro trabalhada. Dois critérios envolvem sua escolha: o custo e a pertinência.

Na *quantificação* ou *enumeração*, outro processo a ser executado na seqüência, observamos que o tratamento quantitativo mais utilizado é a freqüência de cada elemento, quantidade de vezes que aparecem os elementos em determinado documento. Dita medição baseia-se no pressuposto (às vezes válido, outras vezes não válido) de que a importância de uma unidade de registro se reflete no número de vezes que esta aparece em um texto.

No entanto, para pesquisas relativas à análise de valores (ideologias, tendências e atitudes), a simples tabulação de freqüência pode ser insuficiente, pois não considera a intensidade de cada elemento. Assim, a *intensidade* é uma forma de enumeração que já considera uma avaliação mais qualitativa da mensagem. Critérios que podem ser utilizados são, por exemplo, o tempo do verbo (futuro, condicional, imperativo), o uso de advérbios e adjetivos. Outra forma de enumeração citada é presença/ausência no texto. A *direção*, outra maneira de se enumerar um texto, geralmente vem associada à intensidade. De maneira semelhante à anterior, ela considera uma perspectiva mais qualitativa das mensagens obtidas. A direção pode ser favorável, desfavorável ou neutra, em uma avaliação de favorabilidade a determinado tema, por exemplo. *Tamanho*, ou quantidade de espaço, é outra forma de enumeração encontrada em Bailey.[22] Conforme o autor, esse mecanismo de enumeração é mais adequado ou utilizado na análise de meios de comunicação de massa. Ressalta-se que na análise das comunicações organizacionais, tanto externas quanto internas, essa poderia ser uma interessante medida de enumeração a ser adotada.

Dependendo da forma de enumeração e das expectativas por confirmação de hipóteses, a utilização de recursos computadorizados tende a aparecer. No entanto, essa é uma perspectiva bastante limitada da análise de conteúdo. Nos estudos organizacionais especificamente, as discussões recentes em análise do discurso evidenciam um quadro bastante diferente.

Em trabalhos qualitativos, o uso de regras de enumeração como a intensidade e a direção de determinadas idéias pode ter grande significado para o pesquisador. Certamente a freqüência, aliada à idéia de espaço, utilizadas na análise, consolidam sobremaneira a força de qualquer argumento.

A *categorização* finaliza o processo de codificação; entretanto, conforme foi salientado anteriormente, essa não é uma etapa obrigatória. Quando utilizada conforme apresentada na literatura, pode ser considerado que o pesquisador se utilizou da técnica da análise categorial, dentro da análise de conteúdo. Talvez por ser a mais utilizada, muitas vezes ela é considerada equivalente à análise de conteúdo. Na verdade, entre as diversas técnicas de análise de conteúdo existentes, ela é a mais antiga e a mais utilizada.[23] Entretanto, não é a única disponível.

É interessante esclarecer também que o uso de categorias na análise de dados não é exclusividade da análise de conteúdo. Pesquisas sociais, quer sejam predominantemente qualitativas ou quantitativas, utilizam-se de procedimentos de categorização.

De acordo com Minayo:

> A palavra categoria, em geral, se refere a um conceito que abrange elementos ou aspectos com características comuns ou que se relacionam entre si. Essa palavra

---

[22] Bailey, 1994.
[23] Richardson, 1999.

> está ligada à idéia de classe ou série. As categorias são empregadas para se estabelecer classificações. Neste sentido, trabalhar com elas significa agrupar elementos, idéias ou expressões em torno de um conceito capaz de abranger tudo isso.[24]

Entre as possibilidades de categorização, a mais utilizada é a análise por temas ou análise *temática*: "consiste em isolar temas de um texto e extrair as partes utilizáveis, de acordo com o problema pesquisado".[25]

Patton afirma que categorizar é como construir o índice para um livro ou para um sistema de arquivo: observa-se o que contém e confere-se-lhe um rótulo. Assim, o conteúdo dos dados é classificado. Conforme o autor, "um sistema de classificação é crítico; sem classificação há o caos. Simplificar a complexidade da realidade em algum esquema de classificação gerenciável é o primeiro passo da análise."[26]

Pagés et al., ao relatar o processo de análise das entrevistas obtidas em seu estudo sobre poder na TLTX, nos falam na construção do código das rubricas, das subrubricas e subsub-rubricas, a fim de homogeneizar a compreensão do grupo de pesquisa sobre o código elaborado.[27]

Ao explicar os procedimentos da categorização, Richardson afirma que, na análise de conteúdo, é difícil predizer quanto trabalho é necessário para se chegar a um nível aceitável de confiabilidade. Assim, afirma o autor, o pesquisador que planeja um projeto que utilize esse tipo de análise deve estar preparado para investir tempo considerável no desenvolvimento do código, principalmente quando este não for desenvolvido antes da coleta de dados. "O processo é lento e não se pode utilizar o código até alcançar certo nível de confiabilidade."[28]

As categorias podem ser estabelecidas antes ou depois do trabalho de campo. Aquelas estabelecidas antes exigem uma fundamentação teórica muito sólida por parte do pesquisador. Nessa situação, as referências teóricas existentes são consideradas suficientes para a classificação dos dados obtidos. Nesse sentido, observamos muitas sugestões de categorias prévias que servem de base para trabalhos fundamentalmente quantitativos, os quais se apóiam em *softwares* especializados. Em trabalhos mais qualitativos, também encontramos categorias sendo definidas previamente; entretanto, geralmente são formuladas com base no referencial teórico disponível

---

[24] Minayo, 1998:70.

[25] Richardson, 1999:197.

[26] Patton, 1990:382.

[27] Pagés et al., 1987.

[28] Richardson, 1999:198.

sobre o assunto pesquisado, nos objetivos da pesquisa e no objeto que está sendo investigado (tipo de organização, grupo social, documentos e sujeitos entrevistados).

Na segunda forma de definição de categorias, o sistema não é dado previamente, mas resulta da classificação progressiva dos elementos encontrados nos dados. Essa prática é muito coerente com muitas recomendações relativas à pesquisa qualitativa: objetivos, hipóteses, coleta de dados vão sendo definidos e redefinidos em processo contínuo, a partir da própria análise dos dados.

A defesa dessa segunda forma de definição de categorias é muito forte na literatura. Para Bailey, por exemplo, categorias construídas sem a apreciação dos documentos em análise podem excluir muitas categorias importantes e incluir outras desnecessárias.[29]

Pagés e seus colaboradores descrevem o embate, em seu grupo de pesquisa, entre as perspectivas indutivas e dedutivas na tarefa de definição de categorias. Os autores relatam que "este conflito foi produtivo, pois a pressão do 'teórico' obrigou os 'empiristas' a explicar mais suas escolhas teóricas; inversamente, a pressão dos 'empiristas' obrigou o 'teórico' a um ato de 'suspensão teórica' salutar, permitindo considerar outras abordagens teóricas, outros aspectos dos fenômenos".[30] Assim, a análise foi encarada não como um ponto de chegada de uma teoria previamente definida, mas como instrumento para a elaboração teórica futura.

Deve-se considerar, no entanto, que, de acordo com Minayo,[31] a tarefa de formular categorias a partir dos dados coletados nem sempre é simples. A complexidade da tarefa só pode ser ultrapassada, conforme a autora, com a fundamentação e a experiência do pesquisador. Assim, para pesquisadores iniciantes, a tarefa pode significar um esforço ainda maior e, em alguns casos, desaconselhável.

Muitas vezes observamos também um processo híbrido, onde categorias prévias são estabelecidas e novas categorias surgem a partir dos dados levantados. Ou seja, como esclarecem Pagés et al.,[32] esse embate entre teoria e dados no processo de análise, mais especificamente na definição de categorias, não implica a renúncia das teorias, mas sua explicitação e a introdução de um coeficiente de dúvida. Certamente a elaboração teórica futura necessita dessa dinâmica convivência entre teoria e dados, afastamento e aproximação teóricos constantes.

---

[29] Bailey, 1994.

[30] Pagés et al., 1987:194.

[31] Minayo, 1998.

[32] Pagés et al., 1987.

Conforme afirmamos anteriormente, o uso de categorias não é exclusividade da análise de conteúdo e deve apresentar importantes características, segundo os autores. Considerando aquilo que Richardson, Selltiz et al. e Bailey,[33] entre outros, apresentam, podemos citar: exaustividade, exclusividade, concretude, homogeneidade, objetividade e fidelidade. Uma definição clara de categorias é fundamental no processo de pesquisa, evitando vieses e problemas de interpretação. Pagés ilustra a situação, descrevendo o trabalho conjunto de dois grupos de pesquisadores que buscam interpretar os dados em sua pesquisa. Apesar de estilos diferentes, um clássico e um literário — o primeiro que separa rigorosamente os dados da interpretação e a formula em termos teóricos e o outro que usa mais figuras de linguagem —, o grupo consegue entrar em concordância na compreensão das informações obtidas.

De acordo com Bardin, os critérios de categorização podem ser:

- *semânticos* (categorias temáticas: por exemplo, os elementos que refletem ansiedade serão agrupados em uma categoria ansiedade; os elementos que refletem valores individualistas serão agrupados em uma categoria individualismo);
- *sintéticos* (verbos, adjetivos, advérbios etc);
- *léxicos* (ordenamento interno das orações);
- *expressivos* (por exemplo, categorias que classificam os problemas de linguagem).

Apesar de não ser uma regra, a escolha da semântica como critério parece ser dominante nos estudos organizacionais.

A leitura e a definição das categorias podem ser realizadas utilizando-se de recursos tecnológicos. Patton[34] apresenta sua experiência em que relata o processo de leitura de seus documentos, a elaboração de comentários e notas feitas às margens do material ou em pequenos bilhetes anexados nas folhas, buscando identificar aquilo que poderia fazer e como poderia tratar o material obtido. Esse foi, segundo o autor, o início do processo de organização dos dados em tópicos, em itens referenciais para a categorização.

Entretanto, também esclarece o autor:

> *a more elaborate classification analysis than a simple filing system is possible and desirable. This is particularly true of large projects where there is too much data for a*

---

[33] Richardson (1999), Selltiz et al. (1987), Bailey (1994).
[34] Patton, 1990.

single person to reasonably code; thus a more formal classification scheme must be developed that can be used by trained coders who assist in organizing the data.[35]

Esses sistemas são particularmente importantes, segundo o autor, quando os dados serão utilizados por um grande número de pessoas, ou quando serão utilizados por um longo período de tempo.

Exemplos de categorias desenvolvidas por diferentes pesquisadores são apresentados na literatura: análise de valores (valores fisiológicos: sexo, alimentação, saúde etc.; valores sociais: familiar, amizade etc.; valores práticos: possessão, trabalho; valores cognitivos: conhecimento); análise dos fins e dos meios (intenções do coração: casamento, idealismo, aventura, justiça; intenções da cabeça: progresso pessoal, poder e dominação, segurança econômica etc.); análise da interação (paciente: hostilidade, referente; terapeuta: reações de aproximação – aprovação, exploração, incitação, reações de evitamento etc.).

Interpretação

Após etapa de análise, definição das unidades de registro, de contexto, regras de enumeração e categorização, conforme descrito, segue a importante etapa da interpretação. Agora temos o momento da reflexão, da intuição com embasamento nos materiais empíricos e nos referenciais teóricos disponíveis, buscando estabelecer relações, verificar contradições, compreender os fenômenos que nos propomos estudar. É o momento de buscar os sentidos daquilo que os dados tratados nos revelam.

De acordo com Patton, "interpretação envolve explicar os achados, responder questões, anexar significância a resultados particulares e colocar padrões num quadro analítico".[36] É aqui que alcançamos efetivamente os objetivos propostos pela análise de conteúdo. Apesar de ser uma etapa, evidentemente, crucial da análise, nesse momento o método já não nos é de grande utilidade senão naquilo para o que ele já pode colaborar, se as fases anteriores foram bem realizadas. A interpretação contará, a partir disso, sobretudo, com o conhecimento teórico do analista, com sua percepção, intuição e experiência diante do fenômeno em análise. Se algo pode ajudar nessa etapa especificamente, é a capacidade do pesquisador de questionar aquilo que vê imediatamente, as evidências, as idéias prontas. Sua capacidade de buscar novas interpretações.

---

[35] Patton, 1990:383.
[36] Ibid., p. 374-375.

Técnicas utilizadas em análise de conteúdo

Encontramos em Bardin[37] a referência a diferentes técnicas que podem ser utilizadas na análise de conteúdo, além da análise categorial explicada anteriormente. Cita a autora: a análise de avaliação, a análise da enunciação, a análise da expressão, a análise das relações e a análise do discurso.

A *análise de avaliação* foi, conforme Bardin, elaborada por Osgood, Saporta e Nunnally em 1956. Tem por finalidade medir as atitudes do locutor quanto aos objetos de que ele fala. A concepção da linguagem em que essa análise se fundamenta é chamada "representacional", isto é, considera-se que a linguagem representa e reflete diretamente aquele que a utiliza. Por conseguinte, utiliza-se dos indicadores manifestos, explicitamente contidos na comunicação para fazer inferências a respeito da fonte de emissão.

A *análise da enunciação* assenta numa concepção do discurso como palavra em ato. Uma produção de palavra é um processo. O discurso não é transposição transparente de opiniões, de atitudes e de representações que existem de modo pleno antes da passagem à forma natural. O discurso é um momento num processo de elaboração, com tudo o que isso comporta de contradições, de incoerências, de imperfeições. Ela procura estudar as condições de produção da palavra: pelo domínio da palavra, pelas suas lacunas, as atitudes, as representações reais. Funciona desviando-se das estruturas e dos elementos formais.

Na *análise da expressão*, os indicadores utilizados não são semânticos (conteúdo, plano dos significados), mas de ordem formal (plano dos significantes e da sua organização). Apesar de ser uma técnica que trabalha no plano formal do texto, ela pertence ao domínio da análise de conteúdo na medida em que a passagem pela forma é uma maneira indireta de atingir o outro nível. A hipótese subjacente afirma que existe uma correspondência entre o tipo do discurso e as características do seu locutor ou do seu meio. Segundo Bardin, os setores normalmente mais propícios à aplicação de técnicas de análise de expressão são: a investigação da autenticidade de um documento (literatura, história), a psicologia clínica (psicoterapia, psiquiatria), os discursos políticos ou os suscetíveis de veicular uma ideologia (retórica).

A autora apresenta ainda a *análise das co-ocorrências* como um tipo de aplicação da análise das relações. Nela procura-se extrair do texto as relações entre os elementos da mensagem ou, mais exatamente, nos dedicamos a assinalar as presenças si-

---

[37] Bardin, 1994.

multâneas (co-ocorrências ou relação de associação) de dois ou mais elementos na mesma unidade de contexto, ou seja, em um segmento de mensagem previamente definido. Explicita também a análise estrutural, desenvolvida a partir das idéias de Lévi-Strauss, a qual procura revelar, por debaixo da disparidade dos fenômenos, as relações ilegíveis ou diluídas que verificam uma ordem escondida. A estrutura, realidade oculta do funcionamento da mensagem, ou modelo operatório construído pelo analista, permite abstrair-se dos elementos que a compõem.

A autora apresenta a *análise do discurso*, com base em Pêcheux, como um dos tipos que pertencem ao campo da análise de conteúdo, sem distingui-lo de outras práticas semelhantes. Segundo Bardin, essa técnica tem por objetivo a destruição da análise de conteúdo, visando sua substituição; assim, conclui a autora, a técnica procura preencher a mesma função, por meios diferentes. A análise do discurso trabalha com a hipótese geral de que um discurso (ou conjunto de discursos) é determinado por suas condições de produção e um sistema lingüístico. Segundo essa perspectiva, as condições de produção de um discurso e o sistema lingüístico utilizado são os componentes de uma estrutura profunda e de uma matriz que se tenta descobrir por detrás das variações de superfície. Observamos recentemente desdobramentos ou aprofundamentos importantes desse tipo de análise a partir de congressos sobre análises dos discursos organizacionais,[38] tendo como base importante os conhecimentos da lingüística vindos da análise crítica do discurso de Fairclough[39] e da gramática sistêmica de Halliday.[40]

Considerações finais

Acreditamos que a análise de conteúdo é uma técnica de análise de dados extremamente útil, sobretudo em pesquisa qualitativa, por enfatizar a necessidade da sistematização de procedimentos e apoiar-se no estudo da linguagem, área onde cada vez mais observamos importantes desenvolvimentos em seus conhecimentos. A língua, como representação social, constituída e constituinte em seu contexto geral, expressa o conjunto de valores e crenças, o esquema interpretativo subjacente ao comportamento dos sujeitos em diferentes sistemas sociais. A análise da língua, assim, nos estudos organizacionais, parece-nos significar uma alternativa muito fértil de trabalho.

---

38 Grant, Keenoy e Oswick (1998), Phillips e Hardy (2002).
39 Fairclough, 1992, 1995.
40 Halliday, 1985.

No entanto, dependendo da perspectiva epistemológica adotada pelo pesquisador, sua utilização pode ser proveitosa ou não. Nesse sentido, Manning e Cullum-Swan afirmam que a análise de conteúdo tem sido incapaz de capturar o contexto dentro do qual um texto escrito tenha significado. Conforme os autores, o aspecto microinterativo da análise de conteúdo nunca foi completamente resolvido:

> *That is, what is brought to a reading by a reader can be estimated using panels or samples of readers or codes, or by literary or social science experts who define meaning authoritatively. Barthes, in urging consideration of the "readerly text", highlights the subtle interactions among reading, the text, and the reader. This remains an open or moot point.*[41]

Acreditamos que o dilema entre rigor e flexibilidade talvez facilite a compreensão dessas dificuldades. A pesquisa científica prega o rigor nos procedimentos, mas isso não significa que eles sejam únicos. Flexibilidade quer dizer alternativas de caminhos, de referenciais teóricos, de posturas epistemológicas e até mesmo ideológicas. No entanto, ante a possibilidade de flexibilidade, as escolhas se tornam ainda mais importantes. Se em estudos quantitativos podem-se aplicar modelos, validar teorias, simular situações matemáticas, as escolhas são limitadas, as referências são dadas a princípio, as decisões do pesquisador são restritas. Já a pesquisa qualitativa exige bastante do pesquisador; ela requer julgamento e criatividade, depende, em grande medida, das habilidades, treinamento, *insights* e de suas capacidades. A análise qualitativa depende do intelecto analítico e estilo do analista. A coerência entre suas escolhas, habilidades e criatividade acentua as exigências.

Pagés[42] brinda-nos com uma discussão muito interessante sobre seu trabalho de pesquisa, utilizando-se da análise de conteúdo na TLTX. Acreditamos que sua experiência pode ilustrar muito bem um forte potencial de utilização da análise de conteúdo na pesquisa qualitativa em administração. Conforme o autor, não podemos mais conceber a análise como um edifício sólido, com peças bem ajustadas. A análise de conteúdo deve apreender e compreender o caráter contraditório do discurso que muitas vezes encontramos na essência da realidade. Esse caminho conduziu-o a uma dissolução radical da análise do conteúdo tradicional impregnado de positivismo. Para o autor, a idéia era evitar o positivismo e o idealismo. A posição

---

[41] Manning e Cullum-Swan, 1998:248.
[42] Pagés, 1987.

adotada é de que o discurso informa, ao mesmo tempo, sobre uma realidade "objetiva" exterior e transcendente aos indivíduos e sobre seu universo mental.

Acrescenta ainda o autor que o discurso é, ao mesmo tempo, coletivo e individual. O discurso é coletivo na medida em que cada indivíduo revela, de maneira exemplar, estruturas, relações entre fenômenos presentes de diferentes formas nos outros indivíduos. O discurso também é coletivo pelas complementaridades, e não mais pelas semelhanças dos diferentes discursos individuais. Assim, o autor assume ter trabalhado com um método sistemático dialético. O sistema é interpretado como uma resposta às contradições subjacentes que ele oculta, desloca e medeia. Nele, o conceito de relação é inseparável do conceito de contradição e de hipóteses teóricas.

Concordamos, assim, com o autor, ao defender a prática da análise de conteúdo na forma que se recusa a separar o objeto de estudo em objetivo ou subjetivo, e a optar de maneira exclusiva por uma ou outra direção de análise. O método admite que o discurso informe sobre ambas as realidades e provoca o questionamento sobre suas relações. Ele também se recusa a considerar o discurso unicamente como individual ou coletivo, pois pode ser tanto um e outro, conforme o ponto de vista. "Ele processa interações sucessivas, explicitação teórica, mas também 'suspensão teórica' e deslocamentos operatórios sobre métodos que permitem uma elaboração teórica posterior."[43]

Assim, conforme salientamos anteriormente, a análise de conteúdo é uma interessante referência no tratamento de dados da pesquisa qualitativa. Consideramos muito limitada a perspectiva segundo a qual o método contempla unicamente uma abordagem quantitativa de pesquisa. Cabe ressaltar, entretanto, que todo o potencial de seu uso, conforme nos referimos apoiadas em Pagés,[44] implica rigor e clareza de procedimentos metodológicos. Muitas vezes a flexibilidade própria da pesquisa qualitativa, já discutida, pode confundir o pesquisador, principalmente iniciante, e facilitar a ocorrência de erros. Assim, destacamos que nem toda análise dos conteúdos de entrevistas e documentos trabalhados em pesquisa qualitativa e apresentados em livros didáticos ou artigos acadêmicos pode ser considerada exemplar do uso do método da análise de conteúdo. O que procuramos enfatizar aqui é que clareza e rigor em metodologia não significam rigidez.

---

[43] Pagés, 1987:206.

[44] Ibid.

Referências bibliográficas

BAILEY, K. D. *Methods of social research*. 4. ed. New York: The Free Press, 1994.

BARDIN, Laurence. *Análise de conteúdo*. Lisboa: Edições 70, 1994.

BERGER, P. L.; LUCKMANN, T. *A construção social da realidade*: tratado de sociologia do conhecimento. 13. ed. Petrópolis: Vozes, 1996.

FAIRCLOUGH, N. *Discourse and social change*. Cambridge, MA: Polity, 1992.

______. *Critical discourse analysis*. London: Longman, 1995.

GRANT, D.; KEENOY, T.; OSWICK, C. (Ed.). *Discourse and organization*. London: Sage, 1998.

HALLIDAY, M. K. *An introduction to functional grammar*. London: Edward Arnold, 1985.

MANNING, P. K.; CULLUM-SWAN, B. Narrative, content, and semiotic analysis. In: DENZIN, N. K.; LINCOLN, Y. S. *Collecting and interpreting qualitative materials*. Thousand Oaks, California: Sage, 1998.

MINAYO, M. C. de S. (Org.). *Pesquisa social*: teoria, método e criatividade. 10. ed. Petrópolis: Vozes, 1998.

PAGÉS, M. et al. *O poder nas organizações*. São Paulo: Atlas, 1987.

PATTON, M. Q. *Qualitative evaluation and research methods*. Thousand Oaks: Sage, 1990.

PHILLIPS, N.; HARDY, C. *Discourse analysis*: investigating processes of social construction. London: Sage, 2002.

RICHARDSON, R. J. et al. *Pesquisa social*: métodos e técnicas. São Paulo: Atlas, 1999.

RIESSMAN, C. K. *Narrative analysis*. Newbury Park: Sage, 1993. (Qualitative research methods, v. 30).

SELLTIZ, Claire; WRIGHTSMAN, Lawrence S.; COOK, Stuart Welldford. *Métodos de pesquisa nas relações sociais*. São Paulo: E.P.U., 1987. 3 v.

TRIVINOS, A. N. S. *Introdução à pesquisa qualitativa em ciências sociais*: a pesquisa qualitativa em educação. São Paulo: Atlas, 1987.

VAN MANEN, M. *Researching lived experience*: human science for an action sensitive pedagogy. New York: State University of New York Press, 1990.

O pesquisador e o design da pesquisa qualitativa em administração

SUELI GOULART*
CRISTINA AMÉLIA CARVALHO**

Nota preliminar[1]

O entendimento dos símbolos e dos rituais (simbólicos) exige do intérprete que possua cinco qualidades ou condições, sem as quais os símbolos serão para ele mortos, e ele, um morto para eles.

A primeira é a simpatia; não direi a primeira em tempo, mas a primeira conforme vou citando, e cito por graus de simplicidade. Tem o intérprete que sentir simpatia pelo símbolo que se propõe interpretar. A atitude cauta, a irônica, a deslocada – todas elas privam o intérprete da primeira condição para poder interpretar.

A segunda é a intuição. A simpatia pode auxiliá-la, se ela já existe, porém não criá-la. Por intuição se entende aquela espécie de entendimento com que se sente o que está além do símbolo, sem que se veja.

A terceira é a inteligência. A inteligência analisa, decompõe, reconstrói noutro nível o símbolo; tem, porém, que fazê-lo depois que, no fundo, é tudo o mesmo. Não direi

---

* Doutoranda no Programa de Pós-Graduação em Administração da Universidade Federal de Pernambuco; pesquisadora do Observatório da Realidade Organizacional; bibliotecária da Universidade Federal de Alagoas; bolsista da Fundação de Amparo à Pesquisa do Estado de Alagoas. E-mail: sueligoulart@uol.com.br.

** Doutora em administração pela Universidade de Córdoba (Espanha); professora do Departamento de Ciências Administrativas e do Programa de Pós-Graduação em Administração da Universidade Federal de Pernambuco; pesquisadora do CNPq; coordenadora do grupo de pesquisa Observatório da Realidade Organizacional. E-mail: observatório@dca.ufpe.br.

[1] Apontamento solto de Fernando Pessoa, sem data, não assinado (Pessoa, 1996).

erudição, como poderia no exame dos símbolos, é o de relacionar no alto o que está de acordo com a relação que está embaixo. Não poderá fazer isto se a simpatia não tiver lembrado essa relação, se a intuição a não tiver estabelecido. Então a inteligência, de discursiva que naturalmente é, se tornará analógica, e o símbolo poderá ser interpretado.

A quarta é a compreensão, entendendo por esta palavra o conhecimento de outras matérias, que permitam que o símbolo seja iluminado por várias luzes, relacionado com vários outros símbolos, pois que, no fundo, é tudo o mesmo. Não direi erudição, como poderia ter dito, pois a erudição é uma soma; nem direi cultura, pois a cultura é uma síntese; e a compreensão é uma vida. Assim certos símbolos não podem ser bem entendidos se não houver antes, ou no mesmo tempo, o entendimento de símbolos diferentes.

A quinta é menos definível. Direi talvez, falando a uns, que é a graça, falando a outros, que é a mão do Superior Incógnito, falando a terceiros, que é o Conhecimento e Conversação do Santo Anjo da Guarda, entendendo cada uma destas coisas, que são a mesma da maneira como as entendem aqueles que delas usam, falando ou escrevendo.

Introdução

Seriam as organizações símbolos, movidos e cercados por rituais, e os pesquisadores aqueles que buscam interpretá-los? Pensamos que há razões (lingüísticas e organizacionais) para essa analogia.

Símbolo, como nos diz Antônio Houaiss,[2] significa "aquilo que, por um princípio de analogia formal ou de outra natureza, substitui ou sugere algo". Não teriam as organizações, em larga medida, substituído as relações pessoais e de produção, especialmente com a Revolução Industrial, sugerindo novas formas de interação pessoal e social? Significa também "aquilo que, num contexto cultural, possui valor evocativo, mágico ou místico". Organizações evocam, no contexto capitalista dominante, a própria racionalidade. São entidades tidas como essenciais para a solução dos problemas, para mobilização da ação coletiva. Símbolo também pode ser "elemento descritivo ou narrativo ao qual se pode atribuir mais de um significado, do qual se pode fazer mais de uma leitura". Organizações são discursos, dizem os pós-modernos. Seu conceito fragmenta-se em múltiplas percepções. Ainda outra alternativa define símbolo como "sinal indicativo; signo". As organizações podem ser sinais

---

[2] Houaiss et al., 2001.

indicativos, signos do progresso? Do desencantamento do mundo? Da qualidade de vida? Da alienação?

Para ritual, o citado lexicógrafo oferece alguns significados: pode ser "livro que contém os ritos estabelecidos por uma religião e a forma de executar as cerimônias e os serviços divinos". São muitos os livros a registrar os ritos da religião organizacional: regimentos, regulamentos, manuais de procedimento, conjunto de normas ISO, atas, relatórios etc. Refere-se também a "culto religioso, cerimônia, liturgia". A quantos atos e cultos litúrgicos não presenciamos nas organizações: nomeações, homenagens? Quantos outros não são transformados em processos meramente cerimoniais: planejamento estratégico, serviço de atendimento ao cliente, programas de qualidade? Ritual é também o "conjunto de atos e práticas próprias de uma cerimônia ritualística". Talvez aqui coubesse: mudar tudo, para tudo permanecer como está... Ritual ainda é definido como "comportamento repetido e sem sentido aparente, mantido por um indivíduo com o fim de aliviar a ansiedade". O que dizer do monumental aparato burocrático das organizações públicas, das universidades, com seus milhares de funcionários, a executar tarefas nas quais não há mais nenhum sentido?

As "qualidades ou condições" do intérprete nos remetem para o pesquisador e, em relação a isso, consultamos novamente Houaiss para saber que intérprete é "aquele que interpreta, que esclarece". Parece que a isso se dedicam os pesquisadores que, diante de fatos e fenômenos, buscam esclarecer dúvidas, ainda que o esclarecimento seja temporário. É também "pessoa que comenta e explica o sentido de um texto; comentarista, exegeta". Ofício e busca incessante do pesquisador: a explicação, a compreensão dos diversos textos que conformam as organizações e seus processos. Seguindo a lista dos significados, intérprete é a pessoa que tem como ofício a interpretação simultânea. Aqui, os grandes desafios: como traduzir a teoria para a prática, ou vice-versa? Como abordar fenômenos e contextos?

Se as questões organizacionais, colocadas em analogia aos símbolos e aos rituais simbólicos, fossem transformadas em problemas de pesquisa em administração, seriam os métodos quantitativos e seus procedimentos estatísticos suficientes para a compreensão da complexidade que as envolve? Caberia admitir o pesquisador como um intérprete, interagindo com sujeitos ou objetos de pesquisa?

Certamente, as dimensões subjetivas envolvidas naqueles questionamentos exigiriam abordagem bastante diferente das tradicionalmente usadas. Demos asas à imaginação exatamente porque vamos tratar da pesquisa qualitativa em administração, particularmente de seu *design* e do papel central que tem o pesquisador nessa abordagem.

Entre tantas definições, Flick[3] afirma que o rótulo "pesquisa qualitativa" é usado como um termo "guarda-chuva" para uma série de abordagens de pesquisa em ciências sociais, também referidas como abordagens hermenêutica, reconstrutiva ou interpretativa. Merriam[4] também entende a pesquisa qualitativa como um guarda-chuva sob o qual estão abrigadas variadas formas de investigação que auxiliam os pesquisadores no entendimento do sentido de fenômenos sociais, com a menor ruptura possível do ambiente natural em que ocorrem. Embora tenha origem no século XIX,[5] foi a partir dos últimos 30 anos que essa abordagem se disseminou e ocupou espaço em diversas outras áreas, como educação, psicologia, ciências da saúde e administração.

À digressão literário-organizacional que introduziu o texto e para a qual não cabe reivindicar originalidade, seguem agora outras imagens metafóricas que contribuem para esclarecer os pressupostos da pesquisa qualitativa, com ênfase no papel do pesquisador e na concepção da investigação segundo essa abordagem.

Pressupostos da pesquisa qualitativa à luz de metáforas

Na abordagem qualitativa, as analogias com manifestações artísticas são forças recorrentes. Janesick[6] recorreu à dança como metáfora para discutir a essência do *design* da pesquisa qualitativa e assim se justificou: foi bailarina e coreógrafa por 25 anos. Simultaneamente à dança, preparou-se como pesquisadora etnográfica, no Institute for Research on Teaching. A segunda razão foi puramente pela força da metáfora. A dança é comumente chamada "a mãe das artes" e, como tal, ilustra claramente a noção de que não há separação entre arte e experiência humana, e a autora define a pesquisa qualitativa como uma experiência vivida. O pesquisador qualitativo é, para ela, como um artista nos vários processos da pesquisa, em termos de situar e recontextualizar o projeto de pesquisa no âmbito das experiências compartilhadas com os sujeitos do estudo, assim como numa coreografia. Janesick vê a concepção da pesquisa qualitativa como essencialmente interpretativa, tanto quanto a arte da dança.

Denzin e Lincoln[7] vêem o pesquisador como um *bricoleur*[8] que desempenha um grande número de tarefas, desde a realização de entrevistas e observações, interpretação de documentos históricos e pessoais até a reflexão e introspecção inten-

---

[3] Flick, 2002.
[4] Merriam, 1998.
[5] Creswell (1994), Godoy (1995).
[6] Janesick, 1994.
[7] Denzin e Lincoln, 1994.
[8] "Pessoa habilidosa que faz toda a espécie de pequenos trabalhos" (Marote, 2003).

sas. Assim, entendem a pesquisa qualitativa como um processo interativo, formatado pela história pessoal do pesquisador e dos sujeitos pesquisados, questões de gênero, classe social, raça e etnicidade que os envolvem.

Em estudo mais recente, Eisner[9] descreve suas preocupações e aspirações acerca do futuro da pesquisa qualitativa, fazendo um paralelo entre esta e as artes visuais. Para ele, se as artes visuais têm algum foco, elas o têm na criação, seleção e organização de qualidades visuais, explicitando que, por "qualidades", ele entende um fenômeno que pode ser experimentado pelos sentidos. Os artistas dão especial atenção a nuances de qualidades, particularidades, gradações de cores, luzes, sombras, valorizando a estética do trabalho. Os pesquisadores qualitativos dão atenção especial a nuances e qualidades das situações e dos achados, na particularidade de seus casos.

Outro ponto de analogia é o caráter emocional das artes visuais como recurso comunicativo, evocando memórias, remetendo a lembranças, provocando sentimentos. Também os pesquisadores qualitativos usam formas de comunicação para mostrar um fenômeno, mais do que simplesmente falar sobre ele, provocando o sentido e o sentimento dos indivíduos.

Mas, além disso, continua aquele autor, os artistas inventam novas maneiras de mostrar aspectos do mundo que não são comumente percebidos. Eles nos removem do marasmo paralisante do familiar, do rotineiro, mediante o processo de desfamiliarização, isto é, tornar o familiar estranho e o estranho, familiar. Assim, o pesquisador qualitativo destaca e torna vívido o que era obscuro.

Sintetizando, Eisner afirma que as características de atenção a nuances, particularidades, emoção e inovação, presentes nas artes visuais, são igualmente fundamentais para a pesquisa qualitativa e, ambas, quando bem realizadas, contribuem para a ampliação da consciência humana.

Evidentemente, nossa analogia com o texto do poeta é mais restrita. Pretendemos destacar dali o papel central que têm o pesquisador (intérprete-ator) e os sujeitos (demais atores) na pesquisa qualitativa, conforme apontam Borman, LeCompte e Goetz, Denzin e Lincoln, Eisner, Godoy, Lopes, Janesick e Morse, entre outros.[10] As "qualidades ou condições" do intérprete, assim como sua relação com "os símbolos e os rituais", parecem pertinentes à situação do pesquisador qualitativo ante seus objetos de pesquisa.

---

[9] Eisner, 2001.

[10] Borman, LeCompte e Goetz (1986), Denzin e Lincoln (1994), Eisner (2001), Godoy (1995), Lopes (1996), Janesick (1994, 2001), Morse (1994).

Para destacar o peso da dimensão subjetiva incorporada e assumida pela abordagem qualitativa, julgamos adequado lembrar a idealização da objetividade, a independência entre sujeito e objeto e a assepsia da pesquisa em relação aos valores do pesquisador,[11] enfatizados na abordagem quantitativa.

No quadro 1, apresentamos as orientações das abordagens quantitativa e qualitativa, onde os pólos da objetividade e da subjetividade são formulados como pressupostos ontológicos, epistemológicos, axiológicos, retóricos e metodológicos inerentes a cada uma.

Quadro 1

Pressupostos das abordagens quantitativa e qualitativa de pesquisa

Pressupostos	Questões	Abordagem quantitativa	Abordagem qualitativa
Ontológicos	Qual é a natureza da realidade?	A realidade é objetiva e singular.	A realidade é subjetiva e múltipla.
Epistemológicos	Qual é a relação do pesquisador com o objeto ou sujeitos do estudo?	O pesquisador é neutro em relação ao objeto ou aos sujeitos pesquisados	O pesquisador interage com objeto ou sujeitos pesquisados
Axiológicos	Qual é o papel dos valores?	São evitados ou ignorados e excluídos do estudo	São assumidos e compõem o estudo
Retóricos	Qual é a linguagem da pesquisa?	*Formal* Baseada num conjunto de definições Voz impessoal Ênfase em termos e expressões quantitativas	*Informal* Definições emergem no processo Voz pessoal Ênfase em termos e expressões qualitativas
Metodológicos	Qual é o processo de pesquisa?	*Processo dedutivo* Causa e efeito *Descontextualização* Generalizações levam à predição, explanação e ao entendimento Acurácia e consistência mediante validade e confiabilidade	*Processo indutivo* Inter-relações de fatores *Contextualização* Padrões e teorias desenvolvidas para o entendimento Acurácia e consistência mediante verificação e força da argumentação teórica

Fonte: Adaptado de Creswell (1994).

[11] Alves-Mazzotti e Gewandsznajder, 1998.

A carga de subjetividade presente nos pressupostos da abordagem qualitativa se reflete no *design* da pesquisa, o que implica dizer que, desde a emergência do tema até a forma de divulgação dos resultados, a investigação estará, assumidamente, impregnada dos valores do pesquisador, de sua concepção de mundo e da forma de conhecê-lo. A clareza, a coerência e a descrição rica e detalhada dos procedimentos de investigação é que atribuem certa objetivação ao estudo, permitindo até mesmo sua replicação, como bem argumentou Vieira, no primeiro volume desta obra.[12]

Design e estratégias da pesquisa qualitativa em administração

Entendemos como *design* da pesquisa qualitativa a concepção global da investigação, desde a idéia inicial a respeito da temática de interesse e elaboração de um projeto até a forma pela qual serão divulgados os resultados. Como tal, representa, no plano formal e objetivo, o conjunto de decisões tomadas pelo pesquisador e conforma a estrutura da investigação.

Morse (1994) apresenta o *design* da pesquisa qualitativa como um processo em seis estágios: estágio de reflexão, estágio de planejamento, estágio de entrada, estágio de coleta de dados, estágio de saída, estágio de redação. Em todos eles, estão presentes as "qualidades ou condições" do intérprete e as orientações do conjunto de pressupostos antes apresentados.

Ainda que seja útil usar essa seqüência de estágios para efeitos didáticos e de orientação dos pesquisadores, urge, antes de prosseguir, ressaltar que, no universo complexo de um pesquisador, onde reina sua inquietação, a construção do pensamento não necessariamente segue um rumo previamente traçado, composto de etapas claramente delineadas e logicamente seqüenciadas. Muitas vezes o caos criativo se erige em condutor do processo. Feita a ressalva, voltemos aos estágios.

No primeiro, o estágio de reflexão, o pesquisador identifica um tópico genérico sobre o qual tem interesse pessoal para estudo. Naturalmente, o interesse será permeado pela "simpatia", como definiu o poeta. A questão de pesquisa emergirá de problemas percebidos no tópico de interesse, em conversas com outros pesquisadores, em contato com a literatura, situações em que a "intuição" é, de fato, necessária. Os valores do pesquisador estarão, desde o início, incorporados ao estudo.

Definida a questão de pesquisa, há que planejar a investigação. Esse estágio compreende algumas etapas, entre as quais a definição da estratégia para abordagem

---

[12] Vieira, 2004.

empírica do problema. O posicionamento ontológico e epistemológico do pesquisador terá grande influência sobre as decisões acerca da estratégia. O local ou a unidade onde se realizará a pesquisa será também definido nesse estágio, tomando-se o cuidado de avaliar as chances de acesso e as características dos possíveis participantes. A singularidade da situação e a profundidade necessária para entendimento do fenômeno têm, igualmente, papel determinante na escolha da estratégia de investigação.

Nesse sentido, chamamos a atenção para as especificidades do estudo de caso, com vistas a sugerir maior segurança em sua escolha e maior precisão nos procedimentos, considerando-se que esta é uma das estratégias mais usadas em administração.[13]

Além de não se constituir em estratégia exclusiva da abordagem qualitativa (Bryman,[14] por exemplo, a identifica como exemplarmente adequada para abordagens multimetodológicas), sua popularidade tem contribuído para gerar confusões em sua caracterização, o que, conseqüentemente, pode afetar a clareza dos procedimentos.

Para Merriam,[15] o termo é usado, muitas vezes, por exclusão: se o estudo não se caracteriza como um experimento, um levantamento ou uma história, então é um estudo de caso. Assim, qualquer estudo focado em um único caso, como uma empresa, um grupo ou departamento, é assim denominado, independentemente de sua complexidade e profundidade da análise, requisitos fundamentais do estudo de caso genuíno, conforme apontam autores como Merriam, Stake e Yin.[16]

Como resultado, o estudo de caso oferece um entendimento aprofundado da situação e de seu significado para os envolvidos. Propicia um relato rico e holístico, envolvendo múltiplas variáveis de potencial importância para avançar o conhecimento do fenômeno.[17]

Stake qualifica dois tipos de estudos de caso: o instrumental, quando a pesquisa se realiza justamente pela deficiência teórica sobre um tema representado pelo caso; e o caso intrínseco, quando o interesse reside no próprio caso, em sua singularidade.[18]

Para Merriam,[19] a diferenciação se dá pelo grau de aprofundamento analítico e circunscrição do estudo. Assim, aproximações ao tema ou a situações genéricas, cujo

---

[13] O estudo de Mariz et al. (2004) identificou que, de 90 artigos na área de teoria das organizações apresentados no Enanpad, no período de 1999 a 2002, cerca de 60% usaram essa estratégia de pesquisa.

[14] Bryman, 1995.

[15] Merriam, 1998.

[16] Merriam (1998), Stake (1994), Yin (1994).

[17] Merriam, 1998.

[18] Stake, 1994.

[19] Merriam, 1998.

objetivo está concentrado na identificação de padrões recorrentes por meio da aplicação de teorias, modelos, conceitos, emparelhando dados com teorias, se constituem em um estudo qualitativo básico. Estudos de caso têm, portanto, características específicas que os diferenciam do estudo qualitativo básico, conforme mostra o quadro 2.

Quadro 2

Características do estudo de caso *versus* estudo qualitativo básico

Estudo de caso	**Estudo qualitativo básico**
Peculiaridade e/ou complexidade do objeto	O caso é um instrumento para verificação de questões estabelecidas *a priori*
Relato rico e holístico	Inclui descrição, interpretação e compreensão
Estudo aprofundado sobre uma unidade ou um sistema demarcados e da sua relação com o contexto	Identificação de padrões recorrentes (categorias, fatores, variáveis e temas)
Freqüente deficiência teórica sobre o tema	Arcabouço teórico preexistente

Fonte: Mariz et al. (2004).

Essa diferenciação, embora nos pareça adequada, não é adotada na caracterização dos estudos. A título de ilustração, podem ser consultados, entre tantos outros, os trabalhos de Mariz e Medeiros e de Brito e Fachin,[20] nos quais foram usadas, em nosso entender, as estratégias de estudo de caso e de estudo qualitativo básico, respectivamente. Vale destacar que essas denominações não têm conotação valorativa, mas contribuem para melhor caracterizar o estudo, demarcando com mais clareza as propriedades das estratégias de pesquisa adotada.

Seguindo no estágio de planejamento, vem a etapa de preparação do pesquisador, de fundamental importância, uma vez que será ele o principal instrumento de pesquisa, conforme já apontaram diversos autores citados. Pode-se dizer que todas as "qualidades" indicadas pelo Poeta precisarão ser aguçadas para dar conta do trabalho que está por iniciar. Embora pertinente e necessária a qualquer estratégia de pesquisa adotada, lançaremos mão da pesquisa-ação para melhor ilustrar a importância dessa etapa no *design* da pesquisa.

[20] Mariz e Medeiros (2000), Brito e Fachin (2001).

Para Thiollent, "a pesquisa-ação é uma concepção de pesquisa e intervenção em determinados setores de atuação social (...) junto aos atores significativos em processos de mudança".[21] É, portanto, caracterizada como um processo essencialmente pragmático, dirigida a resultados que incluem, entre outros, a construção de teoria, apesar de seu enfoque local. Seu caráter prático pode ser resumido em seu ponto de partida, como indicam Éden e Huxham: "a pesquisa-ação envolve o pesquisador no trabalho com os membros de uma organização sobre um assunto que seja de genuíno interesse e no qual há uma intenção dos membros da organização em agir com base na intervenção".[22]

O envolvimento do pesquisador com a organização acarreta alto grau de responsabilidade com os resultados práticos do estudo. Por essa razão, sua preparação inclui conhecimento aprofundado não apenas da estratégia ou da teoria, mas de todo o contexto no qual estão inseridos organizações e indivíduos.

Apesar de seu caráter pragmático, questões relativas à teoria se apresentam também como elementos importantes desde sua concepção, pois o *design* da pesquisa deve mostrar as relações do problema com teorias que lhes dão sustentação. Durante o processo, os pesquisadores se preocupam ainda com "um sistema teórico emergente",[23] sintetizado a partir dos dados, do aporte teórico que o originou e da intenção da pesquisa. No decorrer da ação, a reflexão contribui para realimentar o processo e, ao final, ampliar os limites da situação de pesquisa, de modo que os resultados tenham significado também em outros contextos.

Em estudo desenvolvido com base nessa estratégia, Macke[24] alerta que, para cumprir um dos requisitos da pesquisa-ação, é necessário distinguir o objetivo da pesquisa do objetivo da intervenção. Esse procedimento parece fundamental para delimitar, ainda que de maneira provisória e flexível, os papéis e responsabilidades do pesquisador e dos demais atores envolvidos na pesquisa.

O estágio de planejamento compreende ainda o refinamento da questão de pesquisa, embora maior especificidade somente seja alcançada após o início do trabalho de campo, como é próprio da pesquisa qualitativa, na qual muitas definições são construídas durante o processo de investigação. Essa condição é exacerbada na estratégia denominada *grounded theory*.

---

[21] Thiollent, 1997:140.
[22] Éden e Huxham, 2001:94.
[23] Ibid., p. 114.
[24] Macke, 2002.

A referência central para essa estratégia de pesquisa é o trabalho dos sociólogos Glaser e Strauss, que em 1967 publicaram o livro *The discovery of grounded theory*, que introduziu a noção da construção de teoria a partir dos dados.[25]

Segundo Haig e Kinack,[26] a ênfase indutiva da *grounded theory* decorre da insatisfação de seus criadores (Glaser e Strauss) com a prática hipotético-dedutiva, predominante na teoria sociológica, especialmente sob influência de Weber, Durkheim e Mead. Desde 1960, o método vem se desenvolvendo de forma consistente com sua formulação original e, na opinião de Haig, se constituía na mais abrangente metodologia de pesquisa qualitativa disponível até então.

A pesquisa, nessa perspectiva, principia focalizando uma área de estudo e coletando dados de uma variedade de fontes, incluindo entrevistas e observações de campo. Os dados são então codificados e constituem amostras teóricas. Estas são usadas para comparações entre si. Os conceitos emergem dos dados e o pesquisador constrói seu referencial teórico a partir dos dados, gradativamente. Hipóteses são feitas a partir das relações entre categorias e propriedades dos dados. Categorias resumem dimensões similares sob as quais são agrupados os dados e representam um fenômeno. São as propriedades dos dados que atribuem as distinções para delimitação dos fenômenos. Merriam destaca que o tipo de teoria desenvolvida é "usualmente 'substantiva', mais do que uma 'grande' teoria".[27] Segundo a autora, a teoria substantiva se refere a situações específicas, do dia-a-dia, que oferecem, na prática, aplicação nos espaços onde a teoria é muito ampla, com preocupações bastante gerais.

A *grounded theory* parece ainda ter poucos adeptos na área de administração, embora comecem a surgir alguns trabalhos propondo seu uso nas pesquisas organizacionais[28] e outros que a usaram em alguma etapa da pesquisa, como Alperstedt e Plonski.[29] Estes últimos usaram essa estratégia para gerar uma teoria que permitisse o estabelecimento de critérios para a definição de uma amostra das universidades corporativas no contexto do ensino superior.

Os dados foram coletados em documentos e *papers* publicados na literatura, descrevendo situações específicas a respeito das universidades corporativas, constituindo-se em dados secundários. Usando os métodos de análise da *grounded theory*, os autores construíram uma tipologia para estudar universidades corporativas, selecio-

[25] Flick (2002), Haig (1995), Kinach (1995), Merriam (1998).
[26] Haig (1995), Kinach (1995).
[27] Merriam, 1998:17.
[28] Ichikawa e Santos, 2001.
[29] Alperstedt e Plonski, 2001.

nando então uma amostra teórica para o desenvolvimento das demais fases da pesquisa. O refinamento da questão de pesquisa pôde, assim, tornar-se mais consistente.

A última etapa do estágio de planejamento é a redação do projeto ou proposta de pesquisa. Segundo Creswell,[30] o formato do projeto de pesquisa concebido sob orientação da abordagem qualitativa é menos padronizado que aquele sob a abordagem quantitativa. Em sua proposta básica, o formato do projeto qualitativo compreende:

- introdução: especificação do problema; propósito do estudo; visão geral da questão e das subquestões; definições; delimitações e limitações; importância do estudo;
- procedimentos: pressupostos e razões fundamentais para o *design* qualitativo da pesquisa; tipo de *design* adotado; o papel do pesquisador; procedimentos de coleta e de análise dos dados; métodos para verificação; resultados esperados e suas relações com a literatura ou a teoria;
- apêndices: instrumentos, informações secundárias relevantes etc.

Na seqüência proposta por Morse,[31] vem o estágio de entrada, na qual o pesquisador identificará os "bons" informantes, isto é, aqueles que detêm conhecimento sobre o fenômeno estudado. Mas é necessário também avaliar a disponibilidade de tempo e de interesse em participar do estudo. Essa identificação pode ainda carecer de novo recorte para enriquecer as informações. Algumas tipificações incluem a seleção de casos extremos ou desviantes, casos típicos das características de interesse para o estudo ou, ainda, a seleção de *experts* ou autoridades sobre uma experiência particular.

O conhecimento que o pesquisador adquiriu no estágio de preparação e ao longo da formulação do projeto será determinante para que possa entrar no campo e fazer a identificação de casos ou sujeitos cujas características permitam a compreensão do fenômeno. Estudos que usam a história de vida como estratégia para coleta de dados, por exemplo, podem recorrer a um único sujeito, desde que sua experiência seja suficiente para sustentar argumentos e levar a resultados consistentes.

Segundo Denzin, "a história de vida apresenta as experiências e as definições vividas por uma pessoa, um grupo, uma organização; como esta pessoa, esta organização ou este grupo interpretam sua experiência".[32] Podem ser apreendidas por meio

---

[30] Creswell, 1994.

[31] Morse, 1994.

[32] 1973, apud Minayo, 1998:126.

de relatos orais ou documentos pessoais acerca da experiência de vida de um ou mais indivíduos.

Haguette, tratando do uso dessa estratégia no campo da sociologia, aponta a contribuição fundamental que a história de vida oferece para a compreensão do "processo em movimento", cujo conceito é largamente usado por sociólogos, mas raramente captado por métodos adequados. Para ela, o "processo em movimento" requer uma "compreensão íntima da vida dos outros" e a história de vida "fornece uma riqueza de detalhes (...) cujo caráter só seríamos capazes de *especular* na ausência de uma técnica adequada".[33]

Essas vantagens podem ser enriquecedoras também para o estudo dos variados processos que ocorrem nas interações entre organizações e indivíduos e oferecem rico material para análise. Andion utilizou essa estratégia para compreender como ocorre a aprendizagem gerencial.[34] Para tanto, analisou a trajetória de um gerente que durante 20 anos exerceu diferentes funções gerenciais numa empresa pública. Assim, o foco central do trabalho foi a experiência vivida pelo gerente e o significado atribuído por ele a essa vivência. A pesquisadora realizou três entrevistas em profundidade com o gerente, de cerca de duas horas cada uma. Na primeira entrevista, a pesquisadora levantou a história de vida do gerente, buscando entender os fatores que influenciaram sua trajetória gerencial e seu aprendizado. A segunda entrevista dirigiu-se para os detalhes da experiência da aprendizagem, buscando reconstruir a vivência do gerente. A terceira e última entrevista teve como foco o significado da experiência de aprendizagem gerencial para o entrevistado. A análise hermenêutica da narrativa do gerente revelou as estruturas, ou a essência, das experiências vivenciadas por ele.

É bastante provável que a preparação da pesquisadora, ainda que não explicitamente documentada, tenha desempenhado papel determinante na escolha do sujeito, cuja história de vida serviu de base para a compreensão do fenômeno de interesse, facilitando sua entrada no campo de pesquisa.

Ao entrar no campo de pesquisa, desencadeia-se o estágio mais excitante, que é o da coleta de dados. Neste, à diligência, persistência e determinação do pesquisador soma-se seu trabalho conceitual da pesquisa, proporcionando a emergência da ordem e do entendimento, a percepção de padrões de relacionamento. Isso porque, na pesquisa qualitativa, coleta e análise ocorrem praticamente de forma simultânea.

---

33 Haguette, 1997:82 (grifo da autora).
34 Andion, 2002.

Métodos de gerenciamento de dados são essenciais para o estudo. O cuidado com notas, transcrições, referências cruzadas deve compreender também formas de recuperação de informações e fontes originais. Morse[35] indica os requisitos básicos para essa etapa: critério de adequação e propriedade de dados; explicitação do caminho seguido;[36] e verificação. O primeiro refere-se mais à quantidade de dados do que a de sujeitos. A adequação é alcançada quando os dados coletados atingem ponto de saturação e variação suficientes para o entendimento do fenômeno. A propriedade diz respeito à pertinência das informações ante as necessidades teóricas que possibilitem, se for o caso, a construção de um modelo conceitual do fenômeno.

O segundo requisito – explicitação do caminho seguido – atende à necessidade de que outros interessados possam reconstruir o processo pelo qual as conclusões foram alcançadas. Não cabe falar em replicações e generalizações, mas da garantia de acompanhamento da lógica da pesquisa e da pertinência de seus achados.

A verificação é um requisito que busca assegurar ao próprio pesquisador a pertinência de sua interpretação. Ocasionalmente, outros pesquisadores são chamados a discutir a validade das categorias ou se, de fato, é possível "ver" o que o pesquisador "viu". Também os informantes devem ser solicitados, sempre que possível, para confirmação da acurácia e validade da análise.

Tendo em vista o grau de imersão do pesquisador no ambiente de pesquisa, o estágio de saída também merece muita atenção. A intensidade da vivência compartilhada com o objeto ou os sujeitos da pesquisa pode afetar a sensibilidade para as rotinas do local, diminuindo a capacidade de percepção e objetividade do pesquisador. Para Morse, o maior sinal de que se atingiu o estágio de saída é a tendência a se sentir "nativo".[37] Borman, LeCompte e Goetz[38] afirmam que, independentemente da conclusão dessa etapa, é importante para o pesquisador afastar-se temporariamente do campo investigado, para retomar a visão em perspectiva, discutir com seus pares para clarificar conceitos, refinar questões e ter novos *insights* sobre o fenômeno que se tornou tão familiar. Nessa etapa, a análise precisa ser intensificada, procurando a maior completeza possível nas informações e no entendimento. Os contatos precisam assegurar possibilidade de retorno, se necessário. A "inteligência" e a "compreensão" destacadas pelo poeta parecem ser fundamentais nesse estágio, após o qual o pesquisador estará pronto para o estágio final, de redação do estudo.

---

35 Morse, 1994.

36 No original: *audit trail* (Ibid., p. 230).

37 Ibid., p. 231.

38 Borman, LeCompte e Goetz, 1986.

O estágio de redação do trabalho é composto pela descrição de todo o processo de pesquisa realizado, convincentemente argumentado, apresentando sistematicamente os dados e a análise de modo a sustentar os achados e restringir explicações alternativas. Segundo Flick,[39] as principais discussões acerca de redação em pesquisas qualitativas giram em torno dos seguintes pontos: como pode o pesquisador retratar, com justiça, o universo de vida e as perspectivas subjetivas que lá encontrou? Qual é o impacto do que é apresentado e da própria pesquisa sobre os fenômenos?

Exploraremos os estágios de coleta, saída e redação a partir da etnografia, estratégia de pesquisa que, no campo da administração, começou a ganhar espaço especialmente a partir dos anos 1970, com os estudos que focavam a cultura organizacional.

A etnografia caracteriza-se por uma forte ênfase na exploração da natureza de um fenômeno social particular, sem preocupações de extrair dados para testes de hipóteses; trabalha prioritariamente com dados não-estruturados, isto é, dados que não tenham sido codificados em termos de um conjunto fechado de categorias analíticas; concentra-se em um pequeno número de casos, se não em um único; a análise dos dados envolve a interpretação explícita dos sentidos e das funções da ação humana.[40]

Os estudos etnográficos apresentam uma análise sociocultural da unidade ou unidades investigadas e se diferenciam de outras estratégias de pesquisa qualitativa, segundo Merriam,[41] pela preocupação com o contexto cultural que as envolve. Nessa estratégia, o ato de escrever sobre o que se estudou é, no mínimo, tão importante como a coleta e a análise de dados.

Cavedon e Fachin usaram a etnografia para identificar as significações que uma universidade pública possui para os diferentes atores que nela atuam. A coleta de dados exigiu imersão no campo, transcorrendo no período de três anos, e o diário de campo foi utilizado como principal meio de registro das observações cotidianas realizadas. Os pesquisadores relataram que, além de informações relativas aos sujeitos pesquisados, também foram anotadas "as frustrações e alegrias, fruto da interação social determinada pelo contato com os informantes",[42] para manter a consciência desses sentimentos. Para eles, essa é a forma de evitar posições etnocêntricas ao redigir a etnografia. Os autores destacaram dois pontos importantes na estratégia: a atenção com o tempo dos informantes e a sensibilidade do pesquisador para reconhecer as

---

[39] Flick, 2002.

[40] Atkinson e Hammersley, 1994.

[41] Merriam, 1998.

[42] Cavedon e Fachin, 2001:4.

ocasiões mais adequadas para falar ou calar e sanar dúvidas. O texto etnográfico foi escrito depois de um considerável tempo da coleta de dados, permitindo uma interpretação mais distanciada do objeto, mas também oferecendo o risco de distorções.

Concluindo esta seção, mais uma vez ressaltamos a centralidade do pesquisador como principal instrumento da pesquisa, pois caberá a ele, e à sua capacidade de argumentação, afiançar os resultados que apresenta. Essa tarefa, sob abordagem quantitativa, cabe às evidências estatísticas e pode ser operacionalizada mecanicamente, o que, segundo Becker, muito a recomenda, uma vez que elimina todo tipo de tendências incontroladas. Mas, para o mesmo autor, a ciência não se reduz exclusivamente a procedimentos restritos e algoritmos detalhados, e ele assim resume esse impasse na abordagem qualitativa:

> pesquisas qualitativas são de natureza tal que têm menos probabilidade do que suas colegas quantitativas de serem explícitas sobre seus métodos. As situações de pesquisa qualitativa incentivam (...) *exigem* a improvisação, e muitos pesquisadores qualitativos sentem que suas soluções *ad hoc* para os problemas de campo têm pouco valor fora da situação que as evocou.[43]

Dessa forma, ainda que se possa contar com um esquema geral para o *design* da pesquisa qualitativa e clareza de procedimentos, não é desprezível o papel do imponderável, como podemos resumir a última das "qualidades ou condições" do intérprete, indicadas pelo Poeta. E é bem provável que a aversão ao imponderável, inerente à orientação positivista, própria do período nascente da administração, tenha contribuído para manter os estudiosos da área afastados do paradigma qualitativo por longos anos.

Entretanto, como já discutido por Vieira,[44] há diversos mecanismos capazes de assegurar qualidade à pesquisa qualitativa. Algumas questões críticas dessa abordagem são apresentadas a seguir, a título de conclusão.

Questões críticas e perspectivas da pesquisa qualitativa em administração

A ênfase no papel do pesquisador sob a abordagem qualitativa explorada neste texto é, indiscutivelmente, fonte de grande parte das questões críticas com que se

[43] Becker, 1999:14 (grifo do autor).
[44] Vieira, 2004.

defrontam os estudiosos. A subjetividade envolvida nos estudos qualitativos, especialmente decorrente desta ênfase, é ponto de questionamento sobre a validade e confiabilidade das pesquisas sob esta abordagem. Muitos autores apresentam soluções para a aparente fragilidade metodológica e argumentam que os critérios de validade na pesquisa qualitativa são bastante diferentes daqueles apontados na pesquisa tradicional, de natureza marcadamente quantitativa.

Borman, LeCompte e Goetz[45] apresentam um conjunto de nove questionamentos acerca das supostas fragilidades da pesquisa qualitativa, aos quais contrapõem soluções e argumentos para superar as limitações comumente apontadas. Como exemplo, à subjetividade decorrente da centralidade do pesquisador como principal instrumento de pesquisa, especialmente na etnografia, as autoras contrapõem a rígida disciplina que os pesquisadores qualitativos se impõem e a consciência dos possíveis vieses que os tornam muito cuidadosos na análise e interpretação dos dados. Quanto à incapacidade de generalização dos resultados das pesquisas, as autoras afirmam que poucos são os fenômenos totalmente únicos investigados qualitativamente. A extensão em que outros eventos ou fenômenos são similares ao de interesse do pesquisador pode ser encontrada e investigada em dimensões similares, baseadas em conclusões de estudos anteriores, replicáveis em estudos posteriores. Para elas, o que é crítico é a capacidade de argumentação do pesquisador em tornar evidente, em bases racionais e lógicas, a comparabilidade de uma população, fenômenos ou eventos, cujas conclusões podem ser aplicadas a estudos posteriores. Elas concluem o artigo mostrando por que a pesquisa qualitativa é legítima e eficiente, apesar das limitações. O essencial é que todo o processo de pesquisa necessita ser conscientemente executado e precisamente documentado. Ao final, todos os métodos da ciência e da pesquisa empírica levam a aproximações da verdade; sendo esta contingente a um determinado tempo e situação, todos os métodos são limitados pela intratabilidade do mundo real em sua dinâmica.

Seale,[46] ao discutir a qualidade na pesquisa qualitativa, afirma que discussões acerca deste tema, se são de alguma utilidade, o são porque encorajam o pesquisador a manter um grau de consciência sobre as implicações metodológicas de decisões tomadas no curso de um projeto. Em excesso, essa consciência cria ansiedade e dificulta a prática, mas em doses equilibradas auxilia o pesquisador a evitar os erros mais óbvios. Fica implícita a sugestão de que o excesso de segurança na validade e

---

[45] Borman, LeCompte e Goetz, 1986.

[46] Seale, 1999.

confiabilidade dos métodos quantitativos ameaça esse grau de consciência. Mais uma vez, reafirma-se a centralidade do pesquisador em todo o processo de investigação sob a abordagem qualitativa.

Assim, a discussão de questões metodológicas é, para Seale, uma espécie de "musculação intelectual",[47] que prepara o pesquisador para a prática da pesquisa, deixando-o mais fortalecido e alerta.

Entusiasta da pesquisa qualitativa, Eisner[48] relaciona, entre suas expectativas para o novo milênio, em sua área de atuação, que os propositores de políticas educacionais e outros que decidem políticas que impactam a vida das pessoas usem a pesquisa qualitativa para avaliação dos resultados. Para ele, a ênfase, especialmente em educação, tem sido sobre aumento de números, negligenciando-se os seus efeitos. No Brasil, parece ocorrer o mesmo, em todos os níveis de ensino, desde o fundamental até a pós-graduação, com a ênfase nas avaliações quantitativas de produtividade. Também assim acontece nas organizações, onde o desempenho é com freqüência avaliado quantitativamente, desprezando-se dimensões subjetivas envolvidas no processo de trabalho.

No que diz respeito à formação de pesquisadores, o autor considera que as universidades devem ensejar aos estudantes o desenvolvimento de habilidades para a condução de estudos qualitativos, uma vez que a complexidade social é cada vez maior.

A dimensão que a sociedade organizacional tomou, especialmente a partir do século XX, sugere que muito da vida social ocorre na interação entre indivíduos e organizações. Indivíduos desempenham diferentes papéis em sua relação com o mundo organizacional: ora são clientes, ou dirigentes, ou funcionários, ou usuários, pesquisadores, consultores etc. Isso significa dizer que o conhecimento gerado a respeito das organizações tem efeito e é afetado pelo posicionamento das pessoas ante o contexto em estudo. Significa ainda mais quando o papel representado implica a possibilidade de direcionamento da reflexão acerca da problemática organizacional. Decorre daí a importância do reconhecimento da capacidade de influência dos estudos organizacionais sobre a ação efetiva das organizações e, conseqüentemente, do mundo social.

Concluímos, portanto, que a pesquisa qualitativa tem muito a oferecer no entendimento do universo organizacional e da prática administrativa. Embora tenha

---

[47] Seale, 1999:475.

[48] Eisner, 2001.

grande valia para a administração, a pesquisa de natureza quantitativa pode não ser mais suficiente, em muitos casos, para entender organizações complexas, seus processos, estruturas, contexto, inter-relações. É possível enriquecer a compreensão de fenômenos organizacionais e administrativos a partir das "qualidades ou condições" dos próprios pesquisadores, instrumentos por excelência da pesquisa qualitativa. Retomando a analogia inicial deste texto, acreditamos que, agregando simpatia, intuição, inteligência, compreensão e abertura ao imponderável, certamente as organizações não serão inertes para os pesquisadores nem tampouco eles o serão para elas.

Referências bibliográficas

ALPERSTEDT, Cristiane; PLONSKI, Guilherme Ary. As universidades corporativas e sua inserção no setor de educação superior. In: ENCONTRO ANUAL DA ASSOCIAÇÃO NACIONAL DOS PROGRAMAS DE PÓS-GRADUAÇÃO EM ADMINISTRAÇÃO, 25., 2001, Campinas. *Anais...* [Rio de Janeiro]: Anpad, 2001. 1 CD-ROM.

ALVES-MAZZOTTI, Alda Judith; GEWANDSZNAJDER, Fernando. *O método nas ciências naturais e sociais*: pesquisa quantitativa e qualitativa. São Paulo: Pioneira, 1998.

ANDION, Carolina. Ser ou estar gerente? Reflexões sobre a trajetória e o aprendizado gerencial. In: ENCONTRO ANUAL DA ASSOCIAÇÃO NACIONAL DOS PROGRAMAS DE PÓS-GRADUAÇÃO EM ADMINISTRAÇÃO, 26., 2002, Salvador. *Anais...* [Rio de Janeiro]: Anpad, 2002. 1 CD-ROM.

ATKINSON, Paul; HAMMERSLEY, Martyn. Ethnography and participant observation. In: DENZIN, Normam K.; LINCOLN, Yvonna S. (Ed.). *Handbook of qualitative research.* Thousand Oaks: Sage, 1994. p. 248-261.

BECKER, Howard S. *Métodos de pesquisa em ciências sociais.* 4. ed. São Paulo: Hucitec, 1999.

BORMAN, Kathryn M.; LECOMPTE, Margaret D.; GOETZ, Judith Preissle. Ethnographic and qualitative research design and why it doesn't work. *American Behavioral Scientist*, v. 30, n. 1, p. 42-57, Sept./Oct. 1986.

BRITO, Valquiria Veiga Tessari; FACHIN, Roberto Costa. Decisão estratégica na universidade como resultado da interpretação ambiental: um estudo de caso. In: ENCONTRO ANUAL DA ASSOCIAÇÃO NACIONAL DOS PROGRAMAS DE PÓS-GRADUAÇÃO EM ADMINISTRAÇÃO, 25., 2001, Campinas. *Anais...* [Rio de Janeiro]: Anpad, 2001. 1 CD-ROM.

BRYMAN, Alan. The debate about quantitative and qualitative research. In: ______. *Quantity and quality in social research*. London: Routledge, 1995. cap. 5, p. 93-126.

CAVEDON, Neusa Rolita; FACHIN, Roberto Costa. Homogeneidade *versus* heterogeneidade cultural: um estudo em universidade pública. In: ENCONTRO ANUAL DA ASSOCIAÇÃO NACIONAL DOS PROGRAMAS DE PÓS-GRADUAÇÃO EM ADMINISTRAÇÃO, 25., 2001, Campinas. *Anais*... [Rio de Janeiro]: Anpad, 2001. 1 CD-ROM.

CRESWELL, John W. *Research design*: qualitative & quantitative approaches. Thousand Oaks: Sage, 1994.

DENZIN, Norman K.; LINCOLN, Yvonna S. Introduction: entering the field of qualitative research. In: DENZIN, Norman K.; LINCOLN, Yvonna S. (Ed.). *Handbook of qualitative research*. Thousand Oaks: Sage, 1994. p. 1-22.

ÉDEN, Colin; HUXHAM, Chris. Pesquisa-ação no estudo das organizações. In: CLEGG, Stewart; HARDY, Cynthia; NORD, Walter (Orgs.). Handbook de estudos organizacionais. São Paulo: Atlas, 2001. v. 2. cap. 5, p. 93-117. Organizadores da edição brasileira: Miguel Caldas, Roberto Fachin e Tânia Fischer.

EISNER, Elliot W. Concerns and aspirations for qualitative research in the new millenium. *Qualitative Research*, v. 1, n. 2, p. 135-145, 2001.

FLICK, Uwe. Qualitative research: state of the art. *Social Science Information*, v. 41, n. 1, p. 5-24, 2002.

GODOY, Arilda Schmidt. Introdução à pesquisa qualitativa e suas possibilidades. *Revista de Administração de Empresas*, São Paulo, v. 35, n. 2, p. 57-63, mar./abr. 1995.

HAGUETTE, Tereza Maria Frota. A história de vida. In: ______. *Metodologias qualitativas na sociologia*. 5. ed. Petrópolis: Vozes, 1997. cap. 7, p. 79-85.

HAIG, Brian D. Grounded theory as scientific method. *Philosophy of Education*, 1995. Disponível em: <www.ed.uiuc.edu/PES/95_docs/Haig.html>. Acesso em: 8 ago. 2003.

HOUAISS, Antônio; VILLAR, Mauro de Salles; FRANCO, Francisco Manoel de Mello. *Dicionário Houaiss da língua portuguesa*. Rio de Janeiro: Objetiva, 2001.

ICHIKAWA, Elisa Yoshie; SANTOS, Lucy Woellner dos. Apresentando a *grounded theory*: uma nova proposta de abordagem qualitativa na pesquisa organizacional. In: ENCONTRO ANUAL DA ASSOCIAÇÃO NACIONAL DOS PROGRAMAS DE PÓS-GRADUAÇÃO EM ADMINISTRAÇÃO, 25., 2001, Campinas. *Anais*... [Rio de Janeiro]: Anpad, 2001. 1 CD-ROM.

JANESICK, Valerie J. The dance of qualitative research design: metaphor, methodolatry, and meaning. In: DENZIN, Norman K.; LINCOLN, Yvonna S. (Ed.). *Handbook of qualitative research*. Thousand Oaks: Sage, 1994. p. 209-235.

______. Intuition and creativity: a pas de deux for qualitative researches. *Qualitative Inquiry*, v. 7, n. 5, p. 531-540, 2001.

KINACH, Barbara M. Grounded theory as scientific method: Haig-inspired reflections on educational research methodology. *Philosophy of Education*, 1995. Disponível em: <www.ed.uiuc.edu/PES/95_docs/Kinach.html>. Acesso em: 8 ago. 2003.

LOPES, Fernando Dias. A pesquisa qualitativa em administração no DEAD e a formação de professores e administradores. In: ENCONTRO ANUAL DA ASSOCIAÇÃO NACIONAL DOS PROGRAMAS DE PÓS-GRADUAÇÃO EM ADMINISTRAÇÃO, 20., 1996, Angra dos Reis. *Anais...* [S.l.]: Anpad, 1996. Área: Formação e treinamento de administradores. p. 45-55.

MACKE, Janaína. A pesquisa-ação como método de intervenção nas organizações: uma aplicação prática. In: ENCONTRO ANUAL DA ASSOCIAÇÃO NACIONAL DOS PROGRAMAS DE PÓS-GRADUAÇÃO EM ADMINISTRAÇÃO, 26., 2002, Salvador. *Anais...* [Rio de Janeiro]: Anpad, 2002. 1 CD-ROM.

MARIZ, Luiz Alberto et al. O reinado dos estudos de caso em teoria das organizações: imprecisões e alternativas. In: ENCONTRO NACIONAL DE ESTUDOS ORGANIZACIONAIS, 3., 2004, Atibaia. *Anais...* São Paulo: FGV; Rio de Janeiro: Anpad, 2004. 1 CD-ROM.

______; MEDEIROS, Janann Joslin. Confiança e relações contratuais em uma rede de inovação. In: ENCONTRO ANUAL DA ASSOCIAÇÃO NACIONAL DOS PROGRAMAS DE PÓS-GRADUAÇÃO EM ADMINISTRAÇÃO, 24., 2000, Florianópolis. *Anais...* [Rio de Janeiro]: Anpad, 2000. 1 CD-ROM

MAROTE, João Teodoro d'Olim (Org.). *Minidicionário francês-português, português-francês*. 6. ed. São Paulo: Ática, 2003.

MERRIAM, S. B. *Qualitative research and case study applications in education*. San Francisco: Jossey-Bass, 1998.

MINAYO, Maria Cecília de Souza. Fase de trabalho de campo. In: ______. *O desafio do conhecimento:* pesquisa qualitativa em saúde. 5. ed. São Paulo: Hucitec, 1998. cap. 3, p. 105-130.

MORSE, Janice M. Designing funded qualitative research. In: DENZIN, Norman K.; LINCOLN, Yvonna S. (Ed.). *Handbook of qualitative research.* Thousand Oaks: Sage, 1994. p. 220-235.

PESSOA, Fernando. *Tabacaria e outros poemas.* Rio de Janeiro: Ediouro, 1996.

SEALE, Clive. Quality in qualitative research. *Qualitative Inquiry,* v. 5, n. 4, p. 465-478, 1999.

STAKE, R. Case studies. In: DENZIN, Norman K.; LINCOLN, Yvonna S. (Ed.). *Handbook of qualitative research.* Thousand Oaks: Sage, 1994. p. 236-247.

THIOLLENT, M. *Pesquisa-ação nas organizações.* São Paulo: Atlas, 1997.

VIEIRA, Marcelo Milano Falcão. Por uma boa pesquisa (qualitativa) em administração. In: ______; ZOUAIN, Deborah Moraes (Orgs.). *Pesquisa qualitativa em administração.* Rio de Janeiro: FGV, 2004. cap. 1, p. 13-28.

YIN, R. K. *Case study research:* designs and methods. 2. ed. Thousand Oaks: Sage, 1994.

Estrutura e ação no setor público brasileiro: a gerência equalizadora

Bianor Scelza Cavalcanti*

Introdução

Os esforços para a compreensão de realidades complexas, como aquelas correspondentes aos sistemas administrativos em países em desenvolvimento, dispõem hoje de um razoável e variado apoio teórico e metodológico à disposição do pesquisador. Tal afirmação é verdadeira no que diz respeito tanto à descrição e análise de fenômenos organizacionais socialmente contextualizados, como ao entendimento interpretativo, de ordem mais subjetiva, de seus significados. A evolução de múltiplos paradigmas nas ciências sociais e de suas correspondentes e variadas abordagens,[1] bem como as possibilidades que se abrem ao trabalho em suas interfaces e ao esforço de superar diferenças, potencializando a integração ou as mútuas complementaridades, fornecem ao pesquisador suficientes graus de liberdade na escolha de um composto conceitual e instrumental que atenda seus propósitos e enfoques particulares de investigação.

Este capítulo tem por objetivo ilustrar tais afirmações, ao relatar as perspectivas teóricas e empíricas tomadas pelo autor na elaboração de pesquisa,[2] cujos enfoques metodológicos se enquadram no espírito deste livro.

---

* PhD em administração e políticas públicas pela Virginia Polytechnic Institute and State University (EUA); professor titular e diretor da Escola Brasileira de Administração Pública e de Empresas (Ebape/FGV). E-mail: bianor@fgv.br.

[1] Burrell e Morgan, 1980.

[2] Cavalcanti, 2004 e 2005.

Como pano de fundo, e à guisa de introdução, cabe lembrar a máxima de que a pesquisa bem-sucedida depende, sobretudo, das genuínas inquietações intelectuais do pesquisador, advindas não apenas de suas leituras, mas também de sua vivência intensa com as pessoas e com os mundos que o cercam e em que atua.

No caso, três considerações são esclarecedoras. Desde muito cedo, já nos anos 1970, tomou forma no imaginário do autor um terrível dragão de múltiplas caras, formatadas por opiniões generalizadas na sociedade e na academia brasileiras: o descrédito e a desesperança (injustos, sobretudo no Brasil), quanto à administração pública; a crítica à apropriação de conceitos de outras áreas, sobretudo da administração de empresas, comprometedora da identidade intelectual do campo ou disciplina administração pública; a denúncia sistemática da importação de conhecimentos contextualizados em outras realidades nacionais e carentes de uma redução sociológica[3] para ganharem pertinência; e a constatação de que no Brasil se produz muito pouca ou quase nenhuma pesquisa empírica e construção teórica. Em seu conjunto, tais constatações e críticas sempre foram, no mínimo, desconfortáveis para aqueles que se dedicam ao estudo e ao ensino da administração pública. Pessoas sobre as quais recaem expectativas, nos cursos de formação e desenvolvimento, bem como na assistência técnica, de perspectivas calibradas de esperança, quanto à viabilidade das mudanças, com espírito crítico contextualizado nas realidades imediatas da administração em países em desenvolvimento. Enfrentar o dragão, dando conta de cada uma de suas facetas, foi o desafio maior que motivou o autor. Como Vergara e Carvalho[4] sugerem, não se trata de excluir a produção teórica estrangeira, adotando postura paroquialista, mas de considerar referências nacionais adequadas que contribuam para a análise organizacional e gerencial próprias.

No início da década de 1980, o autor, engajado em seus estudos avançados de pós-graduação, foi profundamente impactado não só pelas obras que aprofundaram seus conhecimentos nas vertentes, já exploradas anteriormente, do funcionalismo hegemônico na área da administração, e do estruturalismo radical — tão em voga no cenário acadêmico dos anos 1960 no Brasil, não obstante suas limitações para a administração como campo de estudo —, mas também por aquelas obras correspondentes aos universos teóricos de corte mais subjetivista, como as das correntes interpretativista e do humanismo radical. Como mapeamento cognitivo de suas inquietudes, foram de substancial ajuda o trabalho, seminal para a área dos estudos

---

[3] Ramos, 1965.

[4] Vergara e Carvalho, 1995.

organizacionais, de Burrell e Morgan[5] e as leituras, reflexões e discussões conduzidas por Orion White, no contexto de programa de doutoramento na Virginia Polytechnic Institute and State University. Como resultante desse processo e de seu amadurecimento, tomaram forma algumas convicções pessoais: a respeitável hegemonia do funcionalismo, na área dos estudos organizacionais, dados seus consideráveis avanços teóricos conceituais e contribuições normativas para a administração, tais como as abordagens institucionalista, sistêmica e da contingência, bem como as vertentes aplicadas do desenvolvimento organizacional (DO) e da modelagem organizacional (*organizational design*); a crescente e marcante relevância do paradigma interpretativista na área dos estudos organizacionais, bem exemplificada na obra de Weick;[6] a necessidade do rompimento das barreiras paradigmáticas, sem prejuízo da consistência, mediante quadros conceituais capazes de superar diferenças; e o caráter subsidiário dos paradigmas radicais para o estudo da administração, dada a natureza intrínseca desta, de prover regulação, estabilidade e o equilíbrio dos sistemas. De certa forma, a administração, com seu etos instrumental de controle e resultados, tende a ser politicamente conservadora.

Finalmente, a vivência de muitos processos de consultoria a empresas estatais e órgãos públicos no Brasil e em países latino-americanos — Argentina, Colômbia e Peru —, tendo em vista a mudança organizacional, aguçou dúvidas, perplexidades e inquietações no autor, refletidas nos objetivos e nos desdobramentos de seus trabalhos. Entre essas inquietações, está a observação de que a "realidade" se revela, sempre, fugidia no plano da objetividade e sua reconstrução praticamente impossível de "materializar-se" no curto prazo.

A definição do problema

No plano da organização formal, caro à modelagem organizacional e às reformas administrativas, que se refere às mudanças das estruturas e processos administrativos, bem como aos mecanismos formais de gestão em geral, o esforço de mudança organizacional na administração pública se tem mostrado, em termos históricos, lento e restrito em seus resultados que, ainda assim, estão sujeitos a avanços e recuos no tempo.[7]

---

5 Burrell e Morgan, 1980.
6 Weick, 1979.
7 Pimenta, 1993.

São muitas as causas, positivas ou negativas, para que assim seja. Algumas delas são comuns aos países desenvolvidos; outras, não. De toda forma, as variações de intensidade nas suas manifestações são significativas, relacionadas a fatores culturais, estágio de desenvolvimento econômico, social e institucional, bem como a projetos políticos em evolução (mais ou menos autoritários e mais ou menos desenvolvimentistas) em diferentes momentos históricos. Algumas dessas causas são:

- a parametrização constitucional da administração pública;[8]
- os atributos indispensáveis do modelo burocrático, positivamente resistente a visões reducionistas simplificadoras que confundem racionalidade com mera eficiência,[9] ou, na sua expressão instrumental patológica, formalismo burocrático;
- a natural sujeição da administração pública tanto a critérios políticos como aos critérios de eficiência, eficácia etc.;[10]
- a intensa presença, em múltiplas formas e nuances, do patrimonialismo, do clientelismo, do corporativismo, do nepotismo e até mesmo do coronelismo;[11]
- as tensões sistêmicas entre a "política de gestão pública",[12] que envolve as normas institucionais e rotinas organizacionais de aplicação geral, e os arranjos específicos nos departamentos governamentais individuais, agências e empresas estatais (planejamento, programação orçamentária e financeira, administração de cargos, carreiras, salários e relações de trabalho, compras e licitações, organização, métodos e sistemas, e auditoria);
- a especialização, decorrente do modelo burocrático, dos agentes e órgãos envolvidos com importantes dimensões da modelagem organizacional, que dificulta soluções integradoras, quer no nível sistêmico da "política de gestão pública", quer no nível individual das organizações.[13]

No plano da gerência dos sistemas, em contraste com aquele da organização formal, observa-se no setor público tanto a passagem de administradores incapazes de gerar resultados, fato usualmente atribuído às irracionalidades estruturais, como também daqueles que, a despeito de tais irracionalidades, são capazes de promover a missão e os objetivos de suas organizações.

---

8 Rhor, 2002.
9 Gajduschek (2003), Goodseel (1983).
10 Wamsley e Zald, 1973.
11 Leal (1975), Queiroz (1976), Vilaça e Albuquerque (1978).
12 Barzelay, 2003.
13 Cavalcanti, 1990.

Tais impressões, colhidas e desenvolvidas na vivência prática, no estudo sistemático e na esfera especulativa, forneceram os elementos para a formulação mais precisa do problema de investigação: entender as relações entre os administradores públicos e os mecanismos formais de gestão, explorando a natureza da ação gerencial que se revela efetiva, em face das deficiências e limitações estruturais mais presentes no cenário brasileiro, e as possibilidades de superação da dicotomia estruturalismo-subjetivismo, ainda dominante na construção da teoria das organizações.

O estudo envolveu diferentes ênfases em abordagens metodológicas correspondentes à natureza distinta, embora complementar, dos objetivos de suas partes e à integração final das mesmas.

Fundamentos teóricos da modelagem organizacional

Inicialmente, através da pesquisa bibliográfica da literatura de corte funcionalista da modelagem organizacional e de suas referências à teoria das organizações, o estudo descreve as variáveis organizacionais formais, seu comportamento interativo e as conseqüências negativas, advindas para os resultados organizacionais, das omissões de decisão de modelagem ou das modelagens equivocadas, bem como as conseqüências positivas, resultantes da "escolha estratégica"[14] de desenho — escolha esta viável num universo de possibilidades inspiradas e matizadas pelos modelos burocrático e pós-burocrático. Ressaltam no estudo: o conceito de "incerteza"; o conceito de "diferenciação" dos sistemas, como elemento promotor da congruência em ambiências complexas; o conceito de "integração", especial desafio para sistemas diferenciados; e o critério de "congruência", básico na avaliação diagnóstica e reconcepção integrada da modelagem das variáveis organizacionais. Ainda neste segmento, o estudo acusa uma nova tendência no interesse dos estudiosos da modelagem organizacional, ao abrirem espaço, ainda que polêmico, à abordagem interpretativa de Weick. Referindo-se à compreensão da modelagem organizacional numa perspectiva interpretativa, Weick sumaria:

> Os pressupostos subjacentes a esta revisão (da modelagem organizacional) incluem idéias tais como a remodelagem ser uma atividade contínua, a responsabilidade pela iniciação da modelagem estar dispersa, a interpretação ser a essência da modelagem,

[14] Galbraith, 1977.

resourcefulness ser mais crucial do que os recursos, o significado de uma ação é usualmente conhecido depois do fato, e com menos estrutura se vai longe.[15]

O estudo argumenta que, não por genuína adesão paradigmática, o interesse desperto nos estudiosos da modelagem organizacional por essa perspectiva da modelagem como "improvisação" deve ser atribuído à mais visível precariedade das estruturas nos dias de hoje, sujeitas a constantes remodelagens causadas por intensa mudança ambiental e necessidade de contínua adaptação. O segmento do estudo conclui que, nos contextos institucional e organizacional menos favoráveis, como os dos países em desenvolvimento, é razoável presumir que a ação empreendedora dos administradores públicos faz-se mais difícil e, portanto, mais determinante dos resultados, devido à falta de apoio das estruturas e mecanismos formais de gestão inadequadamente modelados (incongruentes). Essa observação, cuja verificação é levada a efeito no segundo segmento do estudo, aponta também para a tendência mencionada da crescente relevância das abordagens mais subjetivistas também para o estudo da administração pública, em complementação às de corte estrutural-funcionalista.

As reformas administrativas no Brasil

Em seu segundo segmento, ainda recorrendo à pesquisa bibliográfica, o estudo dedica-se à análise dos contextos mediatos e imediatos, vale dizer político-social, institucional e organizacional, que envolvem e onde operam os administradores públicos. Nesse sentido, a análise absorve, na medida de suas necessidades, leituras de corte funcionalista de caráter histórico, sociológico e administrativo-organizacional. Entre as últimas, de relevância mais direta para o estudo, a abordagem privilegia a história das reformas administrativas no Brasil, reinterpretada à luz dos conceitos da modelagem organizacional. Ressalta no estudo a existência de uma certa "esquizofrenia" administrativa entre a herança bacharelesca colonial e a perspectiva administrativa resultante da inspiração nas reformas administrativas norte-americanas.

Não é exagero afirmar que, no Brasil, as estruturas administrativas precederam a própria sociedade, que não fluiu originariamente da evolução da interação social, mas sim de um projeto, concebido e modelado para assegurar lealdade, ordem e exploração econômica em benefício da Coroa portuguesa. A primeira caravela trouxe nobres, funcionários públicos, alguns parentes, soldados, deportados e... normas

---

[15] Weick, 1995:347.

e instruções pormenorizadas que regulamentaram rigorosamente suas ações e interações entre si e com os nativos, de acordo com os interesses da Coroa.[16]

A história administrativa do Brasil moderno, nela incluídos os esforços de urbanização, industrialização e desenvolvimento social, condiciona-se, no plano cultural, pela herança da imposição, proliferação e precedência das normas e é reforçada, em nível prático, pela cultura jurídica bacharelesca derivada daquela herança.

O Estado Novo (1937-45), que emergiu do Movimento Tenentista de 1922 e da Revolução de 1930, plantou suas bases de poder central federativo, complementares ao exercício da ditadura, no Departamento Administrativo do Serviço Público (Dasp), em contraposição ao fragmentado poder conservador das oligarquias rurais exportadoras e de seus aliados na política e na administração pública. Concentrador da política de gestão pública, o Dasp acumulou imensos poderes, exercendo controle sobre o orçamento público, organização e métodos, administração do pessoal e das compras governamentais. Por definição, o Dasp, e seus substitutos no tempo, foi a agência de modelagem organizacional da administração pública, tendo como paradigma o modelo burocrático weberiano e a tradição reformista norte-americana. No Brasil, no entanto, o discurso e a prática da moderna racionalidade administrativa foram introduzidos para servir à legitimação de um poder autoritário revolucionário e ao seu projeto de modernização do país.

Os planos de racionalização e padronização instituídos pelo Dasp, bem como os princípios congeladores das realidades sociais que adotava, levaram-no, progressivamente, a perder contato com a crescente complexidade das mudanças políticas, econômicas e sociais em progresso. Desde o fim do Estado Novo, ao término da II Grande Guerra, até nossos dias, a história das reformas e esforços de mudança organizacional no setor público brasileiro pode ser sumariada, em termos do quadro de referência teórica da modelagem organizacional, como uma busca constante da "diferenciação" necessária à lida com diferentes atividades que estão sujeitas a variados graus de "incerteza". Diferentes projetos desenvolvimentistas buscaram a flexibilização do sistema através da "diferenciação" manifesta em modelos institucionais, estruturas organizacionais, processos administrativos e gerenciais, fundações públicas, empresas estatais e agências executivas e reguladoras. Observou-se esse processo já na era Vargas, com a criação das autarquias, na "administração paralela" com a qual JK apoiou seu modernizador Plano de Metas, no regime militar autoritário de 1964, com o Decreto-lei nº 200, no "modelo gerencialista" do gover-

---

[16] Castor, 2000.

no Cardoso, ao importar o *reinventing government.* Após e mesmo durante cada um desses períodos de aumento da flexibilidade, e antes que as mudanças pudessem estar consolidadas, os tentáculos do controle burocrático sempre ressurgiram, desempenhando seu papel padronizador.[17]

Nesse sentido, o estudo conclui, neste segmento:

> que em nenhum dado momento, no espaço e no tempo, um administrador público e sua equipe gozam do apoio de uma modelagem organizacional que atenda o critério básico de "congruência", necessário, segundo os estudiosos do tema, para o alcance de resultados significativos.[18]

Essa conclusão, por si só, justifica a opção por microestudos focalizados na subjetividade de administradores públicos, e guiados por uma visão interpretativa da ação humana nesses contextos organizacionais. Estudos que possam, como o aqui descrito, dar respostas a questões tais como: por que existem administradores que se movem no setor público deixando um rastro de realizações, enquanto outros se julgam imobilizados por estruturas e controles inflexíveis, justificando assim resultados organizacionais medíocres? Como aqueles que têm um bom desempenho lidam com as estruturas e processos formais? Como "sancionam" novos ambientes, estruturas e processos? Como lidam com as patologias culturais e políticas da sociedade? Como negociam interpretações concorrentes da realidade? Como "improvisam" na construção e reconstrução de realidades? Como geram novas interpretações da realidade com seus colaboradores? Que conhecimentos, adquiridos nessa vertente, são passíveis de transmissão na capacitação de administradores públicos?

Essas e outras questões provocativas impuseram-se para o estudo, como um caminho complementar ao funcionalismo, inspirador das macroanálises e das grandes reformas administrativas de caráter estrutural.

Depoimentos de gestores públicos e suas estratégias de gestão

Em seu terceiro segmento o estudo faz, portanto, uma incursão profunda no mundo das experiências reais de vida de administradores públicos brasileiros.[19] Atra-

---

[17] Pimenta, 1993.

[18] Cavalcanti, 2004.

[19] Foram realizadas entrevistas semi-abertas, concedidas por administradores públicos selecionados, a saber, Irapoan Cavalcanti, Ozires Silva, Paulo Belotti e Sérgio Rudge. O método utilizado recorre às histórias gerenciais que fluem em depoimentos orais. As entrevistas basearam-se na metodologia de história oral adotada pelo Centro de Pesquisa e Documentação de História Contemporânea do Brasil da Fundação Getulio Vargas (Cpdoc/FGV). Ver Cavalcanti (2005).

vés de suas histórias de vida gerencial, foi possível acessar o mundo da ação transformadora e adquirir um melhor conhecimento de como a interação social desempenha um papel que vai além do simples determinismo das estruturas. As quatro entrevistas de profundidade, semi-estruturadas, levadas a efeito, seguiram o método da história oral,[20] em sua versão temática.[21] A pesquisa qualitativa, convém lembrar, é caracterizada pela produção do dado descritivo — palavras ditas ou escritas de uma pessoa que permitem o entendimento do comportamento humano baseado inteiramente no ator, numa perspectiva fenomenológica.[22] Assim, ela torna possível a compreensão holística, não a partir do exame do comportamento isolado, e sim da captura do comportamento revelado pelos indivíduos inseridos no seu tempo e no seu espaço, no seu grupo político, entre os que o cercam como pares, superiores, subordinados, interlocutores da ambiência e nas organizações em que desempenham suas funções. Essa busca da compreensão holística pelo estudioso guarda total afinidade com a natureza da ação gerencial que se quer entender, uma vez que os administradores, eles mesmos, resistem aos apelos da validação analítica do conhecimento. Assim é, porque estão, naturalmente, profundamente envolvidos com sua tarefa principal cotidiana, que é encaixar as peças dos quebra-cabeças que sustentam seu mundo de trabalho; em outras palavras, integração.[23] Exatamente o contrário do que visa a ortodoxia positivista: destrinchar realidades para compreendê-las.

As entrevistas com os gestores públicos constituíram-se em sustentáculo essencial do estudo, como fonte empírica de conhecimento e base para interpretações reflexivas.

Os depoimentos dos gerentes públicos e sua validade como fonte de conhecimento: uma questão epistemológica

Não é apenas em relação ao uso de metáforas que a ortodoxia positivista cumpre um papel inibidor, ao exigir uma linguagem literal, precisa e sem ambigüidades, mas pouco afeta às ciências sociais, em geral, e à administração pública, em particular. Na medida em que, nesse campo, o principal meio alternativo de se adquirir conhecimento são os registros escritos de depoimentos orais — os estudos de caso e as narrativas descritivas —, fica subentendido que as críticas à falta de cientificidade se dirigem para estas formas de produção do conhecimento.

---

[20] Camargo, 1999:285.

[21] Alberti, 1990:12.

[22] Caema et al., 1993:139.

[23] Hummel, 1991:35.

Em estimulante artigo, Ralph Hummel contra-ataca os críticos da produção atual de conhecimento no campo da administração pública, que a acusam de pecar por falta de "objetividade" científica, distanciando-se da "razão pura". Afirma ele que a forma pela qual os gerentes interpretam seu mundo — "contando histórias" — é um meio válido para produzir e acumular conhecimento, e que esta fonte é tão plena de credibilidade para os acadêmicos e estudiosos da área como o é para os administradores.[24]

Mais precisamente, o conhecimento que os gerentes buscam obter deve responder à pergunta "o que está acontecendo aqui?" antes de qualquer tentativa analítica de mensurar o que está acontecendo, onde e quando.

A principal crítica positivista diz respeito à incapacidade de histórias e estudos de caso satisfazerem critérios de validação científica, tais como os de confiabilidade e os de aplicabilidade a situações similares. Para Hummel, tais críticas, ao predefinir o conhecimento como uma forma analítica científica, deixam de dar conta daquilo que os gerentes podem aprender com os estudos de casos, a partir de sua visão sintética dos problemas. A seu ver, os gerentes demonstram que são altamente capazes de:

- definir suas realidades;
- julgar que tipos de conhecimento lhes são úteis;
- desenvolver padrões de validação do conhecimento relevantes para o seu mundo (um mundo substancialmente diferente daquele dos cientistas).[25]

Em que aspecto a visão de um gerente difere da visão dos cientistas? Ou, posto de outra forma, como os gerentes definem seu mundo?

Hummel responde a esta questão apontando para três importantes instâncias:

- os gerentes questionam o valor da mera objetividade. Os gerentes preferem ouvir os participantes de um problema a um descomprometido e objetivo observador, como um consultor, por exemplo. Eles acham que podem trabalhar melhor com a intersubjetividade do que com a mera objetividade;
- os gerentes questionam a relevância direta da ciência e da razão pura na solução de problemas. Expressam preocupação em relação à dificuldade de julgamento. Para eles, os fatos agregados ou regras destes derivadas não dizem respeito diretamente a um novo problema, e devem merecer julgamento quanto à sua aplicabilidade;

---

[24] Hummel, 1991:31.
[25] Ibid.

- os gerentes questionam o valor da neutralidade científica ou racionalista. Valorizam a sensibilidade que resulta de se estar imerso nos eventos, em vez de distanciado dos mesmos.[26]

Recorrendo a Kant, Heidegger e Weber para contra-argumentar que nem todo tipo de aquisição de conhecimento deve satisfazer padrões analíticos de validação, Hummel oferece uma resposta "embaraçosamente simples" para a pergunta "por que não podemos resolver a questão da pesquisa em administração pública?" Do seu ponto de vista, "porque alguns cientistas analíticos confundem duas operações: a operação analítica de desmembrar a realidade e a operação sintetizadora de compor a realidade".[27]

Os gerentes resistem aos apelos de validação analítica do conhecimento, pois estão bastante e apropriadamente engajados em sua principal e realista tarefa, que é a de juntar as peças e assim manter o mundo do trabalho — isto é, a integração.

Torna-se, então, necessário identificar padrões de validação para a síntese. Se eles existem, conclui Hummel, "e, na medida em que os gerentes os exercitam, seu conhecimento de como um mundo é composto tem de ser considerado potencialmente tão válido para seu propósito quanto o conhecimento do cientista analítico de como um mundo pode ser decomposto".[28]

Os pontos de contato entre os mundos vivenciados pelo gerente que conta uma história e aqueles que a lêem ou escutam são os elementos estruturais da história, que têm primazia como tal, assim como para servirem de referência nas questões de validação: a validação estrutural.

Os padrões de validação de uma história são, em primeiro lugar, os critérios de relevância, seguidos dos critérios factuais.

> Os padrões emergentes de relevância testam a ambos; a relevância de todas as partes da história, uma em relação à outra, e para mim e meu mundo. Eles são bastante distintos dos padrões factuais porque abrem um mundo quando satisfeitos, enquanto os padrões factuais podem apenas excluir o que não é fato, e, portanto, fechar mundos. Além de soar verdadeira uma história bem contada, com propriedade, ela abre possibilidades de ação para mim, em vez de excluí-las; amplia e aprofunda meu mundo.[29]

---

[26] Hummel, 1991:33.
[27] Ibid., p. 35.
[28] Ibid., p. 36.
[29] Ibid., p. 38.

As histórias como instrumentos de engajamento

Com Hummel,[30] devemos entender que as muitas histórias contadas pelos quatro depoentes no estudo — das quais elementos selecionados serão reproduzidos mais adiante — podem ter dois resultados para os leitores, profissionais e estudiosos da administração pública:

- incluí-los no mundo das entrevistas; isto é, engajá-los no esforço de definir situações e problemas, e ganhar seu comprometimento com as soluções; isto é, praticar a construção da realidade;
- levá-los a expandir seus próprios mundos, ou definições da realidade, ao permitir que internalizem as diferentes ou mesmo desconhecidas experiências vivenciadas pelos depoentes; isto é, fazer com que as novas situações sejam parte do mundo previamente vivenciado pelo leitor, ampliando seus parâmetros, e aprofundando ou intensificando o significado dos conteúdos a eles pertencentes.

É importante observar que, em cada um dos registros, os eventos só ganham significado gerencial quando o depoente adota uma solução, faz alguma coisa, comporta-se dessa ou daquela maneira, diz isso ou aquilo, agindo sobre o problema. Mas quando a história é lida, os eventos não ganham significado "até que tenhamos lido a nós mesmos dentro da história".

Enquanto a ciência analítica fornece dados que representam uma realidade fragmentada, a história sempre nos dá eventos que pretendem ser coerentes e significativos, alguma coisa que só pode acontecer se ficarmos envolvidos com esses eventos.[31]

Como se engajar nas histórias

Ainda seguindo Hummel, é possível traçar um roteiro de orientação para a leitura das histórias que contribua para o aprendizado e seja sugestivo para o próprio processo de sua validação, enquanto peça importante para a construção de conhecimento relevante para os gerentes públicos e estudiosos da administração pública. Para tanto, como já foi dito, o elo de ligação entre o entrevistado, sua história e o leitor é a estrutura da história, que funciona como principal elemento de referência também para sua validação.

---

[30] Hummel, 1991:36.

[31] Ibid., p. 36.

A questão que nos conduz ao roteiro é a seguinte: existem, nos registros orais, aquelas estruturas de que o leitor necessita para se orientar no novo mundo que a história comunica?

É necessário que exista um *sujeito* com que o leitor possa identificar-se. É importante observar que, em algumas das histórias contadas no estudo aqui descrito, ou em parte delas, o sujeito principal transfere o papel, ou o compartilha com um superior ou uma equipe política que com ele experimenta a vivência da situação administrativa gerencial. Ordinariamente, no entanto, o sujeito é o entrevistado, que, com sua visão ontológica, reporta um evento, uma situação, um pequeno mundo enfim, no qual estabelece relação com um ou mais de seus objetos.

Deve-se ter um *objeto*, cuja existência seja possível tal como descrito. Se o objeto é uma pessoa, ou pessoas, com reconhecível traço de personalidade ou atributo de comportamento burocrático, por exemplo, isso pode facilitar o estabelecimento da conexão com o leitor. Se o objeto é um dispositivo institucional, como uma norma, a questão é se existe algo cuja familiaridade, ou mesmo contradição com a familiaridade, possa estabelecer um gancho com o mundo do leitor. O objeto em questão no estudo são as variáveis organizacionais formais: tarefa, estrutura, processos de informação e decisão, e mecanismos de integração de pessoas envolvendo sistemas de recompensa e políticas de recursos humanos.

Deve existir um *relacionamento verossímil* que possa ocorrer entre o sujeito e o objeto, como apresentados. Isto significa praticamente referenciar a relação entre sujeito e objeto com experiências previamente vivenciadas — similares ou contrastantes — pelo leitor. No estudo, as situações-objeto referem-se ao desempenho do papel gerencial no contexto das funções administrativas (planejamento, organização, direção, coordenação e controle) e das variáveis organizacionais formais.

O *campo da história* contada deve sustentar-se como um todo. Dito de outra forma, esta é a questão de se a história faz sentido como uma totalidade.

Hummel bem descreve este processo: à medida que o leitor calça os sapatos do gerente e enfrenta a tarefa de como lidar com a situação-objeto, esta se torna temática para ele, movimentando-se para o primeiro plano de suas preocupações. Enquanto isso, os objetos de seu próprio mundo tornam-se nebulosos e saem de foco. Ao se colocar na posição do sujeito, o leitor não apenas constrói aquilo que o mundo do gerente lhe diria em significado, mas se capacita para reproduzir os passos estruturais que o gerente teve de dar na construção de mundo.

> Muito embora a solução do leitor possa ser diferente, ele tem por base os mesmos elementos estruturais presentes na história que constroem seu próprio mundo: o

> sujeito envolvido em relações com um objeto e, através destas relações, constituindo um campo.[32]

A validade da história reside, portanto, muito mais nesses elementos estruturais e suas relações do que nos fatos em si.

> O critério fundamental da validade de uma história é a habilidade do leitor em literalmente "re-conhecer" — no sentido original de conhecer novamente — o familiar mesmo em uma história desconhecida. No nível da prática, não há mistério nisto; esta é simplesmente a forma pela qual seres humanos expandem seus horizontes de conhecimento.[33]

Nesse sentido, em vez de julgar a correção das respostas dadas (comportamentos e estratégias adotados pelos depoentes) aos problemas expostos nas histórias, é mais importante o comprometimento do leitor em participar na co-definição dos eventos em questão.

No entender de Hummel:

> Somente o comprometimento do indivíduo com ambos — a percepção do problema e os esforços possíveis direcionados para a solução — pode gerar uma resposta que se adeque não apenas aos "fatos" passados da situação, mas à sua futura solução. Qualquer critério de validação aplicado a esta síntese ativa terá de responder à questão: pode esta história engajar o leitor a ponto de que ele contribua, co-definindo seu objeto — o problema —, na sua solução? O teste derradeiro implica que uma nova e desejada realidade seja conjuntamente criada. De forma muito evidente, os gerentes estão primeiramente no negócio da criação e não no da análise.[34]

A co-definição dos problemas relatados pelos gerentes, com a participação de profissionais e estudiosos da administração pública, poderá lançar mais luz nas escolhas de ações individuais, bem como nos esforços conjuntos de reforma administrativa.

O material apresentado no estudo contém o texto completo de cada uma das quatro entrevistas. O depoimento de cada administrador público foi segmentado

---

[32] Hummel, 1991:37.
[33] Ibid., p. 38.
[34] Ibid., p. 36.

em 32 blocos de história (*minicases*), correspondentes a 32 *ações de gestão* adotadas, neles contidas e assim interpretadas pelo autor. As estratégias foram, então, compiladas e codificadas, segundo suas similaridades, em oito categorias:

- compartilhar quadros de referência;
- explorar os limites da formalidade;
- fazer o jogo da burocracia;
- induzir o envolvimento dos outros;
- promover a coesão interna;
- criar escudos contra as transgressões;
- superar restrições internas;
- permitir o florescimento das estruturas.

Os relatos contidos em cada uma das oito categorias permitiram ao autor desenvolver, para cada uma delas, interpretações reflexivas da ação gerencial dos entrevistados, à luz de uma visão mais fenomenológica da modelagem organizacional. É importante assinalar que a transcrição fiel e completa dos relatos gravados, no entanto, também permite sua validação, ao deixar espaço para que o próprio leitor se "envolva"[35] nas histórias, "re-conhecendo-as", ao cotejá-las com suas próprias experiências gerenciais e organizacionais, e delas extrair significado pessoal, ao "co-definir" os eventos em questão.

Estrutura e ação nas organizações públicas

Finalmente, o quarto segmento do estudo visou a superação da dicotomia indivíduo-estrutura, tendo em vista a compreensão da gestão na ambiência do setor público brasileiro. Tal superação exigiu uma busca conceitual mais vigorosa, que assumiu as seguintes premissas, formuladas com base nos segmentos anteriormente descritos do estudo:

- a relevância dos elementos estruturais da sociedade, em suas manifestações funcionais e disfuncionais reprodutivas;
- a inexorabilidade das mudanças ambientais e as conseqüentes exigências de flexibilização do modelo burocrático;

---

[35] Hummel, 1991:38.

- a relevância do critério da "congruência" na modelagem organizacional para garantir resultados, envolvendo a "diferenciação" e a "integração" nos tratos sistêmicos e subsistêmicos dos desenhos das variáveis formais;
- a persistência funcional do modelo burocrático na administração pública, a despeito de suas disfunções quanto à eficiência, mas não necessariamente quanto à racionalidade da administração;
- a relevância da ação social transformadora, de caráter reflexivo, que recodifica continuamente a compreensão da realidade a partir das experiências individual e coletivamente vivenciadas, de forma direta e indireta, interpretando múltiplas realidades intersubjetivamente, assim como as criando e recriando, num esforço cotidiano de construção de novas realidades.

Faz-se necessário observar que os esforços teóricos no sentido da superação da dicotomia estrutura-ação, considerada esta última na sua qualificação mais subjetiva, encontram expressão sociológica e formulação teórica mais recentes nos trabalhos de Giddens e de Bourdieu.[36]

Ao introduzir sua "teoria da estruturação", referindo-se ao estruturalismo e ao funcionalismo, de um lado, e às sociologias interpretativas de outro, Giddens explicita seu ambicioso projeto intelectual:

> As diferenças entre essas perspectivas nas ciências sociais foram sempre tomadas como sendo epistemológicas, quando são de fato também ontológicas. O que está em causa é como os conceitos de ação, significado e subjetividade devem ser especificados e como eles se relacionariam com as noções de estrutura e restrição. Se as sociologias interpretativas são fundadas, como o foram, sobre um imperialismo do sujeito, o funcionalismo e o estruturalismo propõem um imperialismo do objeto social. Uma das minhas principais ambições com a formulação da teoria da estruturação é pôr um fim em cada uma dessas empreitadas construtoras de impérios. O domínio básico de estudo das ciências sociais, de acordo com a teoria da estruturação, nem é a experiência do ator individual, nem a existência de qualquer forma de totalidade social, mas práticas sociais ordenadas através do espaço e do tempo.[37]

[36] Giddens (1993), Bourdieu (1972, 1984).
[37] Giddens, 1993:89.

Nesse sentido, as histórias relatadas no estudo dizem respeito a tempos de autoritarismo político e de democracia, referindo-se a vivências nos espaços distintos da administração ministerial e seus órgãos, das autarquias, fundações, agências e empresas estatais. Como já observado, elas revelam as experiências vivenciadas dos entrevistados na ocupação de diferentes cargos e funções, no desempenho do seu papel gerencial de natureza diretiva, ao agirem sob as restrições estruturais das ambiências social e organizacional. À luz de pressupostos interpretativistas, o estudo buscou um entendimento da ação, sem pretensões explanatórias, de corte lógico positivista, conducente a ambiciosas generalizações ou teorização de causalidades. No entanto, suas assumidas orientações gerencial, administrativa e organizacional, em contraste com uma igualmente possível, embora não adotada, orientação sociológica, clamaram por uma reflexão final de caráter teórico-conceitual. Tal reflexão justificou-se não só pelo caráter indutor de novos estudos, como também por ter resultado na formulação de um conceito, de alcances descritivo e prescritivo, sintonizado com a teoria da estruturação: o conceito de *gerência equalizadora*.

No seu dia-a-dia, os gerentes lidam com condições conhecidas de ação, assim como estão sujeitos a condições desconhecidas. Suas ações estão sujeitas a produzir os resultados pretendidos, assim como resultados não intencionados. O monitoramento reflexivo das ações vivenciadas continuamente em contextos expressivos produz a "compreensão teórica" dos gerentes, que se adensa e refaz no tempo e nos espaços de atuação, formando sua "consciência prática" e sua "consciência discursiva".[38] Parece plausível afirmar que, entre as conseqüências não-intencionais da ação dos administradores, podem estar tanto a reprodução de mecanismos perversos de dominação social, capturados por análises estruturalistas e funcionalistas mais ou menos críticas, como também os efeitos transformativos e construtivos de novas totalidades, em níveis organizacional e social.

Conforme já relatado, das histórias contadas no estudo pelos dirigentes entrevistados, foram identificadas oito estratégias de ação, assim como as várias práticas gerenciais que as compunham.

Essas estratégias gerenciais expressam as racionalizações dos dirigentes entrevistados, verdadeiras teorias práticas: em parte de cunho pessoal, pois geradas por indivíduos diferentes em situações diversas, em parte de natureza coletiva, pois todos estiveram situados no mesmo contexto cultural, político e administrativo do setor público brasileiro.

---

[38] Giddens, 1993.

Donos de uma "consciência prática" que os faz lidar com situações que vão desde as pressões clientelistas, estruturalmente estabelecidas, até os controles formalmente modelados, passando pelos comportamentos burocraticamente patológicos e pelas insuficiências dos sistemas de recompensas, aqueles dirigentes não verbalizam seus conhecimentos tácitos desse universo de relações; simplesmente agem, projetando nas ações individuais e coletivas, tanto quanto possível, seu conhecimento. Agem explorando ao máximo seus graus de autonomia e controle, de acordo com suas consciências e intenções, pois nelas já estão processados e contidos tanto os condicionamentos restritivos quanto os facilitadores da ação, inclusive, e em larga medida, os de natureza estrutural.

Se essa ação gerencial, de cunho eminentemente social, é largamente resultante de uma interação profunda, circunstanciada, no tempo e no espaço, entre indivíduos e estruturas — estas latentes ou manifestas, informais ou formais, expressando-se na forma de pressão corruptora instalada em uma sociedade mais permissiva ou de uma norma de controle burocrático formalizada —, faz-se necessário encontrar um conceito que sumarie, qualifique e integre essa relação, promovendo a compreensão da ação gerencial no contexto da administração pública brasileira.

Esse conceito integrador deve atender a cinco critérios básicos. Primeiro, o conceito deve refletir a capacidade de "agência" do indivíduo. Segundo, ele deve dar conta da intencionalidade do agente, em termos de sua inteligência teleológica. Terceiro, o conceito deve refletir o pressuposto da autonomia circunscrita do agente. Quarto, ele deve ser moral e eticamente plausível. Quinto, o conceito deve ser ancorado empiricamente.

Agência

O conceito relacional (indivíduos-estruturas) que se busca no contexto da ação deve refletir a condição privilegiada do administrador público, na qualidade de dirigente, de conseguir induzir a ação administrativa e imputar significado — mais ou menos compartilhado por outros — a partir do monitoramento reflexivo, a esta ação coletiva de âmbito organizacional e público. Esse é o sentido do seu atributo de agente, munido de autoridade formal definida, e poder variável.

Intencionalidade

Enquanto a agência se refere ao fazer, e à capacidade (poder) para tal, Giddens define o conceito de "intencional" como caracterizando "um ato que seu executante sabe, ou acredita, que terá uma qualidade ou resultado particular e quando este conhecimento é utilizado pelo autor do ato para alcançar esta qualidade ou resultado".[39]

Limites da ação

A terceira condição a ser satisfeita pelo conceito integrador diz respeito à natureza circunscrita da ação gerencial. Aqui reside a essência da relação indivíduo-estrutura no contexto organizacional-administrativo, bem como a possível compreensão do alcance de resultados. Não só a própria agência é circunscrita, em larga medida, pela autoridade formal estruturalmente conferida ao executivo público, como a ação gerencial tem nas estruturas formais e sociais existentes uma referência central inevitável, para a formação da consciência prática inspiradora da ação, como revelam as histórias relatadas. Exatamente neste ponto reside a importância maior do conceito que se busca. Não se trata apenas de escapar de uma ontologia próxima ao solipsismo, mas de qualificar enfoques como o da modelagem organizacional como "improvisação", de Karl Weick, na vertente interpretativista. Entre o determinismo comportamental das estruturas e o voluntarismo brando da improvisação, como chave de *understanding*, é possível encontrar-se um conceito que, dando conta das estruturas, em seus aspectos restritivos e capacitadores, e da intenção relativamente autônoma do agente, no contexto administrativo, possa melhor promover a compreensão da ação, inclusive no seu aspecto, tão importante e revelador, de improvisação transformadora.

Ética da açao

A quarta condição estabelecida, para validação do conceito ideal, é sua plausibilidade moral, por ser capaz de encontrar justificação normativo-moral mesmo nas instâncias de transgressão, quando o ilícito legal não representa ilícito ético-moral. Evidentemente, tais considerações são pertinentes no nível do exercício da razão ética. Em se tratando da ação do administrador público, a justificação moral não lhe garante salvo-conduto para a transgressão de normas legais e administrativas, prevalecendo seus cálculos de risco, que envolvem recursos de poder, e de custos e benefícios associados à transgressão. Hipocrisias e cinismos à parte, é comum a observação de que, na administração pública, só se consegue fazer as coisas acontecerem quando normas são "dribladas".

---

[39] Giddens, 1993:97.

Fundamentação empírica

Finalmente, o conceito que se busca deve ter fundamentação empírica, ainda que o conteúdo que lhe corresponda possa, por estar embebido na ação no decurso do tempo, não permitir a observação direta, como no caso de simples atos e comportamentos. As histórias contadas pelos administradores públicos entrevistados fornecem material suficiente, através de percepções, memórias e justificações, para a ancoragem de um conceito que possa promover a compreensão da ação gerencial no setor público brasileiro e em contextos similares.

Em busca do conceito pelos caminhos da metáfora

O recurso à metáfora como fonte de inspiração para dar força de expressão comunicativa, emprestar significados e, mais importante, ajudar a revelar e titular fenômenos complexos, esclarecendo lógicas ainda não codificadas adequadamente, constituiu-se em prática corrente nas ciências sociais. As analogias com modelos mecânicos e sistemas orgânicos e cibernéticos para explicar a sociedade e as organizações são bem conhecidas. Gareth Morgan[40] explorou oito enfoques das organizações, fazendo uma belíssima compilação da literatura da teoria das organizações, segundo abordagens passíveis de caracterização por expressões metafóricas diferenciadas.

Nesse sentido, a busca de um conceito integrativo das ações gerenciais, empreendida pelo estudo aqui descrito, tem aspectos convergentes, mas também complementares à abordagem de Morgan. Enquanto Morgan procura trabalhar com várias metáforas representativas de fenômenos organizacionais, buscando uma integração analítica das dimensões organizacionais, mediante múltiplas e simultâneas leituras de uma situação (caso), o estudo toma a ação gerencial, em si, como o fenômeno pesquisado, revelador da integração prática das dimensões organizacionais, inerente ao comportamento gerencial, observado através das diversas histórias de vida. Assim, o que se busca é uma única metáfora capaz de dar conta da ação gerencial nos universos estrutural, técnico, político, cultural e humano da organização. Instâncias dessa ação gerencial, amplamente descritas nas entrevistas relatadas, podem ser metaforicamente conceituadas num único construto teórico, capaz de descrever a natureza da ação gerencial, no contexto das relações entre indivíduos e estruturas, entre voli-

[40] Morgan, 1986.

ção e objetivações da realidade, entre o subjetivo e o objetivo, entre o conjuntural e o estrutural.

A metáfora da equalização

Como foi visto anteriormente, o caráter sistêmico-contingencial da modelagem organizacional é central, sobretudo no que se refere à necessidade de obtenção de congruência na modelagem das variáveis organizacionais, tendo em vista resultados. Os elementos formais do modelo organizacional atuam, portanto, como uma estrutura de sinalizações, indutoras de comportamentos funcionais dos empregados, quando e se adequadamente modelados.

A sinalização "emitida" pelos componentes (variáveis organizacionais modeladas) é de cunho probabilístico, e não determinístico, por conta da própria natureza da pessoa humana, das relações sociais e mesmo da ação da "organização informal".[41] Não obstante o ritmo e a intensidade das mudanças em nossos dias, o caráter artificial das organizações requer estruturas e mecanismos formais de gestão, ainda quando sujeitos a remodelagens em menores espaços de tempo. Esses "sinalizadores" do comportamento podem ser comparados aos modernos *Instrument Landing Systems* (ILS) que orientam o pouso na aviação, em condições de visibilidade limitada. No caso, é simplesmente impensável a possibilidade de distorções no sinal que conduzam o piloto ao desastre. No reino das organizações, no entanto, são comuns as incompatibilidades no desenho de estruturas, políticas e mecanismos de gestão. Muitos dos sinais produzidos anulam-se mutuamente, ao invés de reforçarem-se de maneira devida. Nessas situações de modelos organizacionais impróprios, a gerência, em vez de apoio à sua atuação, tem nesses mecanismos fontes de problema e obstaculização ao seu desempenho. Os empregados, por sua vez, sentem-se desnorteados, com planos que indicam prioridades não observadas no orçamento, por mecanismos de consulta que não correspondem à urgência dos fatos, por recompensas que premiam a incompetência, por normas que obstaculizam a realização de metas programadas.

Do ponto de vista de uma orientação gerencial, é plausível considerarem-se os elementos estruturais de uma organização focal ou de um sistema organizativo que a contém, como a administração pública, como um conjunto normativo de elementos orientadores da conduta dos agentes públicos. Desse imenso conjunto, fazem parte elementos tais como dispositivos constitucionais, planos e orçamentos, estatu-

---

[41] Pfiffner e Sherwood, 1960.

tos e regimentos com suas expressões de estruturas organizacionais e atribuições, sistemas e planos de cargos, salários e benefícios, normas financeiras e contábeis, mecanismos de controle interno e externo, sistemas de comunicação e informação, e assim por diante.

Presume-se que o ordenamento, ou a modelagem organizacional, desse conjunto de dispositivos formais, que se constituem como uma estrutura de relações sociais em nível amplo embora circunscrito, seja satisfatoriamente funcional. Tal funcionalidade pode ser entendida como a capacidade de induzir, nos agentes do sistema, comportamentos contributivos para a realização dos fins determinados. Trata-se, portanto, numa visão metafórica, de um sistema de sinalizações codificadas, transmitidas por uma variedade de meios para receptores, que as decodificam, e nelas encontram orientações e restrições para suas ações. Sem que se entre no mérito exclusivo da qualidade dos processos de codificação (por exemplo, técnica de redação legislativa), transmissão (por exemplo, *Diário Oficial*) ou decodificação das mensagens (por exemplo, interpretações), seus conteúdos intencionados podem ser consoantes ou dissonantes entre si, no conjunto, para efeito da funcionalidade do sistema. Ao fim e ao cabo, tem-se um complexo conjunto de sinais cujo resultado pode ser claro ou distorcido para os receptores. Quando há distorções, faz-se necessária, nos sistemas eletrônicos, a equalização. Nos sistemas administrativos, como vimos, ocorre a improvisação, mostrada nos relatos dos gerentes entrevistados e nas análises desses relatos.

A metáfora da equalização: fundamentos epistemológicos

A partir da "visão de mundo" e das experiências dos gerentes entrevistados, a metáfora contribui para a interpretação da ação gerencial, a despeito das condições estruturais formais restritivas, além de estimular o desenvolvimento de novas idéias acerca do fenômeno gerencial e suas relações com as estruturas administrativas estabelecidas num dado momento político e administrativo.

Tomando como exemplos o escritor e o orador, Collin Cherry (1966) afirma que eles não comunicam — através de palavras — seus pensamentos, mas a representação destes. Do mesmo modo, um pintor não reproduz a realidade, mas a representação desta através dos materiais de que dispõe — as tintas. Quando as representações estimulam nos outros indivíduos pensamentos que têm correspondência com os desejos de quem escreve, fala ou pinta, então houve a comunicação. O que se busca, portanto, é fazer a "melhor" representação dentro das restrições dos veículos de comunicação de que se dispõe.

A metáfora desempenha, nesses casos, papel dos mais eficazes, ao importar idéias através de uma linguagem-veículo, estabelecendo associações lingüísticas. Embora, de certo modo, os conceitos importados sejam artificiais em seus contextos, as metáforas alargam o âmbito das palavras, à medida que se acumulam novos conceitos e relações abstratas.

Trata-se de um recurso, entre outros denominados "figuras de linguagem ou de estilo", para comunicar à expressão mais força e colorido, intensidade e beleza. Cegalla (1990) a define como "um desvio da significação própria de uma palavra, nascido de uma comparação mental ou característica comum entre dois seres ou fatos". Dado o seu caráter enfático, incisivo, direto, a metáfora produz impacto na sensibilidade; daí, segundo o autor, sua grande força evocativa e emotiva.

Em estudo sobre metáforas, Max Black[42] apresenta uma classificação dessas figuras, introduzindo o enfoque interativo.

No enfoque *substitutivo*, as metáforas são utilizadas em lugar de outras expressões literais equivalentes; assim, para a palavra ou expressão que se use de modo metafórico, equivaleria um significado que poderia ter sido expresso de modo literal. O autor substitui o literal pela metáfora, cabendo ao leitor inverter essa substituição, servindo-se do significado literal desta, como indício do significado literal daquele.

Neste caso, a metáfora é tida como um recurso de "decoração", ao qual não caberia outra função mais séria senão "entender".

No enfoque *comparativo*, a metáfora consiste na apresentação de uma analogia ou semelhança subjacente; admite-se, então, que a expressão metafórica está no lugar de outra expressão literal equivalente, apresentando-se apenas como uma paráfrase mais trabalhada.

Este enfoque é contestado por ser bastante vago. Caso a metáfora apresente, em seu uso literal, um significado semelhante àquele representado pelo próprio termo literal, nenhuma informação extra é proporcionada. A metáfora deve ser utilizada justamente para casos em que, no momento, não haja precisão nos enunciados literais disponíveis, constituindo-se, então numa forma de comunicação própria e peculiar.

No enfoque *interativo*, a metáfora alcança um sentido novo, que não é o seu significado literal, e não poderia ter qualquer substituto literal. O novo conceito força a palavra ou expressão metafórica a uma extensão do seu significado.

---

42 Black, 1966.

O foco da metáfora seriam as "características comuns" dos termos; o uso da expressão metafórica exigiria do leitor uma "seleção" das características observadas no sentido literal e uma extensão do seu significado. Trata-se, desse modo, da interação de dois pensamentos em atividade simultânea. São características deste enfoque:

- a expressão metafórica apresenta dois sujeitos (ou "assuntos") distintos: o "principal" e o "subsidiário";
- o melhor modo de considerar esses sujeitos é, geralmente, como "sistemas" de coisas e não como coisas;
- a metáfora funcionará aplicando-se ao sujeito principal um grupo de "implicações" que acompanham o subsidiário;
- essas implicações consistem em tópicos sobre este subsidiário; porém, em certos casos, podem propositalmente ser divergentes, conforme estabelecido pelo autor;
- a metáfora seleciona, acentua, suprime e organiza as características do sujeito principal, ao lhe atribuir uma expressão que se aplica ao subsidiário;
- este subsidiário absorve o significado de certas palavras pertencentes ao mesmo sistema da expressão metafórica, o que pode muitas vezes consistir em transferências metafóricas;
- não há nenhuma razão para a absorção dos significados necessários, ou seja, não há explicação para o fato de algumas metáforas funcionarem e outras falharem.[43]

De acordo com Black, o uso de metáforas é considerado perigoso; porém, a proibição de seu emprego seria uma restrição arbitrária e prejudicial à nossa capacidade de investigação. No entanto, para que essas figuras funcionem, é necessário que se utilizem as *metáforas de interação*, que exigem do leitor uma operação intelectual peculiar que o leva a captar simultaneamente os dois assuntos, sem se limitar a uma mera comparação entre os mesmos. Caso contrário, torna-se necessário captar as implicações comuns, selecionar, acentuar e organizá-las num campo distinto, o que leva ao emprego de um assunto subsidiário para ajudar a compreensão do assunto principal.

O uso da metáfora no contexto da produção do conhecimento assume, de forma contrária às noções básicas do positivismo lógico, que a cognição é o resultado da construção mental. Como explica Ortony:

> o conhecimento da realidade, seja ele ocasionado pela percepção, linguagem, memória, ou por qualquer outra coisa, é o resultado de uma incursão além da informação dada. Ele surge através da interação daquela informação com o

[43] Black, 1966:54.

> contexto no qual ela é apresentada, e com o conhecimento prévio dominado pelo conhecedor.[44]

A metáfora pode funcionar, portanto, como um "instrumento cognitivo", na medida em que, ao ser compreendida, algo de novo é criado, permitindo diferentes formas de percepção.[45]

Ao tratar a metáfora como um instrumento para extrair implicações embasadas em similitudes e analogias estruturadas, percebidas entre dois sujeitos pertencentes a diferentes domínios, Black entende a ambigüidade como um necessário subproduto do poder sugestivo da metáfora.[46] Mas sugere também que, em alguns casos, é preciso entender que as metáforas criam as similitudes ou analogias das quais elas mesmas dependem.

Boyd chama a atenção para o fato de que Black vê essas características da metáfora como "indicativas de uma importante diferença entre os usos metafóricos da linguagem e aqueles que têm os atributos da explicitude característicos do uso científico".[47] No seu entender, essa visão pode conduzir à crença de que o emprego da linguagem metafórica num contexto científico limita sua função ao estágio pré-teórico do desenvolvimento de uma disciplina ou ao reino da heurística, da pedagogia ou da exegese, no caso das ciências mais estabelecidas.

Em oposição à perspectiva de Black, Boyd desenvolve toda uma argumentação para respaldar sua própria visão do papel da metáfora no desenvolvimento da teoria, afirmando que:

- existe uma classe importante de metáforas que desempenham um papel no desenvolvimento e articulação de teorias em ciências relativamente maduras;
- esta função é um tipo de *catacrese* — o que significa dizer que as metáforas são usadas para introduzir terminologia teórica onde nenhuma exista previamente;
- o uso da metáfora é um entre muitos artifícios disponíveis à comunidade científica para realizar a tarefa de acomodação da linguagem à estrutura causal do mundo.

> Com isto, eu quero dizer que a tarefa de introduzir terminologia é modificar o uso de terminologia existente, de forma que categorias lingüísticas que descrevam as características causais e explicativas significativas do mundo estejam disponíveis. Falando grosso modo, esta é a tarefa de arranjar a nossa linguagem de forma que nossas categorias lingüísticas "promovam um corte epistemológico do mun-

---

[44] Ortony, 1979:1.
[45] Black, 1979.
[46] Ibid., p. 30.
[47] Boyd, 1979:357.

do nas suas articulações" (...) O que quero argumentar aqui é que o emprego da metáfora serve como uma instância, não definitória, de estabelecer referência que é especialmente bem adequada à introdução de termos que dizem respeito a espécies cujas essências reais consistem mais de propriedades relacionais complexas do que de características de constituição interna.[48]

Nesse sentido, creio, com Boyd, que a afirmação metafórica — o gerente é um equalizador — pode trazer valiosos *insights* à pesquisa da gerência no setor público, onde as relações entre gerente e estruturas requerem maior discernimento. A metáfora do "equalizador" permitirá diferentes formas de percepção das relações e fará a introdução teórica de terminologia a ser utilizada onde previamente não existia.

Ação equalizadora

Equalização é, portanto, um termo tomado emprestado da eletrônica, que significa a diminuição da distorção de um sinal por meio de circuitos que compensem as deformações, reforçando a intensidade de algumas freqüências e diminuindo a de outras. *Equalizador*, o dispositivo que permite a equalização, refere-se a vários tipos de redes elétricas corretivas que são introduzidas em determinados circuitos, a fim de ali se obter uma resposta global desejada. Utilizados em sistemas de comunicação, sistemas de gravação e reprodução de filmes, fitas magnéticas e gravação de discos, os equalizadores se apresentam em forma de redes elétricas que empregam combinações de resistência, capacitação, variação e distribuição de fluxos. Sua ação seria, de acordo com Sell,[49] no sentido de compensar, contrabalançar, equilibrar, igualar, estabilizar.

A importância da metáfora da equalização está em sua capacidade de refletir a lógica subjacente às improvisações dos gerentes, revelando o *substratum* das relações entre agentes e estruturas no contexto da ação transformadora. A metáfora reafirma a centralidade referencial das estruturas formais e dos elementos culturalmente estruturais da sociedade, ao qualificar a ação de improvisação, resgatando-a de um puro subjetivismo voluntarista de caráter fortuito e ocasional, que não faz justiça ao administrador público profissional. Esse administrador, mais do que um "improvisador", é mais bem descrito e compreendido como um "equalizador", uma vez que a equalização é uma práxis do seu repertório de ação gerencial transformativa, criadora de novas realidades.

O quadro apresenta, no espaço aqui permitido, exemplos de ações equalizadoras relatadas nas entrevistas.

---

[48] Boyd, 1979:358.
[49] Sell, 1944.

Exemplos de ações equalizadoras

Entrevistado	Organização	Fatores situacionais	Fatores estruturais	Ação equalizadora	Realizações
Irapoan Cavalcanti *Compartilhar quadros de referência*	Comissão de Energia Nuclear Fundação Casa de Rui Barbosa Secretaria do Patrimônio Histórico e Artístico da União	Limitações de conhecimento, escopo e foco dos atores relevantes envolvidos em nível político-administrativo	Orçamento-programa Regime fundacional	Ampliação e compartilhamento de mapas cognitivos mediante contato íntimo e discussões	Implementação de orçamento-programa como instrumento de gestão Implantação do regime fundacional na Casa de Rui Barbosa Criação da Fundação Pró-Memória
Ozires Silva *Ampliar os mapas cognitivos*	Embraer	Experiências pregressas de produção orientadas exclusivamente para a engenharia	Estruturas orientadas para a engenharia e as operações, como ITA, CTA e Ministério da Aeronáutica	Ampliação e compartilhamento entre colaboradores de mapas cognitivos originalmente limitados à dimensão tecnológica para envolver marketing e gestão da produção	Estabelecimento de uma rota para o desenvolvimento da indústria aeronáutica no país, mediante marketing e gestão Concepção e implantação da Embraer
Sérgio Rudge *Varrer a burocracia para o lado*	Hospital de Traumato-Ortopedia (HTO)	Desatualização de tabelas para pagamento de procedimentos médicos e conseqüente crise financeira da instituição	Processos burocráticos inacessíveis ao trato da exceção como crises demandantes de rápidas respostas	Insistência na busca do contato face a face com as autoridades maiores, a fim de atrair sua atenção para o problema e solucioná-lo	Superação de crise financeira

Continua

Entrevistado	Organização	Fatores situacionais	Fatores estruturais	Ação equalizadora	Realizações
Paulo Vieira Belotti *Compartilhar hierarquicamente decisões democratizadas*	Petrobras	Capacidade das pessoas de obstruir a implementação de decisões Domínio fragmentado de informações relevantes Indisposição à linguagem escrita para temas sensíveis	Hierarquia	Processo decisório participativo, independente de hierarquias, compatibilizado com comunicações hierárquicas	Implementação de políticas do setor petrolífero
Ozires Silva *Apelar para o conceito de interesse público*	Ministério da Infra-Estrutura	Interconexão ferroviária entre duas importantes malhas ferroviárias pertencentes a duas empresas estatais — uma, exportadora de minério de ferro; outra, transportadora ferroviária	Empresa estatal de economia mista e empresa pública	Exercício da liderança através de forte apelo ao conceito de interesse público como de ordem superior aos interesses específicos de ambas as empresas	Complementação da interconexão das malhas ferroviárias
Irapoan Cavalcanti *Projetar uma imagem de correção e eficiência*	Empresa de Correios e Telégrafos (ECT) Legião Brasileira de Assistência (LBA)	Antecedentes de resultados organizacionais insatisfatórios e frouxidão de critérios técnicos e condutas administrativas, gerando atitudes de desapoio à organização, por um lado, e expectativas de vantagens indevidas, por outro	Clientelismo, corporativismo, patrimonialismo, práticas corruptas	Construção e projeção de imagem lastreada em resultados e conduta ética	Obtenção de apoios das demais agências governamentais e inibição da aproximação dos detentores de interesses transgressores
Sérgio Rudge *Construir a base de apoio político suprapartidário*	Hospital de Traumato-Ortopedia (HTO)	Restrições financeiras e necessidades variadas	Clientelismo	Troca de facilidades de internação por apoio (*lobby*) na obtenção de recursos	Significativos avanços na capacidade operacional do

Assim, a despeito das incoerências sistêmicas sociais e organizacionais, mais facilmente observáveis empiricamente, os resultados, teoricamente dependentes da congruência do *design* organizacional, são efetivamente alcançados pela práxis equalizadora, no fluxo cotidiano das relações sociais.

Portanto, bons resultados organizacionais, quando alcançados no setor público, não são fruto de um *design* coerente, pois em momento algum ele é obtido, por melhores que possam ser as grandes reformas administrativas. Ainda assim, como já foi observado anteriormente, tais reformas promovem avanços sempre sujeitos a retrocessos. Nesse sentido, um aumento da velocidade de ajustes estruturais, que observasse a sintonia do *design* com as sucessivas e intensas mudanças ambientais, faz da idéia do *designing*[50] algo desejável, mas implausível no setor público.

Por outro lado, a prevalência do modelo burocrático, constitucionalmente contextualizado em Estados democráticos, não permite entender, explicar ou muito menos prescrever a ação do gestor público e demais funcionários como uma "improvisação", de natureza voluntarista, ou simplesmente ignorante ou insensível aos elementos estruturais. Entre as definições mais triviais do verbete improvisar, o *Minidicionário Aurélio* contém uma conotação que nos é de especial preocupação: "Adotar de má-fé, ou por necessidade, uma profissão, uma qualidade etc."[51] Contrariamente a este sentido, ainda quando "improvisa", o gestor público responsável está longe de ser um "improvisador" ou de estar "improvisando" numa atividade que não é a sua, seja ele um engenheiro, médico, educador, militar, economista ou administrador profissional. Seu repertório profissional ganha, quando envolvido com a gestão do aparelho de Estado, o espaço público da "aparência",[52] que transmuta a mera atividade em "ação", com grande sentido social e histórico. Esta é, evidentemente, uma possibilidade concreta, que depende em larga medida do indivíduo e da sua forma de querer estar no mundo republicano. Um mundo que requer a predisposição à ocupação do espaço público e a aparência consciente dos cidadãos na lida social, não obstante o encolhimento burocrático e omisso de tantos gestores públicos, ou a adesão a um conceito equivocado de aparência, como fama artificialmente obtida.

O gestor público profissional, comprometido com resultados, ao lidar com as estruturas e demais mecanismos estruturantes, o faz no exercício de sua "consciência

---

50 Galbraith, 2002.

51 Ferreira, 1993.

52 Arendt, 2003.

prática", capturada nas entrevistas e suas interpretações, e sintetizada no termo "equalização". O termo, que ainda não faz parte de sua "consciência discursiva", poderá a ele ser "devolvido", pois deriva de sua "consciência prática", que assim poderá ser altamente instrumental quando repassada através da formação e desenvolvimento de administradores.

Quando sistematicamente confrontados com limitações de conhecimento, escopo e foco de atores relevantes envolvidos, por força de mecanismos de recrutamento, seleção, indicação ou mesmo formação, treinamento e experiências anteriores, administradores como Ozires Silva e Irapoan Cavalcanti "compensaram" disfunções mediante consciente e sistemática ação equalizadora: intercambiando quadros de referência e expandindo mapas cognitivos capazes de promover os resultados almejados (ver ações equalizadoras no quadro).

Quando os procedimentos burocráticos das rotinas de comunicação e os escalões de comando intermediários serviam para amortecer o significado e intensidade de crises financeiras que afetavam a própria existência da organização, Sérgio Rudge "driblava" estruturas e, pessoalmente, com contundência, colocava a crise na mesa de quem com ela devia lidar, encontrando solução, ainda que temporária (ver ação equalizadora no quadro). Assim, compensava distorções, provocadas por estruturas e procedimentos cujos desenhos não davam conta de situações particulares de extrema gravidade.

Ciente do poder invisível de técnicos e burocratas na obstrução da implementação de políticas e projetos não adequadamente assimilados, Paulo Vieira Belotti alargava, sistematicamente, o fórum de discussão e participação, independentemente de simetrias hierárquicas ou do eventual contexto autoritário de um dos governos a que serviu com brilhantismo. Assim equalizava, também, o notório corporativismo presente nas empresas estatais (ver ação equalizadora no quadro).

Os requisitos do poder e a gerência equalizadora

A potência do homem, seu poder como argamassa fundamental para apresentar-se, inserir-se, relacionar-se e iniciar processos na "teia de relações" que caracteriza a ação na esfera dos negócios humanos, tem outra lógica que não a da força física, da superioridade intelectual ou da sagacidade. Arendt descreve o poder, vigorosamente, como algo que não pode ser armazenado ou mantido em reserva, como os instrumentos de violência, e que só existe em sua efetivação cotidiana, pois que é sempre um potencial independente de fatores materiais, à exceção única da convivência próxima entre os homens, que faz sempre presente a potencialidade da ação. Quando não efetivado, o poder perde-se, sendo algo que se efetiva

> enquanto a palavra e o ato não se divorciam, quando as palavras não são vazias e os atos não são brutais, quando as palavras não são empregadas para velar intenções mas para revelar realidades, e os atos não são usados para violar e destruir, mas para criar relações e novas realidades.[53]

É muito significativo apontar, a partir dos relatos dos administradores públicos entrevistados, sua clara noção de poder na esfera dos negócios humanos, independentemente do segmento, espaço e tempo de engajamento na ação.

Essa ação relacionou-se a processos no setor público que foram desde o desenvolvimento de uma indústria aeronáutica no Brasil, digna do nome sob critérios internacionais, até a introdução pioneira de transplantes ósseos no país, passando pela institucionalização de orçamentos-programas e fundações públicas e pelo desenvolvimento industrial de base, regionalmente orientado.

Na ótica profunda do poder, ressaltou claramente das entrevistas a ação agregadora de todos os entrevistados. A consciência de dependerem "do acordo frágil e temporário de muitas vontades e intenções" de que nos fala Arendt, sem o que a "onipotência seria uma possibilidade humana concreta".[54]

Das oito estratégias de gestão categorizadas no estudo aqui relatado, três dizem respeito, diretamente, a essa noção de poder: compartilhar quadros de referência, induzir o envolvimento dos outros e promover a coesão interna. As três juntas somam 15 das 31 ações equalizadoras catalogadas. Assim, essa concepção de poder sugere, alternativamente, a confluência das três categorias em questão para apenas uma, o que reduziria o total de oito categorias para apenas cinco. Mais importante, porém, é ver ratificadas, uma vez mais, as verdadeiras bases do poder, bem como seu papel articulador de tudo o mais quando se trata da ação, na esfera dos negócios humanos. Como Arendt afirma, "o que mantém unidas as pessoas depois que passa o momento fugaz da ação (aquilo que hoje chamamos de 'organização') e o que elas, por sua vez, mantêm vivo ao permanecerem unidas é o poder".[55] É essa nutrição cotidiana do poder, capacitadora das ações coletivas cotidianas, de construção e reconstrução contínuas de realidades organizacionais, e não espasmodicamente su-

---

53 Arendt, 2003:212.

54 Ibid., p. 213.

55 Ibid., p. 213.

cessivas, que dá sentido ao conceito de *organizing*, cunhado por Weick[56] e ricamente ilustrado pela vivência dos gestores públicos entrevistados. Vivência que se pode dizer plena, no exercício do poder, que é dependente da condição humana da pluralidade. Nesse sentido, suas estratégias, de compartilhar quadros de referência, induzir o envolvimento de outros e promover a coesão interna, revelam uma estratégia de poder. Como Arendt constata, "é possível dividir o poder sem reduzi-lo; e a interação de poderes, com seus controles e equilíbrios, pode, inclusive, gerar mais poder, pelo menos enquanto a interação seja dinâmica e não resulte em um impasse".[57]

Além da contribuição para a formação e treinamento de administradores públicos, o estudo relatado poderá também estimular novas pesquisas. Pesquisas que ampliem as instâncias de gerência equalizadora, que levem a uma melhor compreensão do fenômeno e a um refinamento do conceito. Pesquisas que, também, na esfera empresarial privada, investiguem a pertinência e relevância do conceito.

Referências bibliográficas

ALBERTI, Verena. *História oral*: a experiência do Cpdoc. Rio de Janeiro: FGV, 1990.

ARENDT, Hannah. *A condição humana*. 10. ed. Rio de Janeiro: Forense Universitária, 2003.

BARZELAY, Michael. *Designing the process of public management policy change*: practical implications of case studies on Brazil and Peru. 2003. Mimeografado.

BLACK, Max. *Modelos y metáforas*. Madrid: Tecnos, 1966.

______. More about metaphor. In: ORTONY, Andrew (Ed.). *Metaphor and thought*. Cambridge: Cambridge University Press, 1979.

BOURDIEU, Pierre. *Esquisse d'une théorie de la pratique*: précédée de trois études d'ethnologie kabyle. Genève: Droz, 1972.

______. *Questions de sociologie*. Paris: Les Éditions de Minuitis, 1984.

BOYD, R. Metaphor and theory change: what is a metaphor? In: ORTONY, Andrew (Ed.). *Metaphor and thought*. Cambridge: Cambridge University Press, 1979.

56 Weick, 1979.

57 Arendt, 2003:213-214.

BURRELL, Gibson; MORGAN, Gareth. *Sociological paradigmas and organizational analysis.* London: Heinemann, 1980.

CAEMA, Roberto et al. *Rumo à nova transdisciplinaridade*: sistemas abertos de conhecimento. São Paulo: Summers, 1993.

CAMARGO, Aspásia. O CPDOC e a redescoberta do Brasil contemporâneo. In: D'ARAUJO, Maria Celina. *Fundação Getulio Vargas*: concretização de um ideal. Rio de Janeiro: FGV, 1999.

CASTOR, Belmiro Valverde Jobim. *O Brasil não é para amadores*: Estado, governo e burocracia na terra do jeitinho. Curitiba: Ebel; IBQP-PR, 2000.

CAVALCANTI, Bianor Scelza. Avaliação de treinamento e desenvolvimento (T&D): uma função em busca de respostas. *Revista de Administração de Empresas*, São Paulo, FGV, v. 30, n. 1, p.17-25. 1990.

______. *The "equalizer" administration:* managerial strategies in the public sector. Dissertation submitted in partial fulfillment of the requirements for the degree of Doctor of Philosophy in Public Administration and Policy, Faculty of the Virginia Polytechnic Institute and State University, Blacksburg, Fall 2000. ms.

______. *O gerente equalizador*: estratégias de gestão no setor público. Rio de Janeiro: FGV, 2005.

CEGALLA, Domingos Paschoal. *Novíssima gramática da língua portuguesa.* 33. ed. São Paulo: Companhia Editora Nacional, 1990.

CHERRY, Collin. *A comunicação humana:* uma recapitulação, uma vista de conjunto e uma crítica. 2. ed. São Paulo: Cultrix, 1966.

FERREIRA, Aurélio Buarque de Holanda. *Minidicionário da língua portuguesa.* Rio de Janeiro: Nova Fronteira, 1993.

GAJDUSCHEK, G. Bureaucracy: is it efficient? Is it not? Is that the question? *Administration and Society*, v. 34, n. 6, p.700-723, 2003.

GALBRAITH, Jay R. *Organization design.* Massachusetts: Addison-Wesley, 1977.

______. *Designing organizations.* San Francisco: Jossey-Bass, 2002.

GIDDENS, A. Problems of action and structure. In: CASSEL, Philip (Ed.). *The Giddens reader.* London: Macmillan, 1993.

GOODSELL, Charles T. *The case for bureaucracy*: a public administration polemic. New Jersey: Chatham, 1983.

HUMMEL, Ralph. Stories managers tell: why they are as valid as science. *Public Administration Review*, Jan./Feb. 1991.

LEAL, Victor Nunes. *Coronelismo, enxada e voto*: o município e o regime representativo no Brasil. São Paulo: Alfa-Omega, 1975.

MORGAN, Gareth. *Images of organization*. USA: Sage, 1986.

ORTONY, Andrew. Metaphor: a multidimensional problem. In: ______ (Ed.). *Metaphor and thought*. Cambridge: Cambridge University Press, 1979.

PFIFFNER, John M.; SHERWOOD, Frank P. *Administrative organization*. Englewood Cliffs, NJ: Prentice-Hall, 1960.

PIMENTA, Carlos César. *O papel da Secretaria de Administração Federal no processo de modernização da "função-administração" — Brasil, 1988-1992*. Dissertação (Mestrado), Eaesp, Fundação Getulio Vargas, São Paulo, 1993.

QUEIROZ, Maria Isaura Pereira de. *O mandonismo local na vida política brasileira e outros ensaios*. São Paulo: Alfa-Omega, 1976.

RAMOS, Alberto Guerreiro. *A redução sociológica*: introdução ao estudo da razão sociológica. 2. ed. Rio de Janeiro: Tempo Brasileiro, 1965.

ROHR, John Anthony. *Civil servants and their constitutions*. Kansas: University Press of Kansas, 2002.

SELL, Lewis L. *Comprehensive technical dictionary*. New York: McGraw-Hill, 1944.

VERGARA, Sylvia Constant; CARVALHO JR., Dourival de Souza. Nacionalidade dos autores referenciados na literatura brasileira sobre organizações. In: ENANPAD, 19., 1995, João Pessoa. *Anais*... Salvador: Anpad, 1995.

VILAÇA, Marcos Vinicius; ALBUQUERQUE, Roberto Cavalcanti de. *Coronel, coronéis*. 2. ed. Brasília: Ed. Universidade de Brasília, 1978.

WAMSLEY, Gary L.; ZALD, Mayer N. *The political economy of public organizations*. Massachusetts: Lexington, 1973.

WEICK, Karl. *The social psychology of organizing*. 2. ed. Reading, MA: Addison-Wesley, 1979.

______. Organizational redesign as improvisation. In: HUBER, G. P.; GLICK, W. H. *Organizational change and redesign*: ideas and insights for improving performance. New York: Oxford University Press, 1995.

O método qualitativo na investigação de sentidos: uma proposta multipolar para estudos organizacionais

Hélio Tadeu Martins dos Santos*

Introdução

O objetivo deste ensaio é apresentar uma proposta de método qualitativo para a investigação, em profundidade, de temas relacionados aos estudos organizacionais. Mais especificamente, o estudo destina-se à compreensão dos sentidos atribuídos a esses temas em quatro pólos de saber: administrativo, psicológico, sociológico e filosófico.

Antes de prosseguir na explanação das características do método, faz-se necessário conceituar *sentido*, conforme será utilizado neste ensaio. No pólo administrativo, sentido deve ser entendido como significado e propósito configurados pelo universo organizacional. No psicológico, trata-se dos significados e propósitos percebidos pelo indivíduo, com sua conseqüente singularidade e especificidade. No pólo sociológico, sentidos serão os significados culturais e do contexto sócio-histórico analisado, compartilhados, em maior ou menor grau, pelos indivíduos imersos nesse contexto. Por fim, o sentido filosófico corresponderá aos significados e propósitos atribuíveis pela escola filosófica adotada, podendo também ter a configuração de essência, fundamento e direção, na acepção fenomenológica.[1]

---

* Doutorando em administração pela Escola Brasileira de Administração Pública e de Empresas da Fundação Getulio Vargas (Ebape/FGV); organizador e coordenador de programas de desenvolvimento de executivos na universidade corporativa da Petrobras; professor de pós-graduação na Universidade Cândido Mendes. E-mail: tmartins@carreira.org.

[1] Sentido como fundamento e direção é o que Heidegger (2001) desvela em "A questão da técnica", conforme será relatado mais adiante. Sentido como essência está relatado na nota 16.

Como já pode ser inferido neste ponto, o método proposto se destina a uma investigação rigorosa, que reconheça e respeite a complexidade do problema em questão. Apresenta, igualmente, um caráter crítico proporcionado pelo referencial filosófico, que funciona como um nível de metanálise do material empírico e teórico utilizado. Todos esses aspectos serão fundamentados e detalhados ao longo do ensaio. Por ora, será priorizada a discussão da aplicabilidade do método e de sua contribuição para os estudos organizacionais.

Neste ensaio, o *trabalho* será o tema escolhido para exemplificar a utilização do método proposto. O objetivo final da pesquisa, nesse caso, poderia ser assim formulado: caracterizar os múltiplos sentidos que o trabalho informacional[2] corporativo assume como resultado do impacto do conhecimento técnico-científico. Na forma de pergunta, o mesmo problema poderia ser expresso como: que sentidos podem ser atribuídos ao trabalho informacional corporativo impactado pelo conhecimento técnico-científico?

Deve-se observar que formulações semelhantes podem ser feitas para outros tópicos da administração, problematizando temas que são normalmente abordados de maneira prescritiva e instrumental, como liderança, motivação e competência, por exemplo. Em que pese a importância de trabalhos prescritivos e instrumentais, principalmente para a comunidade não-acadêmica de praticantes da administração, não se pode prescindir, na academia, de um olhar investigativo e crítico sobre tais temas. Esse método se propõe a contribuir com essa linha de pesquisa, subsidiando a formulação de conhecimento novo e focado nas peculiaridades da gestão de organizações brasileiras. O caráter multipolar do método, discutido no próximo item, possibilita uma abordagem não-reducionista desses temas no âmbito da administração – campo caracterizado por contribuições disciplinares diversas e, em conseqüência, por uma considerável complexidade.

A partir deste ponto, o ensaio apresentará as etapas do método proposto aplicadas à investigação do tema trabalho. Com isso, serão demonstrados os limites e possibilidades do método, permitindo a apreciação de sua aplicabilidade a outros temas organizacionais.

A multipolaridade da investigação

A figura 1 apresenta os quatro pólos de investigação nos quais serão caracterizados os sentidos do trabalho informacional corporativo, bem como aponta as possíveis relações entre esses pólos.

---

[2] A expressão trabalho informacional, neste ensaio, refere-se àquele de cunho eminentemente intelectual, realizado por profissional especializado, de nível superior e intensivo no uso de informação.

Figura 1
Pólos de investigação dos sentidos do trabalho

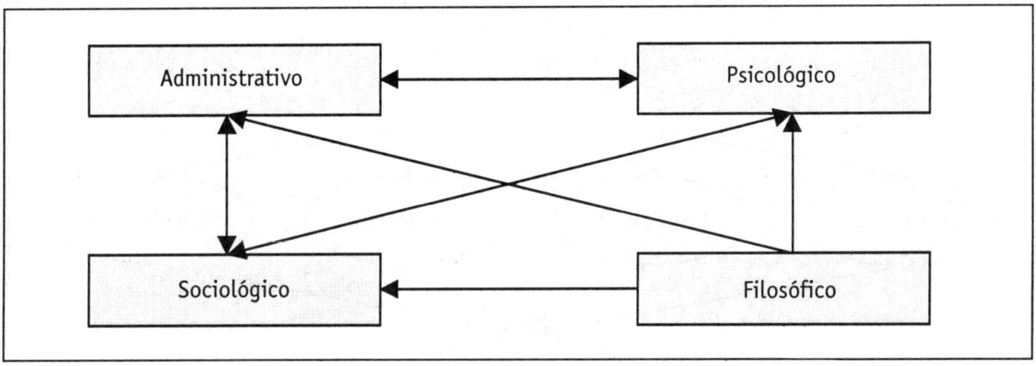

Para o alcance desse objetivo, alguns passos precisarão ser dados em termos de construção conceitual. Será necessário caracterizar claramente os principais elementos dessa investigação – o conhecimento técnico-científico e o trabalho informacional corporativo –, bem como caracterizar o impacto do primeiro sobre o segundo em quatro vertentes: as organizações, o trabalhador, a sociedade e o processo de subjetivação contemporâneo.

A figura 2 apresenta essas relações de maneira esquemática e ressalta seu foco de análise. Deve-se observar que as quatro vertentes nela representadas correspondem aos quatro pólos de investigação da figura 1. Com isso, ficam esquematizadas as etapas que permitirão alcançar o objetivo final, e que podem ser descritas como objetivos intermediários:

- caracterizar o impacto que o conhecimento traz à maneira como as organizações são estruturadas e administradas;
- caracterizar o impacto do conhecimento sobre o trabalhador informacional corporativo;
- identificar as características culturais e sociais que advêm do papel desempenhado pelo conhecimento na sociedade contemporânea;
- identificar os modos de subjetivação do trabalhador informacional corporativo propiciados pelo conhecimento técnico-científico em sua expressão atual.

Figura 2
Impactos do conhecimento

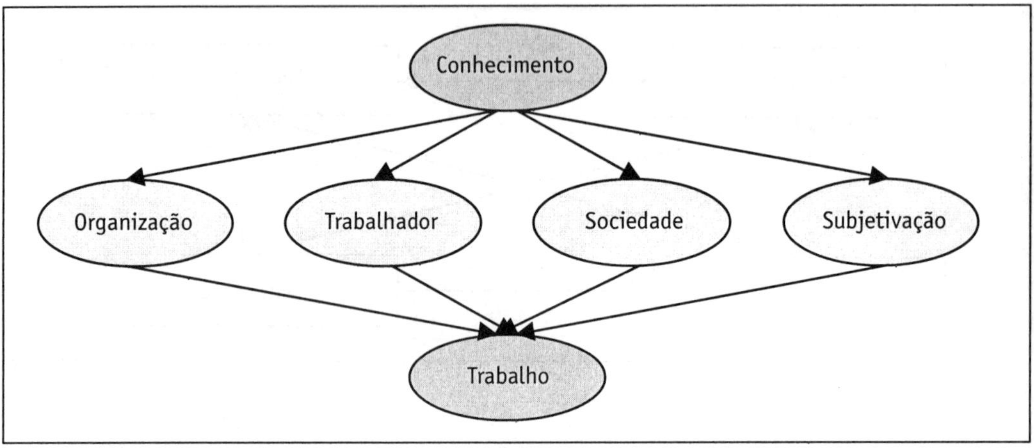

Com relação aos pólos escolhidos, em que pese a relevância e a utilidade de outras disciplinas, esse estudo priorizará as quatro áreas de saber representadas na figura 1: administração, psicologia, sociologia e filosofia. Considerações históricas e econômicas, por exemplo, poderão ser feitas em diversos momentos do estudo, mas não constituirão referenciais prioritários.

A opção por essas quatro áreas se deve à impossibilidade de se utilizar, em profundidade, todas as contribuições disciplinares que as ciências humanas e sociais poderiam oferecer, especialmente em uma pesquisa com tempo limitado para realização. Ademais, deve ser ressaltado que essas quatro áreas de investigação são suficientemente diversas para possibilitar a desejada análise multipolar do fenômeno.

A amplitude de cada uma dessas áreas de saber demanda recortes adicionais que tornem a investigação factível e focalizada. Pela figura 2, pode-se notar que o tema estará sempre direcionado ao binômio conhecimento e trabalho. A figura 3 apresenta, esquematicamente, os recortes prioritários em cada uma dessas áreas, com os subconjuntos de interesse em destaque.

Figura 3

Representação do escopo de estudo em cada área de saber (subconjuntos de interesse destacados em cor escura)

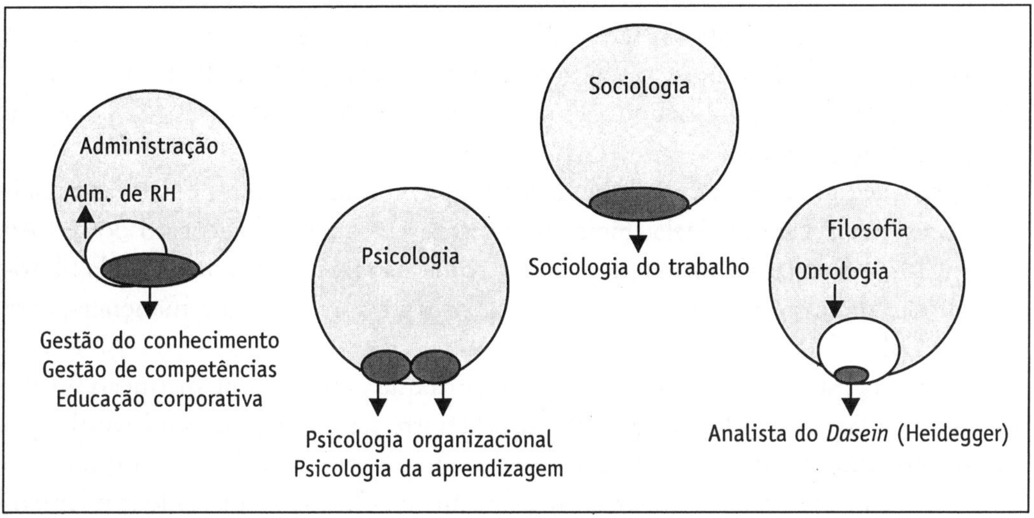

O método qualitativo e suas bases conceituais

Neste item, serão apresentados os diversos fundamentos que sustentam essa proposta metodológica. Cabe ressaltar que a pluralidade conceitual do método não prescinde de coerência interna – coerência que se inicia nos domínios da ontologia e da epistemologia, se estende ao campo teórico e morfológico, e culmina nas considerações técnicas e instrumentais da pesquisa.

Outra observação relevante neste ponto é a de que o método não visa à verificação de hipóteses nem à busca de relações causais. Objetiva compreender o fenômeno em sua abrangência e complexidade e descrevê-lo de maneira rigorosa. Quando pertinente, poderão ser apresentadas explicações teóricas, nos domínios das ciências sociais, para aspectos significativos do fenômeno.

Feitas essas considerações iniciais, passaremos à apresentação da referida base conceitual do método.

Fundamentos ontológicos

Antes de adentrar as questões epistemológicas e metodológicas, e considerando-se que a multipolaridade da investigação abrange a filosofia, torna-se necessária a contextualização filosófica deste projeto de pesquisa. Mais especificamente, serão apresentadas algumas postulações ontológicas que permearão conceitualmente toda a investigação. Postulações que, em última análise, constituirão a própria atitude do pesquisador diante de seu empreendimento intelectual. A escolha deste estudo recai sobre um influente filósofo do século XX: Martin Heidegger. Essa opção se deve à importância de sua ontologia para o pensamento contemporâneo, bem como à possibilidade de utilizar sua obra também para a análise filosófica deste estudo, que será discutida oportunamente.

A apreciação do pensamento heideggeriano terá início com uma de suas principais obras: *Ser e tempo*.[3] Nela, Heidegger coloca em questão o sentido do ser. Ao interrogá-lo, não o faz de forma predicativa, como na tradição essencialista da filosofia. Rompe com essa tradição, ao não mais identificar o ser com a permanência, com o atemporal.

A obra citada é uma investigação ontológica que parte de uma distinção fundamental no pensamento heideggeriano: aquela entre ser e ente. E essa investigação tem seu foco no *Dasein*, o ente privilegiado que é capaz de colocar em questão o sentido do ser. Além de interrogar sobre esse sentido, o *Dasein* é um ente fundamentalmente diferenciado quanto ao seu modo de ser. Enquanto todos os demais têm um modo de ser determinado (uma pedra, uma cadeira), o ente *Dasein* tem seu modo de ser lançado no devir.

Neste ponto, cabe acrescentar o segundo significado do termo *Dasein*. Ao mesmo tempo em que é o ente privilegiado já citado, é também o modo de ser desse ente. Pode-se, então, dizer que o modo de ser do homem é *Dasein*, ser-aí. Em vez de um modo de ser essencial, constituidor, definido por uma interioridade, o ser-aí está sempre em construção, sempre indeterminável *a priori*.

Não se pode pensar em um modo de ser essencial para o homem, independente do mundo. Para Heidegger, somos sempre no mundo (ser-no-mundo) todo o tempo, entendendo-se mundo como estrutura de significância, horizonte de sentido. Essa unidade indissociável, ser-no-mundo, ressalta o caráter desconstrutor da subjetividade do pensamento heideggeriano. A concepção de indivíduo (sujeito) como interioridade independente do mundo é uma construção da modernidade. Na perspectiva heideggeriana, o sujeito é uma estrutura não-originária, que se constitui a partir do modo de ser-no-mundo do *Dasein*.

---

[3] Heidegger, 1997.

Retomando a diferença ontológica, aquela entre ser e ente, deve-se ressaltar que, no pensamento heideggeriano, o ser se confunde com o sendo. O modo de ser do homem é também o seu existir: o homem existe; os demais entes são. Existir implica indeterminação. O que o homem é só pode ser determinado, de forma absoluta, na sua morte, quando cessam todas as suas possibilidades. Em existência, o modo de ser do homem está sempre em jogo.

Ainda em decorrência de sua condição de existente, o que o homem é se define, de início e freqüentemente, a partir do seu horizonte histórico e das determinações do impessoal. Além disso, as afirmações feitas sobre o modo de ser do homem seriam afirmações provisórias, visto que subordinadas ao momento histórico em que foram realizadas. Em vez de buscar uma predicação temporal do ser, que o ontificaria (tornaria um ente), Heidegger busca as características aistóricas do modo de ser do *Dasein*. Essas características são os denominados existenciais.

Explorando um desses existenciais, poderíamos dizer que o *Dasein* é *compreensão*. Essa afirmação não se refere a uma faculdade intelectiva de uma interioridade psíquica, mas à explicitação de algo que constitui o próprio modo de ser do homem. É impossível ao homem não compreender, não atribuir sentido àquilo que lhe vem à presença. O *Dasein* é compreensão. Ou, metaforicamente falando, é uma abertura na qual os sentidos se dão.

Dissecando o termo *Dasein*, em uma de suas traduções para o português, ser aí, pode-se entender que o homem é sempre em seu aí (mundo, estrutura de significância). O que o homem é não pode ser dissociado de seu mundo. Aprofundando a idéia, pode-se entender que, na verdade, o ser do homem é o seu próprio aí, dado que o ser não é um ente. Poder-se-ia afirmar, com algum cuidado, que o homem é um ente cujo ser é a sua própria abertura de sentido.

Quando fala da compreensão (ontológica), Heidegger está apresentando uma compreensão não-tematizada (ou pré-compreensão), que possibilita que a compreensão ôntica se dê (a compreensão propriamente dita, de um ente que lhe vem à presença). Um ponto que merece ser ressaltado no pensamento heideggeriano é que, ao colocar a compreensão como modo de ser do homem, e não como faculdade humana, ele retira o conhecer dos domínios da epistemologia para colocá-lo nos da ontologia. Conhecer não é apenas uma questão de método (essa é uma de suas possibilidades), mas uma questão ontológica.

Esse sintético percurso conceitual sobre o pensamento heideggeriano, culminando com essa interface entre ontologia e epistemologia, conduz, naturalmente, à busca de um método que possa instrumentalizar a busca de uma resposta ao problema da pesquisa e, ao mesmo tempo, ser compatível com os pressupostos aí estabelecidos. O método qualitativo, descrito a seguir, busca estabelecer uma ponte entre esses dois domínios tão distintos, delineando as premissas epistemológicas que nortearão as estratégias e técnicas de pesquisa propostas para essa investigação.

O método qualitativo

A pesquisa contemporânea em ciências sociais se estabelece, segundo Denzin e Lincoln,[4] sobre o ceticismo em relação às teorias universais e aos métodos gerais. A tentativa de se construírem metanarrativas para os fenômenos sociais passa a ser percebida como imprópria, por pressupor a existência (e legitimidade) de referenciais privilegiados, capazes de permitir uma apreciação isenta e objetiva dos referidos fenômenos.

A própria objetividade da pesquisa científica demanda uma ressignificação no âmbito epistemológico desta investigação, que não parte da tradicional dicotomia que separa interno-subjetivo-mente e externo-objetivo-mundo.[5] Não se busca a "verdade" como propriedade de um objeto a ser descoberta em aproximações sucessivas (realismo), nem como uma possibilidade de conhecimento que se encontra, unilateralmente, no sujeito (idealismo). Na perspectiva construcionista aqui adotada, uma opção epistemologicamente coerente com a ontologia heideggeriana, "tanto o sujeito como o objeto são construções sócio-históricas que precisam ser problematizadas e desfamiliarizadas".[6] A objetividade, nessa perspectiva, é concebida como um processo intersubjetivo situado. Uma prática discursiva na qual os sentidos são construídos dialogicamente e aí apreendidos pelos participantes do processo.[7]

Essa definição de objetividade não comporta, naturalmente, um subjetivismo ingênuo e fantasioso. Trata-se de uma construção negociada e sujeita a explicitação rigorosa, credenciando-a ao *status* de cientificidade. Cabe ressaltar, no entanto, que a própria pesquisa científica é discurso institucionalizado, com critérios de validação historicamente situados e intersubjetivamente construídos por uma dada comunidade científica.[8]

Adentrando o âmbito metodológico, o projeto de pesquisa aqui descrito poderia ser caracterizado como uma investigação qualitativa multimetodológica.[9] Nessa

---

[4] Denzin e Lincoln, 1998.
[5] Spink e Medrado, 2000.
[6] Spink e Frezza, 2000:28.
[7] Spink e Lima, 2000.
[8] Spink e Menegon, 2000.
[9] Denzin e Lincoln, 1998.

abordagem, o pesquisador não se filia, de forma restritiva, a qualquer método qualitativo específico. Em vez disso, capacita-se a utilizar, de maneira competente, diversos métodos de coleta e análise de material empírico.

Para Denzin e Lincoln, a investigação qualitativa se assemelha a uma *bricolage*, através da qual o pesquisador (*bricoleur*) lança mão de múltiplas estratégias e métodos, bem como de materiais empíricos diversos, para "produzir" uma resposta adequada a um problema concreto. Contudo, tal triangulação metodológica não visa a possibilitar a apreensão total da realidade, o que seria um contra-senso na perspectiva construcionista. Tampouco constitui uma estratégia de validação. Trata-se, ao contrário, de uma alternativa à validação.[10]

A utilização de diversas perspectivas disciplinares neste estudo, associada à utilização de diferentes métodos qualitativos, tem como objetivo construir uma resposta rigorosa ao problema proposto. Uma resposta suficientemente abrangente e densa que lhe confira credibilidade e possibilite a verificação de suas afirmações no material empírico coletado. Essa abordagem está fundada na premissa já apresentada: a da impossibilidade de se capturar integralmente a realidade. Nesse caso, o foco se desloca para a busca de uma apreensão (construção) possível, e necessariamente incompleta, mas nem por isso menos relevante para a produção de conhecimento.

Em seguida, serão feitas considerações conceituais mais detalhadas a respeito da opção metodológica para análise do material empírico.

A análise de discurso

Em alinhamento com os pressupostos ontológicos e epistemológicos deste estudo, os recursos interpretativos aqui utilizados serão baseados na busca de sentidos conforme produzidos nas práticas discursivas cotidianas. Ao basear tal busca nessa premissa, assume-se que "os sentidos não estão na linguagem como materialidade, mas no discurso que faz da linguagem a ferramenta para a construção da realidade".[11] Ademais, deve-se considerar que essa construção se faz interativamente, intersubjetivamente. Por essa razão, o levantamento de informações e sua interpretação não constituem momentos distintos da pesquisa.

Na perspectiva construcionista, a interpretação não se baseia em regras predefinidas ou na pressuposição de que as palavras conduzem sentidos psicológicos

---

[10] Fontana e Frey, 1998.

[11] Pinheiro, 2000:193.

ou sociológicos subjacentes. Não se trata, portanto, de uma busca de correspondências simbólicas que ocorreria, por exemplo, numa interpretação que pressuponha a existência de conteúdos inconscientes inacessíveis ao questionamento direto. Tampouco comporta uma interpretação avaliativa que busque, por exemplo, indícios de alienação em um discurso supostamente "colonizado" pela ideologia capitalista.

A busca de sentidos pela via dialógica, entendida como um processo de construção intersubjetiva, não abdica, contudo, da racionalidade científica. Apenas ressignifica essa racionalidade, não a tomando por correspondência com a realidade ou correspondência com uma metanarrativa que se proponha a explicar a realidade. Na pesquisa qualitativa construcionista, "o rigor passa a ser concebido como a possibilidade de explicitar os passos da análise e da interpretação de modo a possibilitar o diálogo".[12] O conceito de objetividade é, dessa forma, ressignificado como um processo intersubjetivo que ocorre na polissemia e complexidade do mundo – processo no qual os sentidos vão sendo dialogicamente construídos, possibilitando a mútua compreensão.

A entrevista será o principal, mas não único, meio de captação de material empírico para essa pesquisa. Entrevista é prática discursiva, entendendo-se práticas discursivas como "diferentes maneiras em que as pessoas, através dos discursos, ativamente produzem realidades psicológicas e sociais".[13] Seu uso, nesse contexto construcionista, suscita algumas questões que merecem destaque.

- Na entrevista, a participação do pesquisador deve ser considerada parte inalienável do processo. Essa prática discursiva resulta da interação entre pesquisador e entrevistado, sendo ambos agentes ativos na produção de sentidos aí verificada.[14]
- Essa interação traz, como decorrência, um comprometimento com o critério de replicabilidade, tão caro à epistemologia tradicional. Contudo, na perspectiva construcionista, entende-se que "o objetivo da pesquisa qualitativa não é a replicabilidade e sim a especificidade".[15]
- Dentro do mesmo raciocínio, o critério de generalização não é aplicável a este tipo de pesquisa. O que mais se aproximaria desse critério, e que poderia ser alcançado pela pesquisa qualitativa construcionista, seria o da generalização analítica.[16] Nunca a generalização nos moldes estatísticos.

---

[12] Spink e Lima, 2000:102.
[13] Pinheiro, 2000:186.
[14] Spink e Menegon, 2000.
[15] Ibid., p. 87.
[16] Yin, 2001.

- Outra possibilidade de se inferir alguma generalidade nos resultados dessa pesquisa seria a de se alcançarem aspectos essenciais do fenômeno estudado, conforme realizado pela redução eidética no método fenomenológico.[17] Deve-se observar, contudo, que esses aspectos essenciais, possivelmente encontrados, serão apenas uma parte dos resultados dessa pesquisa.

Outra fonte de produção discursiva a ser utilizada nesse estudo será o texto impresso, publicado. O resultado dessa pesquisa bibliográfica será tratado como discurso, entendendo-se que, como tal, "constitui uma dentre as múltiplas versões possíveis sobre o tema pesquisado".[18] Mesmo não tendo sido coletado em um processo dialógico, no sentido estrito, ainda assim se trata de uma produção discursiva socio-historicamente situada e sujeita a uma compreensão intersubjetiva condicionada por tal contexto.

Cabe ainda observar que a análise de discurso aqui apresentada se destina à compreensão dos sentidos nos três pólos disciplinares do modelo, ou seja, no administrativo, psicológico e sociológico. Para as considerações filosóficas, haverá uma abordagem específica, que atenderá à diferente natureza da análise a ser empreendida.

Adiante serão abordados aspectos técnicos e morfológicos relacionados ao uso da entrevista e da pesquisa bibliográfica nessa investigação. Por ora, essas são as considerações conceituais mais relevantes sobre a análise de discurso aqui proposta. Em seguida, serão discutidos o pensamento heideggeriano e sua aplicabilidade a essa pesquisa qualitativa.

A análise filosófica

O desvelamento de sentidos no âmbito filosófico dessa investigação demanda, naturalmente, a utilização de uma perspectiva da própria filosofia. Uma perspectiva que possibilite a apreciação do tema em outros termos e com maior distanciamento.

---

17 A redução ou variação eidética é um processo mental em que se expurgam, do fenômeno investigado, todos os seus componentes não-essenciais, buscando o que o caracteriza de forma mais fundamental: sua essência. Por exemplo, a essência do triângulo é a idéia que permeia todo e qualquer triângulo, real ou imaginário, e que permite reconhecê-lo como tal. Faz parte da essência do triângulo ter três lados, mas não o fato de ter extensão ou cor. Se é possível pensar em um triângulo azul ou incolor, grande ou pequeno, é porque a extensão não faz parte de sua essência. Contudo, não se pode sequer imaginar um triângulo que não tenha três lados. Segundo Dartigues, "a essência se definirá então como uma 'consciência de impossibilidade', isto é, como aquilo que é impossível à consciência pensar de outro modo: o que não se poderia suprimir sem destruir o próprio objeto é uma lei ontológica de seu ser, pertence à sua essência" (Dartigues, 1973:35).

18 Mirim, 2000:181.

E que permita, inclusive, uma análise das análises discursivas – ou metanálise –, ampliando as possibilidades de formulação de uma resposta rigorosa ao problema investigado. Com esse intuito, a opção filosófica deste estudo será a de permanecer com o pensamento heideggeriano.

Uma observação deve ser feita, desde o início, em relação às peculiaridades dessa etapa da pesquisa. Heidegger, assim como outros pensadores contemporâneos influenciados pela fenomenologia de Husserl, não elaborou um método de investigação com procedimentos instrumentais. O que ele faz é pensar fenomenologicamente, e isso só pode ser inferido ao se mergulhar em suas obras e acompanhar sua forma de envolvimento com o tema investigado.[19]

A opção por denominar essa etapa da pesquisa, genericamente, análise filosófica tem duplo objetivo: primeiro, apontar a possibilidade de se empreender essa investigação com outro pensador e outra linha filosófica. O segundo seria o de evitar um debate indesejável, no contexto dessa pesquisa, que os termos "fenomenologia existencial" e "filosofia hermenêutica" poderiam suscitar. Ambos são empregados para identificar o trabalho de Heidegger, mas sua utilização abriria duas vertentes de discussão – a fenomenologia e a hermenêutica – que só seriam oportunas em um estudo específico de filosofia, o que não é o caso.

O mergulho no pensamento heideggeriano, que possibilitará a citada análise filosófica, iniciou-se com as considerações ontológicas já apresentadas e prosseguirá, agora, com outra importante obra desse autor.

Heidegger, em "A questão da técnica",[20] empreende uma investigação filosófica sobre o sentido da técnica moderna. Mostra o distanciamento entre esta e a *tekné* grega, utilizando as quatro causas aristotélicas para fundamentar sua análise. Enquanto a *tekné* dizia respeito às quatro causas (formal, material, eficiente e final), a técnica moderna se restringe à causa eficiente.

Em outro momento, o autor apresenta o conceito de *aletheia* em sua acepção grega (verdade como desvelamento, desencobrimento), perdida na sua correspondente latina *veritas* (verdade). A verdade, nessa segunda acepção, deixa de ser uma possibilidade desvelada para ser uma determinação hegemônica do observador.

Ao desenvolver sua análise da questão proposta, Heidegger termina por mostrar que, longe de ser um mero instrumento a serviço da humanidade, a técnica moderna é, em essência, um modo de desvelamento de sentidos. Nesse horizonte de

---

[19] Critelli, 1996.
[20] Heidegger, 2001.

desvelamento, a natureza é um recurso a ser controlado e explorado. E o próprio homem passa a se compreender como recurso; conseqüentemente, passa a crer na possibilidade de controlar o incontrolável: sua existência lançada no devir.

No projeto da modernidade, o homem se compreende senhor da natureza, que se deve dobrar a seus caprichos e fornecer-lhe recursos para a produção. A ciência é seu instrumento nessa empreitada, e o progresso, a conseqüência do êxito na intervenção sobre os elementos. O conhecimento torna-se, paulatinamente, o novo mito da humanidade, capaz de vencer a miséria, a dor, a doença – e por que não, a própria morte. Capaz de apresentar respostas até então disponíveis apenas na religião e de garantir, quem sabe, o paraíso na própria Terra. A crença no conhecimento internaliza-se a ponto de se acreditar na possibilidade de obtenção de todas as respostas e de todas as soluções.

Essas breves considerações têm como objetivo traçar, em linhas gerais, o horizonte histórico que atravessa as questões centrais desse estudo, desvelando-as de modo nem sempre perceptível ao olhar cotidiano. A crença na ciência se transmuda, de maneira sub-reptícia, em crenças sobre a própria condição humana e sua existência. Três manifestações dessa crença transmudada serão sucintamente expostas, com a finalidade de exemplificar essa questão na ótica de Heidegger:[21] a obsessão do controle, a ilusão da completude e o mito da excelência.

A obsessão do controle, já rapidamente enunciada, consiste na busca por controlar o incontrolável, que é a própria existência e suas circunstâncias. Ao compreender-se com tal poder, na verdade inexistente, o indivíduo tende a ampliar o repertório de ações que visam a dar-lhe garantias, segurança. E, ao perceber-se vulnerável, ou efetivamente atingido pelo imponderável, toma isso à conta de uma preparação insuficiente. Deve-se ressaltar que não estamos relatando uma desordem psíquica, mas um modo de ser característico da modernidade, um aspecto essencial do "ser" humano nesse horizonte histórico.

Para se compreender os dois outros exemplos, é necessário apresentar o conceito de *débito* existencial. Heidegger[22] afirma que a impossibilidade de se ter todas as opções é uma condição ontológica. Sempre que se opta por um caminho, uma infinidade de outros se tornam indisponíveis. Essa condição essencial do modo de ser do homem é desafiada pelo projeto da modernidade, que cria a ilusão de que a completude é possível. No contexto do trabalho, tal ilusão se manifesta na busca da auto-realização profissional e em todos os âmbitos da vida, simultaneamente. O mito da excelência

---

21 Heidegger, 1997.

22 Ibid.

agrava essa ilusão, ao acrescentar-lhe a exigência do grau máximo em todos esses âmbitos. O absoluto sucesso profissional, competências desenvolvidas no mais alto grau, o casamento perfeito, o corpo de acordo com os padrões da moda, a disposição física de um maratonista, poder aquisitivo ilimitado, alegria permanente, e assim poderíamos continuar enumerando a lista do que se considera desejável e factível.

A impossibilidade de alcance desses níveis de completude e excelência tende a ser compreendida e vivenciada, na atualidade, como fracasso pessoal. O próprio autoconceito é, por vezes, atingido, resultando em insatisfação crônica ou em sintomas de maior expressão. Um exemplo extremo, e que também denota a centralidade do trabalho na vida contemporânea, é o relato de Frankl[23] sobre pesquisas realizadas com desempregados na Polônia. Foram percebidos, nesses trabalhadores, sinais de degradação psicológica muito semelhantes aos que o pesquisador pôde observar durante sua prisão em Auschwitz. Intrigado com esse paralelo, buscou e identificou a essência do fenômeno, que possuía causas diferentes, mas a mesma razão: a perda da noção do valor próprio como ser humano. No campo de concentração, o causador era um ostensivo processo de mortificação do ego e de anulação da identidade. Na situação de desemprego, esse mesmo processo é sutilmente engendrado pela noção subliminar de que o homem vale o que produz. A impossibilidade da contribuição econômica tende a ser vivenciada como impossibilidade de "ser", uma restrição ontológica desvelada ao modo utilitário do horizonte histórico presente.

Como a singularidade do fenômeno sempre se faz presente, as manifestações da obsessão do controle, da ilusão da completude e do mito da excelência não serão idênticas para indivíduos diferentes. O que está em questão, no entanto, é a essência do modo de ser do homem, subjacente nas manifestações singulares desses três exemplos. Modo de ser este, cabe ressaltar, essencialmente determinado pelo conhecimento técnico-científico, conforme apresentado na argumentação precedente.

Outros existenciais poderão ser utilizados nessa investigação a partir das "descobertas" feitas na fase 1 da pesquisa, na medida em que possam contribuir para a compreensão filosófica dos discursos investigados.

O método qualitativo e sua aplicação prática

Concluídas as considerações conceituais a respeito do método, serão explicitadas as opções técnicas e morfológicas dessa investigação. A figura 4 apresenta as principais etapas do método qualitativo proposto, que serão discutidas a seguir.

---

[23] Frankl, 1991.

Figura 4
Resumo do método qualitativo de pesquisa

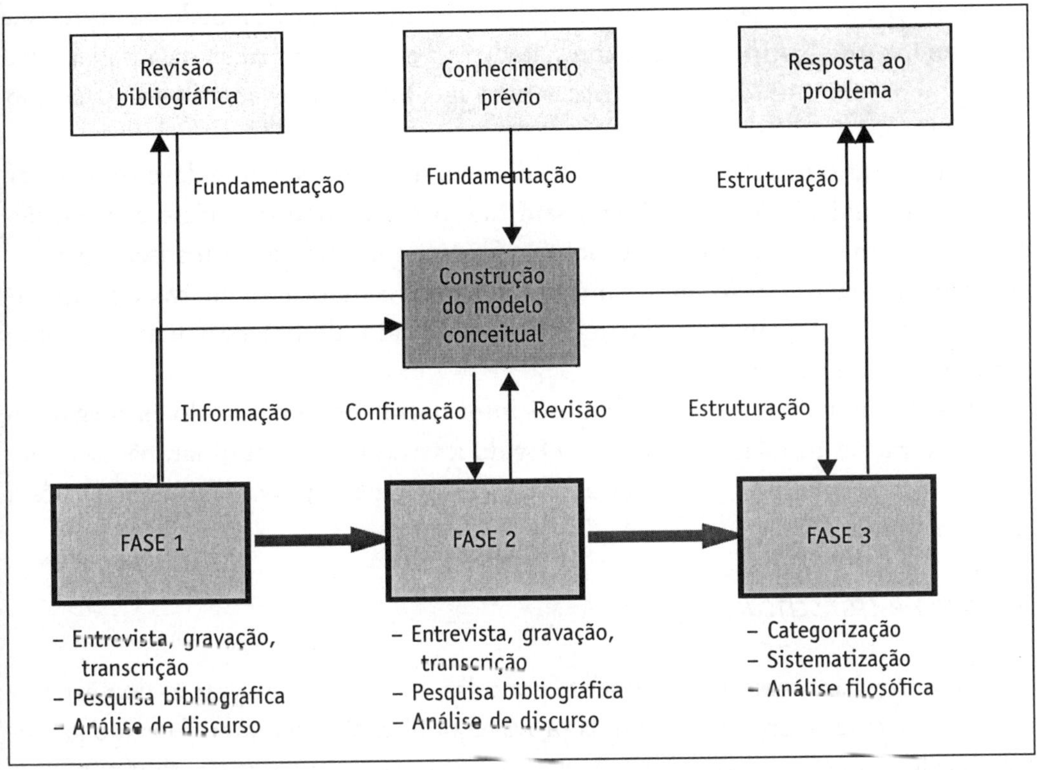

Pesquisa fase 1

O objetivo dessa primeira fase da pesquisa é o de situar o pesquisador na complexidade e abrangência do problema. A partir desses resultados, será possível um melhor dimensionamento das etapas seguintes da pesquisa, bem como uma seleção mais focalizada de bibliografia adequada à construção do modelo conceitual e à compreensão do fenômeno investigado.

A coleta, o tratamento e a análise de material empírico, nessa primeira fase da investigação, serão realizados da maneira a seguir descrita.

Entrevistas

Serão realizadas entrevistas em profundidade, com um número reduzido de indivíduos selecionados pelo critério de acessibilidade e, preferencialmente, de empresas e segmentos diferentes. Para subsidiar a entrevista, será elaborado um roteiro flexível, com perguntas abertas, que incentive o discurso do entrevistado a respeito de alguns pontos previamente considerados relevantes. A flexibilidade da entrevista objetivará, naturalmente, a livre expressão do entrevistado, de maneira a possibilitar o surgimento de questões não-previstas, mas igualmente relevantes à compreensão do fenômeno.

É necessário ressaltar o caráter não-diretivo da entrevista, que deve transcorrer com a naturalidade de um diálogo, sem que o entrevistador enviese a produção discursiva com suas pressuposições sobre o fenômeno. Ainda que uma isenção absoluta não seja possível, pelo caráter intersubjetivo dessa prática discursiva, o pesquisador deve atuar mais como um facilitador e incentivador do processo, e menos como um diretor (direcionador).

Os entrevistados serão trabalhadores informacionais com vínculo empregatício em organizações instaladas no Brasil. Devido a seu caráter preliminar, não será necessário um grande número de entrevistas nessa etapa – provavelmente, de três a cinco indivíduos.

Gravação e transcrição

As entrevistas serão integralmente gravadas, mediante autorização do entrevistado. Este será também informado da provável publicação do material, sendo garantido, nesse caso, o seu anonimato. As entrevistas serão também transcritas para possibilitar sua sistematização em etapa posterior da pesquisa.

Pesquisa bibliográfica

Essa é a etapa de coleta de bibliografia que será utilizada como material de investigação. Os textos selecionados nessa etapa serão, basicamente, livros e artigos de grande circulação, utilizados no ambiente organizacional e em treinamento para subsidiar a estruturação de modelos e práticas de gestão. Observar que essa etapa não faz parte da revisão bibliográfica, a ser discutida no item da construção do modelo.

Análise de discurso

As entrevistas e os textos selecionados serão objeto de análise, conforme discutido anteriormente. Para as entrevistas, especificamente, será utilizada uma estratégia de organização do material empírico proposta por Spink e Lima:[24] o mapa de associação de idéias. Trata-se de uma ferramenta gráfica que visa a explicitar os passos da interpretação, conferindo rigor e visibilidade ao processo. Essa ferramenta também dá conta da polissemia e polifonia presentes no discurso. Cada entrevistado traz à cena discursiva diversos personagens, como pais, amigos e autoridades, bem como diferentes "versões" (expressões) de si próprio, como o pai dedicado, o profissional competente e o cidadão insatisfeito, por exemplo. Todas essas expressões (polifônicas) e sentidos (polissêmicos) explicitados são igualmente válidos, e contribuem para a compreensão do fenômeno em sua riqueza. O entrevistado expressa não apenas sua própria leitura ou construção discursiva da realidade, como também interpreta (é o intérprete, porta-voz) os sentidos sociais disponíveis no discurso público, seja ele científico ou de senso comum.

Uma primeira tentativa de formatação de um mapa de associação para essa pesquisa poderia ser o representado no quadro 1. Deve-se observar que os elementos constitutivos do mapa não são rigidamente predeterminados. Devem ser selecionados da maneira mais adequada à explicitação dos sentidos já levantados, ainda que preliminarmente, ao longo do processo de entrevista. A entrevista transcrita em um documento do tipo Word será, então, copiada e colada no mapa de acordo com sua correspondência às colunas, pulando uma linha a cada mudança de coluna. Com isso, tornam-se possíveis duas leituras da transcrição: uma horizontal, que reproduz de forma cronológica a estrutura da dialogia; e outra, vertical, que explicita seus repertórios. Os sentidos formulados na entrevista ficariam, então, distribuídos de acordo com as instâncias em que o entrevistado as posicionou.

Quadro 1
Exemplo de um mapa de associação de idéias

Trabalho e conhecimento técnico-científico				
Pesquisador	**Entrevistado**	**Outras pessoas**	**Empresa**	**Outros grupos**
NOONNO NON ONO				
	NOONNO NON ONO			
				NOONNO NON ONO
			NOONNO NON ONO	
		NOONNO NON ONO		

24 Spink e Lima, 2000.

Outras ferramentas também poderão ser utilizadas, com o mesmo objetivo, em complemento a esses mapas, como por exemplo, as árvores de associação e as linhas narrativas propostas por Spink e Lima[25] para estudos investigativos em psicologia social.

Construção do modelo conceitual

Neste item, serão sumariadas as principais fases de constituição do modelo conceitual e, principalmente, sua interação com as demais etapas da pesquisa.

Duas características desse modelo merecem destaque por sua sintonia com o método qualitativo proposto:

- *Multipolaridade*. A utilização de quatro diferentes óticas propicia uma visão caleidoscópica e abrangente do fenômeno, contribuindo para o rigor na investigação e para a credibilidade dos resultados. Do mesmo modo, permite uma construção narrativa compatível com a complexidade e a interdisciplinaridade do tema.
- *Caráter "local"*. Em oposição a um caráter geral, de metanarrativa, esse modelo será concebido para investigar o trabalho corporativo, e não o realizado em qualquer âmbito; o trabalho informacional, e não qualquer trabalho; e o trabalho em organizações no Brasil, com suas peculiaridades culturais.

Feitas essas considerações, podem ser listadas as principais etapas de construção do modelo.

Fundamentação

Serão investigadas diversas obras e autores que possam contribuir para a base conceitual do tema em seus diferentes pólos. Nessa etapa, será realizada a seleção bibliográfica e teórica a partir da qual o modelo será construído. Cabe notar que a fase 1 da pesquisa subsidiará essa etapa, bem como a descrita a seguir.

Estabelecimento da linha discursiva

Nesse ponto será definida a linha fundamental em torno da qual será construído o argumento do estudo. Nela estarão definidas, por exemplo, as categorias fundamentais de análise e os tipos de interação possíveis entre os quatro pólos.

---

[25] Spink e Lima, 2000.

Argumentação teórica

É a etapa final de construção do modelo, consistindo na argumentação rigorosa e em profundidade através da linha discursiva estabelecida. Nesse ponto será realizada a articulação de todo o conhecimento relevante levantado na revisão bibliográfica.

Pesquisa fase 2

A segunda fase da pesquisa consiste, de maneira geral, em coletar material empírico e bibliográfico com os seguintes objetivos:

- confirmar proposições do modelo que tenham caráter mais geral (sem confundi-las com generalizações estatísticas, como já discutido);
- possibilitar a revisão do modelo, caso suas proposições se mostrem inadequadas em face dos novos resultados;
- ampliar o escopo narrativo, permitindo melhor compreensão e descrição do fenômeno.

Quanto aos procedimentos técnicos, as mesmas considerações feitas para a fase 1 são válidas também nesta fase. Cabe apenas ressaltar que tais procedimentos não são, de maneira alguma, fechados. Isso significa que, no decorrer da pesquisa, em função dos resultados encontrados, outros métodos e técnicas poderão ser utilizados. Essa flexibilidade, como já explanado, é inerente ao método qualitativo adotado nesta investigação. A denominação "qualitativa", por seu turno, também não guarda qualquer restrição ao uso de quantificação estatística, caso esta se mostre útil, em algum momento, aos objetivos da pesquisa.

Por fim, as categorias e tematizações eventualmente surgidas na construção do modelo conceitual não terão caráter impositivo para a condução das entrevistas. Poderão auxiliar na formulação de perguntas abertas, sempre preservando a não-diretividade do processo, e na organização dos instrumentos de análise, como o mapa de associação.

Pesquisa fase 3

Esse é o momento em que todo o material empírico e sua produção interpretativa, bem como o repertório teórico selecionado, serão categorizados e sistematizados a partir da estrutura multipolar do modelo conceitual. Essa organização e articulação do conhecimento acumulado permitirão a realização da última etapa analítica e interpretativa da pesquisa: a análise filosófica de base heideggeriana. Essa será uma metanálise ou análise crítica de todo o material pesquisado. Crítica entendida como distanciamento para apreciação em perspectiva, que possibilite certo grau de desfamiliarização, de produção de estranhamento, permitindo que o próprio contexto sócio-histórico da pesquisa seja problematizado e investigado. Enquanto na análise de discurso esse contexto é simplesmente dado, útil para a compreensão intersubjetiva dos discursos, na análise filosófica serão buscados referenciais aistóricos da ontologia heideggeriana que permitam tomar o fenômeno e seu contexto como alvos de investigação. E que permitam, em decorrência, desvelar o sentido filosófico do tema pesquisado: o trabalho impactado pelo conhecimento.

Nesse ponto, a pesquisa estará próxima de sua conclusão, tendo como última etapa a formalização da resposta ao problema enunciado.

Resposta ao problema

Esse é o momento em que todo o conhecimento articulado na etapa anterior, acrescido da análise filosófica, será estruturado como uma resposta multipolar ao problema investigado. Será um momento de síntese, que propicie a construção de conhecimento novo e conhecimento útil ao entendimento das principais constatações da pesquisa.

Observar que essa etapa será complementar, e não substitutiva, ao conhecimento sistematizado na fase 3 da pesquisa. Isso significa que toda a riqueza de singularidades e especificidades capturada na pesquisa empírica será preservada e relatada na versão final do estudo. A resposta ao problema terá um aspecto mais conclusivo, ainda que não apresente afirmações definitivas sobre o tema. O próprio caráter da pesquisa qualitativa impediria esse "fechamento" diante de um tema com tal complexidade.

Nesse final da investigação, provavelmente outras perguntas terão surgido e outros problemas poderão ser levantados. Alguns, inclusive, poderão ser formulados como hipóteses para uma pesquisa caracteristicamente quantitativa, seguindo o método hipotético-dedutivo.

Considerações finais

Nos itens anteriores, o método qualitativo multipolar foi apresentado em seus aspectos mais relevantes, mas não de forma exaustiva. Cada um dos pontos levantados poderia, certamente, ser aprofundado e discutido em detalhes. No entanto, a ntenção deste ensaio não é esgotar o assunto – algo que não seria factível mesmo em ım texto mais extenso –, mas apresentar um caminho metodológico que subsidie a ormulação de métodos semelhantes, adequados às preferências teóricas e filosóficas le cada pesquisador.

O quadro 2 sintetiza esse caminho metodológico, organizando-o nas quatro dinensões propostas por Bruyne, Herman e Schoutheete,[26] acrescidas da dimensão ontológica. Essa síntese pode subsidiar a reestruturação do método para outras investigações, ao explicitar a necessidade de alinhamento e coerência entre as dimensões.

Quadro 2

Síntese do método de acordo com as dimensões da prática metodológica

Dimensão	Opção conceitual e/ou ação prática
Ontológica	❑ Analítica do *Dasein*
Epistemológica	❑ Método qualitativo
	❑ Construcionismo
Teórica	❑ Contribuições conceituais da administração, psicologia, sociologia e filosofia
	❑ Construção do modelo conceitual
Morfológica	❑ Exposição de resultados estruturada pelo modelo conceitual
Técnica	❑ Entrevista
	❑ Pesquisa bibliográfica
	❑ Mapa de associação de idéias
	❑ Análise de discurso
	❑ Análise filosófica

Como discutido ao longo do ensaio, uma característica fundamental do método proposto é a possibilidade de se realizar uma análise em perspectivas, culminando com o olhar filosófico sobre o tema. Perspectivas que ultrapassam a instrumentalidade técnica, a utilidade imediata, a explicação causal, a prescrição normativa e o reducionismo analítico. O objetivo final deste ensaio é, em última análise, subsidiar a prática discursiva na pesquisa acadêmica em estudos organizacionais, ampliando seu repertório metodológico e a possibilidade de criação de conhecimento novo, consistente e relevante.

26 Bruyne, Herman e Schoutheete, 1977.

Referências bibliográficas

BRUYNE, P.; HERMAN, J.; SCHOUTHEETE, M. *Dinâmica da pesquisa em ciências sociais*: os pólos da prática metodológica. Rio de Janeiro: Francisco Alves, 1977.

CRITELLI, D. M. *Analítica do sentido*: uma aproximação e interpretação do real de orientação fenomenológica. São Paulo: Educ, Brasiliense, 1996.

DARTIGUES, A. *O que é a fenomenologia*. Rio de Janeiro: Eldorado, 1973.

DENZIN, N. K.; LINCOLN, Y. S. Entering the field of qualitative research. In: ______ ______ (Ed.). *Strategies of qualitative inquiry*. California: Sage, 1998.

FONTANA, A.; FREY, J. H. Interviewing: the art of science. In: DENZIN, N. K. LINCOLN, Y. S. (Ed.). *Collecting and interpreting qualitative materials*. California: Sage 1998.

FRANKL, V. E. *Em busca de sentido*: um psicólogo no campo de concentração. 7. ed Petrópolis: Vozes, 1991.

HEIDEGGER, M. *Ser e tempo*. 6. ed. Petrópolis: Vozes, 1997.

______. *Ensaios e conferências*. 2. ed. Petrópolis: Vozes, 2001.

MANNING, P. K.; CULLUM-SWAN, B. Narrative, content, and semiotic analysis. In DENZIN, N. K.; LINCOLN, Y. S. (Ed.). *Collecting and interpreting qualitative materials* California: Sage, 1998.

MIRIM, L. Y. L. Garimpando sentidos em bases de dados. In: SPINK, M. J. (Org.). *Práticas discursivas e produção de sentidos no cotidiano*: aproximações teóricas e metodológicas. São Paulo: Cortez, 2000.

PINHEIRO, O. G. Entrevista: uma prática discursiva. In: SPINK, M. J. (Org.). *Práticas discursivas e produção de sentidos no cotidiano*: aproximações teóricas e metodológicas. São Paulo: Cortez, 2000.

SPINK, M. J.; FREZZA, R. M. Práticas discursivas e produção de sentidos: a perspectiva da psicologia social. In: SPINK, M. J. (Org.). *Práticas discursivas e produção de sentidos no cotidiano*: aproximações teóricas e metodológicas. São Paulo: Cortez, 2000.

______; LIMA, H. Rigor e visibilidade: a explicitação dos passos da interpretação. In: SPINK, M. J. (Org.). *Práticas discursivas e produção de sentidos no cotidiano*: aproximações teóricas e metodológicas. São Paulo: Cortez, 2000.

_____ ; MEDRADO, B. Produção de sentidos no cotidiano: uma abordagem teórico-metodológica para análise das práticas discursivas. In: SPINK, M. J. (Org.). *Práticas discursivas e produção de sentidos no cotidiano*: aproximações teóricas e metodológicas. São Paulo: Cortez, 2000.

_____ ; MENEGON, V. M. A pesquisa como prática discursiva: superando os horrores metodológicos. In: SPINK, M. J. (Org.). *Práticas discursivas e produção de sentidos no cotidiano*: aproximações teóricas e metodológicas. São Paulo: Cortez, 2000.

YIN, R. K. *Estudo de caso*: planejamento e métodos. 2. ed. Porto Alegre: Bookman, 2001.

O método estudo de caso: experiências práticas comprovando a influência do desenvolvimento tecnológico sobre o desenvolvimento social

Deborah Moraes Zouain*
Luciana da Silva Torres**

Introdução

Este capítulo avalia o processo de inovação tecnológica na unidade agroindustrial Recanto II, no município de Catolé do Rocha, apoiada pelas ações do Projeto de Incubação de Micro e Pequenas Indústrias em Comunidades Rurais do Semi-Árido Paraibano, desenvolvido pela Incubadora Tecnológica de Campina Grande, que integra a Fundação Parque Tecnológico da Paraíba (PaqTcPB), em parceria com o Programa de Estudos e Ações no Semi-Árido Paraibano da Universidade Federal de Campina Grande (Peasa/UFCG).

O processo de incubação de micro e pequenas comunidades rurais se inicia a partir do processo de transferência de tecnologias rurais da universidade para o semi-árido, que no estado da Paraíba corresponde a 71% de seu território. A partir do diagnóstico de vocações locais e fortalecimento dessas vocações pela universidade, os micro e pequenos produtores rurais passam a compor a cooperativa de agroindústrias, residente na Incubadora Tecnológica.

* Doutora em engenharia de produção pela Coppe-UFRJ; professora titular e chefe do Centro de Formação Acadêmica e de Pesquisas (Cefap) da Escola Brasileira de Administração Pública e de Empresas da Fundação Getulio Vargas (Ebape/FGV); vice-diretora da Ebape/FGV; diretora e editora da *RAP — Revista de Administração Pública*. E-mail: deborah@fgv.br.

** Mestre em administração pública pela Ebape/FGV; professora assistente do Departamento de Filosofia e Ciências Sociais da Uni-Rio. E-mail: luciana@fgvmail.br.

A incubadora atua na transferência de conhecimentos gerenciais e no processo de empresariamento do micro e pequeno produtor, apoiando-o na consolidação da produção agroindustrial como negócio, por meio da divulgação e auxílio na comercialização, além dos demais serviços prestados por qualquer outra incubadora dessa categoria.

Os problemas sociais no semi-árido surgiram por condições ambientais adversas, geradoras do fenômeno da seca, e intensificaram-se pela falta de políticas públicas adequadas à educação e ao desenvolvimento da região, que sofre problemas particulares e deve ser tratada de forma específica.

O Peasa, representando a UFCG, leva para o imaginário do sertanejo as tecnologias agroindustriais. Já a Incubadora Tecnológica de Campina Grande traz tais tecnologias do imaginário à realidade cultural, transformando-as em inovações tecnológicas em agroindústrias, no meio do semi-árido paraibano. Ambas operam a tradução do "mundo litorâneo" para essas pessoas, possibilitando a conversão de ideais em práticas e resultados, e permitindo, principalmente, que as comunidades tenham autonomia e vivam uma realidade econômica auto-sustentável.

O capítulo tem como objetivo colaborar para o entendimento do processo de inovação tecnológica em agroindústrias localizadas no semi-árido paraibano, área de riscos socioambientais intensos.

O referencial teórico

A sociedade empresariada

O livro *Kaspar Hauser ou a fabricação da realidade*[1] retrata as dificuldades de um jovem que viveu isolado de qualquer contato com a sociedade até seus 18 anos. Colocado em contato com a sociedade, ele começa a conhecer seus símbolos e a interpretá-los sem os filtros colocados pelas culturas locais, o que consiste na interpretação coletiva dos fenômenos, a realidade cultural. No entanto, suas percepções fogem à lógica local construída para a interpretação dos fenômenos, seus esquemas cognitivos são estruturados de maneira diferenciada dos demais indivíduos do grupo. Desse modo, ele realiza uma nova hierarquia de valoração de símbolos a partir de uma nova percepção de fatos. Com tantas divergências da sociedade, não consegue adaptar-se e ser aceito. Seu desenvolvimento como ser humano é inibido e moldado,

---

[1] Blikstein, 1989.

até que sucumbe aos reveses provocados pela falta de aceitação à possibilidade de uma nova práxis social. Fato verídico que ocorreu na Alemanha do século XIX, o caso de Kaspar Hauser é utilizado desde então para exemplificar a construção da práxis social, ou realidade cultural.

Como Kaspar Hauser, a maioria dos brasileiros viveu isolada de grande parte das tecnologias e, muito mais ainda, do sistema de inovação nacional. Desconhecendo esse significado, não criou símbolos para a elaboração de um modelo de desenvolvimento tecnológico nacional. Na falta de conhecimento sobre o fenômeno, a maioria da população brasileira não consegue perceber o vínculo entre desenvolvimento tecnológico e social. Acreditando mesmo que a responsabilidade pelo desenvolvimento tecnológico seja única e exclusivamente do Estado e não percebendo a relação entre a inovação dos processos produtivos e gerenciais e o desenvolvimento tecnológico, eles acomodam-se em seu mundo de percepções limitadas pela própria realidade econômica.

O Estado investe em ciência e tecnologia a partir de financiamentos a projetos de pesquisa de universidades e centros de pesquisas, vinculados ou não a empresas. No entanto, a tecnologia produzida nem sempre se reverte em benefício social, isto porque o elo entre a área de produção de ciência e tecnologia e o setor produtivo nem sempre existe, ou nem sempre é eficaz. Os dois ambientes organizacionais não falam a mesma língua. As políticas públicas dos governos devem ocupar-se basicamente da construção desse elo cognitivo entre as realidades socioculturais dos diversos grupos que compõem o povo brasileiro.

A promoção da inovação tecnológica nos estados do Sul do país pode ter facilidades e dificuldades diferentes daquelas encontradas nos estados do Nordeste. Tal fato pode ocorrer devido — além dos aspectos ambientais — a fatores culturais resultantes do processo de colonização que foi diferente entre tais regiões. A forma com que esses grupos percebem os fenômenos seguiu racionalidades distintas e, desse modo, mesmo pertencendo a uma mesma nação, possuem modelos de desenvolvimento diversos.

A rica nação brasileira, formada por indivíduos de povos de diversos países do mundo, possui uma complexidade que não é entendida pelas políticas públicas que tratam de desenvolvimento. O etnodesenvolvimento avalia a composição histórica de cada pequeno grupo, que o todo contém, e tenta criar modelos que permitam a flexibilidade para atender tanto ao que há de comum, quanto ao que há de particularidades entre as culturas, sem engessar o que há de mais belo na natureza, a diversidade. Quando a iniciativa desconsidera a diversidade, bloqueia o desenvolvimento, e esta regra é válida para o micro ou macroambiente.

No Brasil, há um elevado índice de empresas surgidas do processo de empreendedorismo por necessidade e não por oportunidade.[2] Grande parte das empresas nacionais não inicia o seu negócio de maneira planejada, mensurada e organizada. As novas organizações brasileiras, em sua maioria micro e pequenas empresas, utilizam o seu tempo com o aprendizado gerencial, que é extremamente complexo, em uma sociedade com sua economia emergente, sérias desigualdades sociais e baixo nível de educação da população. Muitas das organizações falecem antes mesmo que seus gerentes tenham aprendido mais sobre o negócio e o processo gerencial. O desenvolvimento tecnológico, que se dá por meio da inovação tecnológica nas organizações, é, desse modo, um sonho idealizado pelo Estado, uma grande utopia que desconsidera os fatores sociais de um Brasil continental. O modelo americano de sucesso continua sendo observado e apropriado, sem considerar o Severino que não tem televisão no agreste brasileiro.

O empreendedorismo, mais do que mero modismo, é assunto antigo e imperecível, recebendo ao longo da história de dominação diversas denominações. O desenvolvimento do empreendedorismo nos cidadãos parte da ação voltada à educação. Porém, não a educação como se observa hoje, aquela que padroniza, que recorta o ser humano e que mutila a beleza da diversidade, fonte infinita de criação e inovação. O empreendedorismo surge da educação que Freire preconizava, aquela que permite ao homem ser ele mesmo, porém com meios de ser melhor a cada dia. Aquela educação que liberta o homem para ser músico, pintor ou esportista, e que não exige que ele seja um micro ou pequeno empresário. Nem todos nasceram para ser homens de negócios, nem todos nasceram para "ter". Mas certamente todos nasceram para "ser" algo que realmente lhes faça sentido e os torne felizes.

Esse respeito ao indivíduo e à coletividade é a diferença que faz com que um projeto de desenvolvimento social que utiliza novas tecnologias possa, de fato, ter efetividade. É a diferença que faz com que o homem possa sentir-se bem na terra onde nasceu, cresceu e onde construiu os seus esquemas cognitivos. A terra que antes carregava valores emocionais passa também a atender às exigências de um mercado competitivo preconizado por Porter.[3] O mundo estratégico de Porter não pode ser aplicado em economias emergentes, principalmente com o nível de desigualdade aqui existente. Há que se pensar numa forma mais cooperativa de desenvolvimento. A acirrada competitividade de Porter não é válida para as comunidades, que ainda

---

[2] GEM, 2004.

[3] Porter, 1986.

são a maioria e que ainda dependem de apoio do Estado e das redes de cooperação para sua sobrevivência. E, nesse sentido, a contribuição de Mintzberg et al.[4] é a que mais se aproxima de uma estratégia que possa ser aplicada no caso brasileiro, principalmente quando propõe que o planejamento estratégico deve avaliar as particularidades da organização. A grande dificuldade de todas as sociedades do mundo é que as políticas públicas, que constituem as estratégias do governo, são baseadas em estratégias de mercado, e estas tiveram suas origens em grandes estratégias de guerra, voltadas para a dominação e a competição, ora por territórios, ora por mercados, mas sempre competições por poder. As novas estratégias organizacionais e as políticas públicas deveriam ser baseadas no amor, e não na guerra.

Na cooperação e no associativismo, encontra-se o caminho do meio. Esse caminho intermediário exige, porém, ações governamentais e da sociedade, ações com altos riscos, que em sua maioria constituem riscos ideológicos e não só econômico-financeiros. Não consiste, portanto, no caminho mais simples, mas sim no mais desprendido de valores tão arraigados neste histórico tão antigo de evidência do poder.

As organizações que apóiam o desenvolvimento de empresas, tais como incubadoras, vivem dificuldades que resultam da falta de sensibilidade das ações governamentais e de representação quanto às diversidades locais. As desigualdades regionais no que se refere a índices de nível educacional da população, emprego, saúde e investimentos públicos em desenvolvimento social fazem com que algumas regiões sejam mais carentes de investimentos do que outras. Em algumas regiões, a taxa de desemprego é elevadíssima e, por vezes, coincidente em crescimento com o baixo nível de educação da população. Nessas regiões, as ações do governo deverão integrar mais agentes para a resolução de sérias assimetrias entre cidadãos de uma mesma região.

Os parques, pólos e incubadoras tecnológicas e associações buscaram apoiar o empresariado e o Estado no processo de transferência de tecnologias.

Essa nova representatividade do empresariado, que ora se dá por meio das entidades gestoras das incubadoras, pólos e parques tecnológicos, ora pelas associações tecnológicas, também se traduz em inovação à medida que os interesses, pelo menos dos empresários de cada grupo, são de fato levados em conjunto ao governo para a barganha por melhorias setoriais. Desse modo, tais entidades deveriam atuar como tradutoras da racionalidade empresarial para o entendimento do governo e vice-versa, garantindo assim um consenso de medidas para o desenvolvimento setorial.

---

[4] Mintzberg et al., 2000.

Embora diversas equipes científicas pesquisem novas tecnologias para o aumento do desempenho dos setores industriais no Brasil, nem sempre existe conexão entre tais entidades. Cada uma dessas instituições recebe recursos do Estado, de organizações internacionais e de empresários para a busca de solução para a modernização da indústria nacional. A comunicação entre as diversas entidades, de um modo geral, é baixa e as ações muitas das vezes são isoladas e, por esta razão, ineficazes. Outra questão é a de não haver diálogo entre os cientistas e o empresariado para que se tenha um trabalho com resultados voltados para a solução de problemas reais. Na falta de uma comunicação eficaz, por melhores que sejam as intenções dos cientistas, não existe o esforço do empresariado para a mudança que não corresponde aos seus propósitos.

A falta de comunicação é resultante do fato de que, como Kaspar, o que o empresariado vê não é o mesmo que o governo e, muito menos, o que o pesquisador observam e interpretam a respeito do fenômeno. Cada agente social criou um mundo simbólico distinto, com racionalidades distintas. As ações são, portanto, ineficientes e os recursos que o Brasil inteiro investe em ciência e tecnologia são, muitas vezes, não efetivos. Deixa-se de investir diretamente em desenvolvimento social, acreditando-se que o desenvolvimento tecnológico gera desenvolvimento social auto-sustentável, e não se alcança nem um nem outro resultado.

A discussão entre os limites da responsabilidade do Estado, da sociedade e do empresariado, como classe particular da sociedade, pelo desenvolvimento da sociedade, sempre existiu e hoje, com a crise fiscal do Estado no mundo globalizado, intensificou-se ainda mais. No entanto, tem-se que a responsabilidade do Estado, num ambiente econômico e social cada vez mais complexo, é aumentar a visibilidade das ações, ampliar a cooperação entre os diversos agentes de mudanças e colaborar para a integração dos diversos "mundos", para que cada setor em particular tenha desenvolvimento.

No que se refere às agroindústrias, de norte a sul do país existem particularidades de ações na gestão de agronegócios, principalmente em relação aos aspectos ambientais, sociais e econômicos. Qualquer programa governamental que desconsidere as diversidades está fadado ao fracasso ou ao seu subaproveitamento. O que se tem de buscar é, portanto, a simetria da produtividade nas diversas regiões, valorizando o fato de que os investimentos, financeiros, humanos, tecnológicos e naturais, em cada região não serão simétricos. Essa busca de simetria, mais que uma questão econômica, configura-se como uma questão social, onde se tem que os cidadãos devem ter direito ao Estado de bem-estar social, por meio de educação e trabalho.

O estado de miséria, e não pobreza, em que se encontra grande faixa da população brasileira, não permite a formação de uma massa crítica de consumidores para sustentar o restante da economia. Isto é, ou se muda por vocação social, ou se muda por urgência econômica. O atual estado socioeconômico não pode gerar crescimento. As questões são complexas e interdependentes; portanto, a análise isolada de um ou outro fator é como a grande metáfora do elefante e os cegos[5] — não consegue traduzir o problema como um todo.

O estado de miséria, que resulta também da ausência de informações e educação, gera a degradação dos poucos recursos naturais disponíveis para manter viva a natureza. Nada se isola neste mundo, tudo está interligado e qualquer análise parcial é precoce e ineficaz. A tecnologia produzida nas grandes metrópoles não pode gerar desenvolvimento social. Tudo está interligado e os filhos do sertão que vão atrás da tecnologia das grandes capitais encontram o desemprego e, como moradias, as ruas e favelas.

Segundo Salles-Filho,[6] a organização da pesquisa e da inovação se insere num contexto de transformações técnico-científicas e mercadológicas que geram mudanças no papel do Estado. Afirma ainda que os novos desafios não podem mais ser solucionados por meio de meros ajustes de percurso nas trajetórias vigentes. Acredita-se que é necessário a busca de trajetórias inovadoras para se obter um melhor desempenho das redes que se formaram a partir da intensificação do processo de globalização.

Segundo Castells,[7] o controle do Estado sobre o tempo e o espaço vem sendo sobrepujado pelos fluxos globais de capital, produtos, serviços, tecnologia, comunicação e informação, e aqueles Estados incapazes de se transformar dentro desse novo contexto histórico estarão arruinados. O Estado continua sendo um elemento essencial de regulação econômica, de representação política e de assistência social, mas dentro de importantes limites estruturais e culturais, e com formas de atuação que são historicamente novas.

As mudanças causadas pela globalização demonstraram contribuir, de alguma forma, para a perda da capacidade do Estado de atender às exigências sociais e, em última análise, para o comprometimento de sua legitimidade. As crises estruturais que passaram a comprometer a legitimidade do Estado interagiram com o surgimento

---

5 Mintzberg et al., 2000.
6 Salles-Filho, 2000.
7 Castells, 1995.

de movimentos sociais que, de formas específicas a cada sociedade, afirmaram identidades alternativas, e rejeitaram declaradamente a legitimidade do governo federal.

O Estado, em seus diferentes níveis, é o principal instrumento de que atualmente dispõem os cidadãos para controlar a globalização em função de seus valores e interesses. Por isso, a adequação desse instrumento — a administração do Estado — às tarefas complexas que requerem o extraordinário processo de mudança social e tecnológica é a condição prévia a qualquer capacidade de intervenção estratégica pública, a qualquer reforma social. O Estado-nação cuja formação está historicamente situada na Idade Moderna, parece estar perdendo seu poder, mas não sua influência.

Em países não-desenvolvidos como o Brasil, com histórico da acentuada defasagem tecnológica, o Estado surge como o principal agente no desenvolvimento da educação, ferramenta de alavancagem de diversos setores, e geração de empregos. Nesse sentido, surge como interventor estratégico na corrida pelo incentivo ao empreendedorismo de um povo encolhido pela descrença e baixa autoconfiança, seja qual for o seu modo de expressão: cultural, social, político, econômico, tecnológico e internacional.

Desde a década de 1990, o Estado brasileiro incentiva de modo sistemático as ações empreendedoras nas universidades, centros de pesquisas, organizações do terceiro setor, empresas e órgãos da administração pública. O empreendedorismo surge então para resgatar o Estado de bem-estar econômico mais do que o Estado de bem-estar social; surge por necessidades e não por oportunidades.

Em 2000, o Brasil integra o grupo, atualmente composto por 31 países, que participa do projeto Global Entrepreneurship Monitor (GEM), que desenvolve estudos sobre a atividade empreendedora nacional e a participação desta no contexto internacional.

Segundo o Relatório GEM,[8] no que se refere à motivação para empreender, no ano de 2003, 53% dos empreendedores nacionais abriram seus negócios porque visualizaram uma oportunidade no mercado, enquanto 47% empreenderam por necessidade, porque não encontraram outra opção para auferir renda, isto é, faltam-lhes empregos. Essas taxas representam uma melhoria em relação ao ano anterior, onde se tinha que apenas 42% dos empreendedores nacionais visualizavam uma oportunidade no momento de iniciar seu negócio.

---

[8] GEM, 2004.

Comparativamente entre as regiões, em 2003, 8% das pessoas que empreenderam por necessidades encontravam-se na região Sul, enquanto 44% localizavam-se no Nordeste. Essa disparidade deixa de ser tão acentuada quando se observa o empreendedorismo movido por oportunidades, onde se tem que 24% das pessoas que empreenderam por oportunidades eram da região Sul, enquanto 29% eram do Nordeste. O grande destaque fica com a região Sudeste, responsável por 36% dos empreendedores por oportunidades.

Segundo esses dados, pode-se observar que, apesar de o Nordeste oferecer quase o mesmo número de oportunidades que o Sul, ainda assim tem-se que a maior taxa de empreendedores por necessidade encontra-se naquela região, o que pode diagnosticar a falta de empregos para a população.

As diferenças entre as regiões exigem formas também diversificadas de tratamento, isto é, políticas públicas que atendam de modo particular às necessidades voltadas para o desenvolvimento.

As informações sobre o processo empreendedor nas regiões apóiam o processo decisório dos responsáveis por políticas públicas, fornecendo-lhes alternativas para o fomento do desenvolvimento de capital humano empreendedor. As ações governamentais sintonizadas com a realidade social podem contribuir para a viabilidade dos empreendimentos, incrementando o processo de desenvolvimento econômico regional.

As incubadoras tecnológicas

As incubadoras tecnológicas surgem no Brasil com justificativas bem mais expressivas que nos Estados Unidos e Europa, berço do capitalismo mundial. Nestas regiões, as incubadoras tecnológicas surgiram para a promoção do desenvolvimento tecnológico e inovação dos demais setores produtivos da economia, como mecanismo de aumento da competitividade nos mercados nacionais e globais. Porém, nas economias emergentes como a do Brasil, a sua função é outra.

As incubadoras tecnológicas surgiram como mecanismo para a formalização da relação existente entre universidades e centros de pesquisa e empresariado. Este buscava soluções tecnológicas nos primeiros; no entanto o retorno dessa atividade para a instituição era incerto e limitado.

As incubadoras garantiram alguns empregos, principalmente para profissionais com alta qualificação, graduados e pós-graduados, e recursos financeiros para si e para o desenvolvimento de novas pesquisas, por meio do empresariamento dos seus cientistas, além de receitas para o Estado, a partir dos impostos gerados pela formalização do empreendimento.

Os recursos que chegam às universidades, por meio das incubadoras, acabam destinando-se não só à pesquisa aplicada, que gera desenvolvimento tecnológico, mas também à pesquisa básica, geradora de desenvolvimento científico. Obviamente, os resultados variam entre incubadoras e sua expressividade é fortemente dependente do desempenho gerencial das empresas residentes e dos mercados, algumas vezes externos, encontrados para a comercialização dos produtos com alta tecnologia embutida.

O que ocorre é que, com as dimensões continentais do nosso maravilhoso país, as diferenças culturais também têm tamanho continental. No decorrer de muitas décadas, a desatenção a esses fatores sociais gerou o aprofundamento das desigualdades, agora não só culturais, mas também sociais.

Desse modo, dentro de um mesmo país, as motivações para o desenvolvimento de incubadoras tecnológicas também são distintas. Tal fato se deve à simples justificativa de que o homem é um ser biológico que se adapta às condições ambientais. Segundo Moran,[9] os estudos da adaptabilidade humana proporcionam uma estrutura integradora que permite a abordagem das interações sociais dentro dos ambientes e em relação aos mesmos.

Assim, incubadora tecnológica no Sul do país não tem o mesmo significado de incubadora tecnológica no Nordeste, porque ambas surgiram como tentativa de adaptação do homem às condições tecnológicas e socioeconômicas daquelas regiões. A explicação para essa afirmação vem do fato de que a tecnologia sempre esteve atrelada a padrões mais elevados de produção e de qualidade de vida. As estatísticas mostram que, no Sul do país, de um modo geral, uma fatia maior da população tem acesso às contribuições da ciência à existência humana, por ter um poder aquisitivo mais elevado. São duas realidades sociais muito distintas.

O homem intenta a busca daquilo com que teve algum contato. A busca do intangível é complexa e, muitas vezes, vista como intransponível. As incubadoras tecnológicas localizadas nas regiões de maior risco social no Brasil têm o desafio de ampliar a comunicação entre os agentes, tornando a tecnologia uma aspiração tangível aos negócios locais, nos diversos setores industriais. Nesse sentido, devem ampliar as redes de interações entre a universidade e a sociedade local, composta não so-

---

9 Moran, 1994.

mente por empresários, mas também por grupos que implementam projetos de associativismo e de desenvolvimento social.

As incubadoras são hoje categorizadas como tecnológicas, sociais, culturais, de *design*, tradicionais, virtuais e de cooperativas. Ocorre que deveriam estar direcionadas à busca de soluções para os problemas da sociedade, das comunidades onde estão inseridas e, neste sentido, todas as incubadoras seriam sociais.

A incubadora deveria existir para ampliar a interação entre universidades, centros de pesquisas e outras fontes de informação e conhecimento e a sociedade, em sintonia com a realidade da localidade em que atua. O modelo ideal para esse processo de adaptação contínua poderia ser uma incubadora que pudesse abrigar toda a tipologia para incubação, ou a constituição de uma rede integrada entre incubadoras dos diversos tipos, cada uma cumprindo o seu papel no desenvolvimento social, como uma verdadeira microrreprodução da macroestrutura social.

Nesse sentido, as incubadoras poderiam atuar como apoios ao Estado na integração dos agentes sociais na base da sociedade. Desse modo, ter-se-iam organizações altamente capacitadas e informadas, que agiriam em diversas dimensões do desenvolvimento humano — por exemplo, cultural, social, ambiental e tecnológico —, dinamizando as interações sociais e otimizando os recursos gastos por cada agente no processo de desenvolvimento.

A metodologia

O tipo de pesquisa

Segundo a classificação de Vergara,[10] os tipos de pesquisa categorizam-se por dois critérios básicos: quanto aos fins e meios.

Quanto aos fins, a pesquisa foi explicativa na medida em que visou tornar inteligível o processo de inovação tecnológica em uma agroindústria no semi-árido paraibano, a partir das ações desenvolvidas no Projeto de Incubação de Micro e Pequenas Indústrias em Comunidades Rurais do Semi-Árido Paraibano, desenvolvido pela Incubadora Tecnológica de Campina Grande.

Quanto aos meios, a pesquisa foi: de campo, pois foi necessária a investigação empírica no local onde ocorreu o fenômeno; documental, pois utilizou a verificação de documentos conservados no interior da Incubadora Tecnológica de Campina

[10] Vergara, 2000.

Grande, com a devida autorização para o acesso; bibliográfica, pois foi desenvolvido estudo sistematizado com base em material publicado em livros, revistas, jornais, redes eletrônicas, isto é, material acessível ao público em geral; estudo de caso, pois foi circunscrita à Incubadora Tecnológica de Campina Grande, tendo caráter de profundidade e detalhamento.

O estudo foi restrito à Incubadora Tecnológica de Campina Grande, no intuito de tornar o trabalho conclusivo. O universo da pesquisa foi formado pelas pessoas que compõem a Incubadora Tecnológica de Campina Grande. Por ser inviável uma pesquisa dessa abrangência, escolheu-se uma pequena amostra da organização, constituída pelo diretor da incubadora, pelo pesquisador e pelo líder comunitário de uma das unidades agroindustriais que compõem a cooperativa de agroindústrias da ITCG. A unidade agroindustrial escolhida localiza-se no assentamento rural Recanto II, no município de Jericó, na Paraíba.

Os sujeitos da pesquisa foram os líderes da incubadora e da unidade agroindustrial, além do representante da universidade que trabalha no campo. Essa seleção pretendeu facilitar o entendimento do fenômeno em estudo.

A coleta de dados foi realizada em duas etapas:

- literatura — busca de dados e informações, por meio de registros públicos e privados, sobre desenvolvimento tecnológico, inovação tecnológica, estratégias organizacionais e públicas, incubadoras tecnológicas e de cooperativas de trabalho, e a Incubadora Tecnológica de Campina Grande;
- inserções no campo de estudo — busca de informações por meio de observação simples e entrevistas abertas, para a comparação da realidade do estudo com a literatura levantada.

Com relação ao tratamento de dados, a pesquisa seguiu uma abordagem qualitativa do fenômeno.

A coleta de dados apresentou-se como a grande limitação do método ao estudo, baseada no receio quanto às intenções do entrevistador, o que poderia ter gerado incongruência entre o discurso e a prática, nas entrevistas. Poderia haver influência do pesquisador sobre o pesquisado, fato que tornaria a pesquisa tendenciosa. Outra possibilidade era a de que o pesquisador não se fizesse compreender pelo agente do fenômeno, o que tornaria as respostas imprecisas e inadequadas. A observação simples resulta em anotações que dependem do juízo de valor do pesquisador no momento da pesquisa. O estudo de caso poderia gerar uma compreensão tendenciosa do fenômeno estudado, na medida em que analisa um ambiente específico que pode não ser passível de reprodução em outra organização da mesma categoria. Poderia, portanto, haver o bloqueio de novas percepções científicas devido a uma possível avaliação precipitada e altamente específica.

O referencial prático

A comunidade Recanto II

A comunidade Recanto II localiza-se no município de Catolé do Rocha, na Paraíba. Região originada de um latifúndio desapropriado pelo governo em 1991, em processo iniciado em 1990, é o começo de vida de 25 famílias de sertanejos que ocuparam a terra onde ainda havia a escravidão. Nas palavras do Sr. Nicássio, líder da comunidade: "Esta área desapropriada pelo Estado nos pertencia e então foi que veio o caso da gente formar o grupo de família e ocupar esta área."

A comunidade — que desenvolve a piscicultura como atividade produtiva e constrói um centro de beneficiamento do pescado e uma unidade de processamento do couro do peixe — teve início com 15 famílias e hoje são 25 famílias a participar desse projeto.

O Programa de Estudos e Ações no Semi-Árido Paraibano da Universidade Federal de Campina Grande (Peasa/UFCG) e a Incubadora Tecnológica de Campina Grande (ITCG) têm, como base de apoio para as atividades naquela região, o Colégio Agrícola da Universidade Estadual da Paraíba (UEPB), localizado no município de Catolé do Rocha.

O suporte financeiro para as atividades foi conseguido através de contratos e convênios obtidos pela Fundação PaqTcPB.

Nos primeiros experimentos, a ITCG forneceu os alevinos, que são comprados no Ceará ou Rio Grande do Norte. Os fornecedores precisam ser de confiança, ou seja, precisam fornecer alevinos de boa qualidade, com índice de reversão[11] alto (mais de 95%). No entanto, a partir do momento em que foram obtidos os recursos no Banco do Brasil, os alevinos faziam parte da destinação do capital do financiamento.

Atualmente, conseguiu-se do governo do estado da Paraíba e do Banco Internacional de Desenvolvimento a quantia de R$100 mil, já liberada, o que irá permitir a finalização do projeto: criação das tilápias em tanques-rede, conclusão da unidade de processamento, funcionamento do minicurtume, construção da unidade de confec-

[11] Índice de reversão é a relação entre a engorda do pescado e o consumo de ração.

ção e comercialização de artesanato de pele de peixe, construção e equipamento da unidade de armazenamento (produção de gelo e câmara frigorífica). Pretende-se ainda implantar um sistema de saneamento de esgoto e distribuição de água, além de recuperação das casas — pelo menos a reforma externa para dar uma melhor impressão aos visitantes. Com esse investimento, o projeto deverá ser auto-sustentável.

Os peixes são alimentados pela comunidade somente com ração industrializada. Nas palavras do diretor da ITCG, existem grandes empresas, algumas até multinacionais, como a Purina, que produzem ração de alta qualidade. Portanto, não é possível ficar produzindo ração no próprio empreendimento quando essas empresas têm recursos, fazem grandes investimentos para ter, a cada dia, um produto de melhor qualidade. Segundo o diretor, nesses trabalhos, o que viabiliza um projeto dessa natureza é comprar ração de ótima qualidade e, ainda mais, comprar no atacado.

A comercialização é realizada pela cooperativa de produtores rurais, instalada na Incubadora Tecnológica.

Segundo a direção, o mercado para pescado ainda deve ser conquistado e trabalhado. A ITCG ainda não possui os números, mas o consumo de pescado é baixo. Existe, entre a população, o consumo de tilápias. Por que isso? Apesar das secas, onde existe um açude, sempre existe a tilápia. Assim, pretende-se realizar a comercialização da tilápia viva, com pontos-de-venda com esse tipo de produto processado — filé, lingüiça e almôndegas —, além do artesanato.

A piscicultura teve grande impacto na alimentação dos membros da comunidade. Além de trazer o peixe para a mesa daqueles sertanejos, essa atividade trouxe renda para a produção e compra de outras categorias de alimentos. Nas palavras do diretor da ITCG:

> Na comunidade de Recanto II, o pescado é a principal fonte de proteína. Ou seja, além da única fonte de renda, para a grande maioria deles, é também fonte de alimentação. Pretendemos mudar, implantando a fruticultura, avicultura — galinha caipira e hortaliças. Com aquele volume de água, você pode ter notado que eles não plantam nem um pé de coentro ou abóbora.

Foram percebidas grandes alterações na vida de homens, mulheres e crianças daquela região. Antes viviam como escravos dos grandes latifúndios e hoje possuem terra e uma atividade produtiva que lhes permitem diversas outras vantagens. A produção é baseada na família, o que garante mais união e tempo de permanência com as crianças. Homens e mulheres distribuem atribuições, ficando a cargo dos homens os serviços mais pesados. Existe uma escala de trabalho que permite sobrar tempo para os indivíduos se dedicarem a outras atividades, o que representa a liberdade para o homem antes acostumado a ter a pele e o estômago secos com a longa jornada de trabalho. Todos são mais felizes.

Segundo o diretor, o processo de mudança é lento, mas hoje já se percebe bastante o espírito associativista da comunidade e a preocupação em utilizar a tecnologia da produção do pescado. Pelo menos na comunidade de Recanto II, os produtores estão interessados em produzir em tanques-rede. Sabem que esse processo garante a produção, o que não ocorre com a pesca extensiva. Acreditam e querem tirar o sustento das suas famílias dessa atividade. Não há, entre eles, o sonho de ir para o Sul. Em suas palavras:

> Quando o projeto estiver em pleno funcionamento, com certeza, crescerá, ainda mais, na comunidade, o acreditar que ali e daqui eles podem almejar uma qualidade de vida digna. Não sei você sabe, ali é um assentamento do estado, portanto totalmente desassistido, e nós queremos mostrar que num assentamento, numa comunidade rural, sabendo aproveitar a vocação deles e a potencialidade local, é possível ter uma qualidade de vida digna.

O processo de transferência da tecnologia deu-se a partir do Peasa/UFCG, que disponibilizou técnicos e alunos para atuarem na comunidade, ensinando novas tecnologias. Tem-se, porém, que o fluxo de aprendizado ocorre nos dois sentidos, já que, para sobreviver no campo árido, o homem sertanejo tem grande conhecimento sobre o meio em que vive e suas experiências servem para o aprimoramento do pesquisador e cientista e, do resultado disso tudo, as novas ciências e tecnologias. Segundo o diretor:

> Foi aprender fazendo. Fazendo com eles, aprendendo nos erros e nos acertos. Todo o processo de transferência de tecnologia, sempre, foi feito com a participação direta dos comunitários. Discutindo, ouvindo suas experiências, valorizando seus conhecimentos, trocando os saberes. Tem momentos que eles, principalmente pela liderança forte de Nicássio, muitas vezes, fazem ou tentam fazer sem ouvir ou conversar conosco e, aí, temos que ter muita habilidade e paciência. Habilidade em não tolher esse espírito da iniciativa e cuidado em transmitir que, muitas vezes, a cautela é prevenir contra o erro. Todos os dias estamos aprendendo a conviver com as comunidades.

Na Associação Comunitária São Pedro, são tomadas as decisões sobre o trabalho comunitário, a partir do consenso entre as 25 famílias instaladas em Recanto II. O cooperativismo é intenso e é a causa do sucesso do grupo, nas palavras do líder: "Mas como é que vocês fazem tanta coisa sem recurso, né? Aonde vai a união, o trabalho rende mais".

Eles vieram da região de Lagoas, no município de Pombal, e se mudaram para o município de Catolé do Rocha. As famílias moravam, em média por 30 anos, em latifúndios com os patrões. No último patrão, perceberam que já possuíam o direito à terra e buscaram a desapropriação e a posse da região.

A liderança da comunidade ocorreu de maneira natural. O presidente da associação de moradores diz-se uma pessoa visionária: "Tem uma visão que busca um futuro mais longe." Diz-se do campo e nasceu no campo, de onde também se originaram seus pais. Morou durante 12 anos em São Paulo e conheceu o movimento pela terra, afirmando na entrevista: "Se eu, quando eu voltar à minha terra, lá eu vou inventar um movimento pela terra".

Quando chegou de São Paulo, articulou famílias e, com a ajuda da Pastoral da Terra, realizou reuniões de orientação às pessoas. Conseguiu unir um grupo de 15 famílias, iniciou o processo com 20, mas em 1991, "na primeira derrubada da cerca do patrão, desistiram um bocado". Em 1993, estava consolidado um grupo de 15 famílias, entre cunhados, irmãos e primos, que estão juntas até hoje, incorporando também mais 10 famílias.

Segundo o líder, a maior alegria da comunidade foi ter conquistado todas as coisas que fazem parte do desenvolvimento da região, como a terra, a eletricidade, o telefone rural, a instalação de uma fábrica de gelo nas proximidades:

> A gente tem várias conquistas e cada uma conquista é uma alegria por igual. Nós ganhamos a terra, foi uma alegria muito grande; depois veio a eletrificação, foi outra alegria, que a gente tinha terra, mas não era eletrificado. Ganhamos a eletrificação. Depois ganhamos o telefone, posto telefônico e outra alegria. Porque a gente não tinha como se comunicar com as outras lideranças. Depois veio uma fábrica de gelo, outra alegria. Porque nós tínhamos peixe e não tinha como gelar o peixe para vender, então foi outra alegria, né. Aí a gente vem conquistando. Cada alegria é uma conquista grande que a gente tem.

A universidade chegou em 1996 e acampou com os assentados, dando assessoria técnica e outros tipos de auxílio ao desenvolvimento da região. Num grupo de pessoas onde a universidade parece algo intangível, essa relação não fazia parte de suas perspectivas iniciais:

> Muita gente deseja que tenha uma universidade pra que tenha também um acompanhamento na sua comunidade e por isso que eu achava muito difícil a universidade fazer esse acompanhamento aqui com a gente. É, foi uma conquista também que a gente teve, a universidade tá participando aqui, tá fazendo assessoria. Porque outras comunidades deseja a universidade também lá, e é difícil, é muito difícil. Nós somos vitorioso pelo milagre. Porque não é fácil a universidade ficar cinco anos numa comunidade, eu acho muito difícil.

O líder comunitário fala com bastante empolgação da chegada da universidade, momento em que foi possível iniciar o processo de orientação para a agroindústria. Eles possuem cinco viveiros escavados, com capacidade para a criação de 30 mil peixes. Além dos viveiros, a universidade contribuiu para a construção de uma cisterna para o abastecimento de água no período de seca.

Toda a comunidade recebeu orientações para a nova atividade produtiva e é agradecida pelos conhecimentos recebidos. Quando perguntado sobre o processo de aprendizado, o líder respondeu:

> Aprendemos muito. Todos nós aprendemos muito! Aprendemos muito. A gente aprende! Quem não aprende com uns homens assim, não... Não vai aprender com ninguém, não é?! [Muitos risos.]

Antes de mexer com a piscicultura, as famílias plantavam. Quando chegaram na região, começaram a trabalhar com a pesca a partir do peixe existente, naturalmente, no açude. Sobreviviam a partir dessa atividade, até que o número de tilápias, que, segundo o líder, é o melhor peixe de comercialização, começou a se reduzir. "A gente tinha muita produção de tilápia e o pessoal ganhava a vida bem fácil, bem fácil."

Por falta de informações sobre a gestão ambiental, não percebiam a possibilidade de extinção do peixe naquele açude. A produção, que era de 30 toneladas por semana, transformou-se, atualmente, em duas toneladas. O Peasa chegou justamente nesse momento, para incentivar a criação de tilápias e tornar, pouco a pouco, a comunidade auto-sustentável. São também trabalhados outros aspectos que orientam a comunidade para a auto-sustentabilidade.

> Mas graças a Deus e ao Peasa, que vem com o incentivo, é que nós tamos criando a tilápia. E confiando em Deus não vai faltar peixe no açude. Porque quando não tem natural, o artificial também auxilia, né? Ajuda, né?!

No Centro de Beneficiamento do Pescado, o resultado da produção e da pesca é tratado, empacotado e congelado para distribuição.

Eles possuem a consciência de que a estada da universidade na comunidade é provisória e se preparam para continuar o processo de desenvolvimento social sozinhos, caminhando com os próprios pés. Afirmaram que, por sete anos, receberam orientações da Pastoral da Terra e esta, ao perceber que não tinha mais o que contribuir para aquela comunidade, partiu para outras regiões. Essa experiência foi significativa e serviu para conscientizá-los sobre a importância da independência de outras instituições de apoio.

O líder afirmou que aquele lugar é o resultado de 10 anos de luta e que agora ganhou espaço na sociedade, sendo inclusive divulgado na internet, onde existe até mesmo o seu retrato. Por meio do Peasa, pode-se ter acesso à história da comunidade. "Eu tava aqui um dia, aí uma ligação do Rio Grande do Sul pra mim dar uma entrevista pelo telefone. Eles tinha encontrado essa comunidade pela internet. Eles tava mexendo na internet."

A análise dos resultados da pesquisa

A sociedade empresariada

Analisando a miséria do sertão, pode-se considerar que cada agente social envolvido nesse trabalho tem um pouco de Kaspar Hauser, já que a construção de mundos simbólicos distintos limitou a capacidade de interação das realidades. No entanto, tem-se que a compreensão e a comunicação das realidades pode ser o caminho para o alcance dos objetivos particulares a cada agente.

No caso estudado, a comunicação efetiva levou ao alcance de resultados pela universidade, que gerou conhecimentos e educação; pelo empresariado, que gerou lucro por meio de novas parcerias com o homem do campo; pelo homem do campo, que passou a viver dignamente a partir da terra; pelo Estado, que teve sua identidade fortalecida pelo reconhecimento do seu papel na sociedade; e pela ITCG, que contribuiu para a geração de trabalho e para o desenvolvimento regional.

Todas essas conquistas foram feitas a partir da disseminação de novas tecnologias no semi-árido paraibano — local onde se encontrou terreno fértil para as iniciativas a partir do homem sertanejo, com pouca informação e formação educacional, porém com muita vontade de viver, na plenitude da palavra, e não simplesmente sobreviver.

O isolamento da tecnologia, não se deu de modo completo. A mídia televisiva chegou em algumas casas e trouxe o anúncio de determinadas "modernidades", como a internet, e alguns modos de produção. Mas, ainda assim, isso não foi suficiente para fazer o homem do sertão sentir-se co-responsável pelo processo de inovação tecnológica. Apenas com a presença da UFCG e, mais tarde, da ITCG, percebeu-se ativo na dinâmica social.

O investimento do Estado em ciência e tecnologia, a partir de financiamentos a projetos de pesquisa na UFCG, gerou beneficio social para as comunidades no semi-árido paraibano e, mais que isso, gerou novas informações para alimentar o desenvolvimento da pesquisa científica e tecnológica. Nesse sentido, as políticas públicas existentes para o desenvolvimento do semi-árido tornaram-se ações com resultados efetivos, a partir da contribuição da universidade e da ITCG.

As questões sobre o desenvolvimento, particulares à comunidade do semi-árido paraibano, o chamado etnodesenvolvimento, foram observadas pelo Peasa, sendo esta a causa do sucesso do projeto, que levou 25 famílias, da comunidade analisada, a saírem da condição de escravidão para a de exportadores de peixes para o Japão.

Segundo o diretor administrativo da ITCG, o Estado não participa ativamente dessa cadeia produtiva. Poderia haver mais créditos e investimentos para o produtor rural e, principalmente, para projetos que abrangessem tantos aspectos da vida humana, como esse que a universidade, por meio do Peasa, e a Incubadora Tecnológica estão realizando, e tirando tantas pessoas da situação de miséria física e moral em pleno século XXI.

Esse projeto, que traz a lembrança Paulo Freire, tira da situação de oprimido o homem que se descobre herói por meio da educação, neste caso, tecnológica e gerencial. Que se descobre capaz de conviver dignamente com as adversidades do meio ambiente em que vive e que ama. O homem que agora é empreendedor naquilo de que gosta — sua terra natal e sua gente.

A comunidade conseguiu entrar no mercado sem os valores estratégicos preconizados por Porter. Aliás, a única estratégia de Recanto II é a busca da felicidade, sem muitas ambições e ganância, a partir de modelos cooperativos e não competitivos. Ela busca consolidar-se localmente para competir nacional e globalmente, apoiando também outras comunidades com vistas à melhoria da qualidade de vida destas e o conseqüente desenvolvimento regional.

A universidade também contribuiu para a redução do analfabetismo ambiental. Onde o meio ambiente era tido como o principal rival do homem do sertão, agora se tem respeito ao que pode ser oferecido por ele, após um estado de degradação natural. A relação do homem sertanejo vale como aprendizado para que o homem possa viver a partir do meio ambiente que produziu, em outras regiões, a partir da degradação provocada pelos seus modos de produção e consumo agressivos.

As incubadoras tecnológicas

Um novo negócio necessita de diversos investimentos iniciais que demandam recursos financeiros, capacitação técnica e gerencial e tempo dos empreendedores. Quando o negócio mobiliza recursos tecnológicos, as dificuldades iniciais são ainda maiores — situação que se agrava com a localização no semi-árido brasileiro. A demanda de educação e recursos tecnológicos é maior nessas regiões, o que dificulta o acesso do produtor rural ao crédito, investimentos e tecnologias. Nesse sentido, a universidade contribuiu para a redução do desequilíbrio social daquela comunidade em relação aos produtores rurais de outras regiões brasileiras, principalmente no que se refere à educação e tecnologia. Já a ITCG contribuiu para a educação empresarial dos produtores e cientistas, ampliando as chances de sucesso do negócio.

Quando surgiu a cooperativa de agroindústrias na ITCG, segundo a tipologia proposta pela Anprotec, esta deixou de ser tecnológica e passou a ser mista. No entanto, o que se observa é que poderia ser muito bem enquadrada como incubadora social, já que todas as suas atividades se direcionam para essa área.

Nas comunidades agroindustriais, não se pode ter fracasso, já que o trabalho se confunde com a vida do homem do campo. Nesse sentido, espera-se que as boas estatísticas sobre a redução da taxa de mortalidade das empresas que passam pelas incubadoras não só se reproduzam no campo, mas também sejam ainda melhores.

A ITCG surgiu como alternativa para a formalização da relação existente entre a universidade e os produtores rurais, que passou a ser também de parceria comercial. A comunidade de Recanto II não buscou soluções tecnológicas na universidade, e esta não buscou retorno sobre o apoio que ofereceu. No entanto, ambas obtiveram da relação resultados positivos e bem maiores do que esperavam.

A ITCG contribuiu para a geração de trabalho, e não emprego, para profissionais com alta qualificação e para produtores rurais. Não foram gerados empregos, mas sim trabalhos, pois todos possuem autonomia, já que não existe a relação de empregador e empregado. Também foram geradas receitas para o Estado, a partir dos impostos gerados pela formalização do empreendimento.

A ITCG considerou os aspectos particulares à região e adotou um modo próprio para atender aos seus objetivos de desenvolvimento social. Apoiou o processo de adaptabilidade humana às condições adversas do meio ambiente, segundo uma estrutura integradora que estimulou a abordagem das interações sociais em suas ações, principalmente entre ITCG, UFCG e comunidades. As interações sociais intensificadas permitiram a ampliação do contato humano com as diversas realidades culturais.

A ITCG possibilitou o processo de inovação tecnológica da agroindústria, por meio da transferência de tecnologia entre a universidade e as comunidades, apoiando também o processo de difusão tecnológica, por meio da disseminação entre as comunidades vizinhas. A ITCG também realiza a transferência de conhecimentos gerenciais para Recanto II.

O foco bem claro no desenvolvimento social fez com que a incubadora não se importasse com a tipologia em que se enquadra, o que lhe permitiu flexibilidade para adaptar-se às necessidades regionais, incubando uma cooperativa agroindustrial e participando do desenvolvimento humano em diversas dimensões — cultural, social, ambiental e tecnológica —, contribuindo para a transformação do potencial humano em ações nas comunidades.

Na ITCG, o ambiente de incubação é educacional, onde os novos empreendedores são postos em contato com a realidade do empresariado, do Estado e de outras comunidades da sociedade.

Conclusões

Em resposta à questão inicial — "Como se deu o processo de inovação tecnológica em uma agroindústria do semi-árido paraibano: um estudo de caso da Incubadora Tecnológica de Campina Grande" —, tem-se que foi a partir da comunicação efetiva de agentes sociais, por meio da interação social baseada no respeito aos objetivos particulares e à permissão e compreensão das diferenças.

O mérito da comunidade consistiu na abertura que teve ao novo e na permissão à ação da ITCG e do Peasa/UFCG na orientação à educação e à inovação tecnológica de suas atividades produtivas. Tudo isso aliado a muito trabalho e persistência, à custa de muito empreendedorismo.

A ITCG e o Peasa/UFCG contribuíram para a recuperação da auto-estima daquela comunidade, que hoje é capaz de propor mudanças nas tecnologias desenvolvidas na UFCG, de modo bem diferente do tempo em que permanecia nos latifúndios, em situação de escravidão.

A ITCG apóia o amadurecimento dos produtores rurais como empresários e contribui para a transferência de tecnologia entre o Peasa/UFCG e a agroindústria, colaborando para o desenvolvimento tecnológico no campo, numa região ambientalmente adversa, em situação socioeconômica especialmente arriscada e, por este motivo, com soluções complexas.

O processo de aprendizagem tecnológica e o desenvolvimento de competências tecnológicas novas no campo, com os produtores rurais, foram velozes e baseados na determinação daqueles homens em perceber no sertão o melhor lugar do mundo e ver os filhos emigrados regressarem à terra, com o peito cheio de orgulho e esperanças.

Como conclusão, tem-se que a busca foi a autonomia e a felicidade a partir dos laços com a terra, e a inovação tecnológica não passou de um meio para a conquista dos objetivos. Tem-se ainda que todos os participantes do projeto sentiram-se seduzidos pelo modo de vida que se conquistou em Recanto II, e a realidade resultante dessa interação de realidades simbólicas foi algo novo, baseado em cooperação e solidariedade.

Referências bibliográficas

BAÊTA, A. M. C. *O desafio da criação*: uma análise das incubadoras de empresas de base tecnológica. Petrópolis: Vozes, 1999.

BLIKSTEIN, I. *Kaspar Hauser ou a fabricação da realidade*. 2. ed. São Paulo: Cultrix, 1989.

BOURDIEU, P. *A economia das trocas simbólicas*. 5. ed. São Paulo: Perspectiva, 2003.

BREWER, W. F.; NAKAMURA, G. V. The nature and functions of schemas. In: WYER, R. S.; SRULL, T. K. (Eds.). *Handbook of social cognition*. Hillsdale, NJ: Erlbaum, 1984. v. 1.

CABRAL, J. P. Semelhança e verossimilhança: horizontes da narrativa etnográfica. *Mana — Estudos de Antropologia Social*, Rio de Janeiro, v. 9, n. 1, p. 109-122, 2003.

CASTELLS, M. *The power of identity*. New York: Blackbell, 1995. cap. 5.

CIACO, J. B. S. *Unissonância, bom senso e outros sensos: uma abordagem semiótica da comunicação publicitária: significação, fabricação da realidade e a questão do outro*. 2000. Dissertação (Mestrado), Eaesp, Fundação Getulio Vargas, São Paulo, 2000.

ELIAS, N. *O processo civilizador*: uma história dos costumes. Rio de Janeiro: Jorge Zahar, 1994.

FREIRE, P. *Pedagogia do oprimido*. 32. ed. Rio de Janeiro: Paz e Terra, 2002.

GEM. *Relatório Executivo da Pesquisa GEM 2003 — Brasil*. Paraná: Instituto Brasileiro da Qualidade e Produtividade no Paraná, 2004.

GIDDENS, A.; PIERSON, C. *Conversas com Anthony Giddens*: o sentido da modernidade. Rio de Janeiro: FGV, 2000.

MINTZBERG, H.; AHLSTRAND, B.; LAMPEL, J. *Safári de estratégia*: um roteiro pela selva do planejamento estratégico. Porto Alegre: Bookman, 2000.

MORAN, E. F. *Adaptabilidade humana.* São Paulo: Edusp, 1994.

OGDEN, C. K.; RICHARDS, I. A. *O significado de significado*: um estudo da influência da linguagem sobre o pensamento e sobre a ciência do simbolismo. 2. ed. Rio de Janeiro: Zahar, 1976.

PENNA, A. G. *Percepção e realidade*: introdução ao estudo da atividade perceptiva. 2. ed. Rio de Janeiro: Fundo de Cultura, 1973.

PORTER, M. E. *Estratégia competitiva*: técnicas para análise de indústrias e da concorrência. 7. ed. Rio de Janeiro: Campus, 1986.

RAMOS, A. Guerreiro. *A redução sociológica*: introdução ao estudo da razão sociológica. 2. ed. Rio de Janeiro: Tempo Brasileiro, 1965.

SALLES-FILHO, S. (Coord.). *Ciência, tecnologia e inovação*: a reorganização da pesquisa pública no Brasil. Campinas: Komedi, 2000.

VERGARA, S. C. *Projetos e relatórios de pesquisa em administração.* 3. ed. São Paulo: Atlas, 2000.

Web sites

<www.anprotec.com.br>. Acesso em: fev. 2004.

<www.peasa.ufpb.br>. Acesso em: fev. 2004.

<www.sebrae.com.br>. Acesso em: fev. 2004.

Estudos etnográficos em administração

Marcelo Milano Falcão Vieira*
Bill Nunes Pereira**

Introdução

Somos frutos de uma construção histórica e cultural. Logo, para se estudar um fenômeno social, é necessário levar em conta os fatores culturais que influenciam ou influenciaram os indivíduos e as organizações. Para isso, a administração trouxe da antropologia o método etnográfico. Segundo Cavedon,[1] o método etnográfico consiste no levantamento de todos os dados possíveis sobre uma determinada comunidade, com a finalidade de melhor conhecer seu estilo de vida ou sua cultura específica. O uso desse método na pesquisa em administração no Brasil ainda é recente, com alguns trabalhos na área de cultura organizacional e outros no campo do consumo. Este capítulo tem por objetivo analisar, por meio da experiência dos autores e da revisão da literatura sobre o tema, a utilização do método etnográfico na pesquisa qualitativa em administração. Além da definição do que é o método etnográfico e seus fundamentos epistemológicos, destaca-se sua aplicação em duas áreas onde é mais utilizado em administração: no estudo das organizações e de subculturas de consumo.

---

* Ph.D. em administração pela University of Edinburgh, Escócia; professor da Escola Brasileira de Administração Pública e de Empresas (Ebape/FGV); coordenador do Grupo de Pesquisas Observatório da Realidade Organizacional (www.observatorio.dca.ufpe.br); editor da revista online *Cadernos EBAPE.BR* (www.ebape.fgv.br/cadernosebape). E-mail: mmfv@fgv.br.

** Mestre em gestão empresarial; doutorando pela Ebape/FGV. E-mail: billjn@uol.com.br.

[1] Cavedon, 2003.

Uma das formas de estudar a natureza de uma cultura e de uma subcultura é simplesmente observar o funcionamento do dia-a-dia do grupo ou organização. As características da cultura que está sendo observada se tornarão gradualmente evidentes, à medida que se tornam conhecidas as relações entre os indivíduos, a linguagem que é utilizada, os símbolos, imagens e rotinas do dia-a-dia. Ao se explorar o racional dos vários aspectos dessa cultura, pode-se quase sempre descobrir que existem explicações históricas para as formas pelas quais as coisas são feitas.

Normalmente, etnografia envolve o estudo de um conjunto pequeno de assuntos relacionados à cultura de um grupo no próprio ambiente desse grupo. Em lugar de olhar para um jogo pequeno de variáveis e um número grande de assuntos, o pesquisador tenta adquirir uma compreensão detalhada das circunstâncias dos fenômenos específicos que estão sendo estudados. A etnografia seria, então, um método tanto descritivo quanto interpretativo; descritivo, porque se descreve minuciosamente o fenômeno que se está analisando; interpretativo, porque o pesquisador determina a significação do que ele observa.

Desenvolvimento histórico

A etnografia teve na sociedade *primitiva* seu espaço inaugural de experimentação com Malinowski,[2] que, de forma pioneira, conviveu, no início do século XX, com tribos das ilhas Trobriand. A experiência originou o clássico *Argonautas do Pacífico Ocidental* (publicado pela primeira vez em 1922), consolidando definitivamente a etnografia como prática de pesquisa em antropologia. Um segundo espaço de aplicação do método começou a se firmar a partir da chamada escola de Chicago, com o estudo da sociedade industrial no contexto urbano, em metrópoles cada vez mais complexas. Entre os antropólogos que estudaram comunidades urbanas, destaca-se Foote-Whyte, com seu estudo sobre os *Italian Americans* de Boston nos anos 1950, que introduziu a idéia de observação participante, ao vivenciar o cotidiano do grupo estudado.[3]

Denzin e Lincoln[4] dividem o desenvolvimento histórico da pesquisa etnográfica nas seguintes cinco fases: tradicional (1900-50); modernista (1950-70); *blurred genre* (1970-86); crise de representação; e desafio pós-moderno (1986 até o presente momento) — sendo cada fase associada a paradigmas teóricos específicos ou a desafios paradigmáticos da época.

---

[2] Malinowski, 1978.

[3] Rocha e Barros (2004); Atkinson e Hammersley (1998).

[4] Denzin e Lincoln, 1994.

A fase tradicional, segundo os autores, tem início a partir da já mencionada obra de Malinowski, que se caracteriza por uma viagem ao mundo do "outro". Nessa obra, o autor realiza a descrição dos significados inscritos em toda ação social. É também o período da primeira fase da escola de Chicago. Segundo Atkinson, Coffey e Delamont,[5] essa é a fase que sustenta o mito do pesquisador como o herói solitário no campo de pesquisa.

Já a segunda fase — a modernista — é aquela em que a escola de Chicago se consolida com importantes nomes, como Hughes, Geer, Strauss e Gusfield. Foi nesse período que os antropólogos modificaram seu objeto de pesquisa, antes restrito apenas às sociedades ágrafas ou rurais, e passaram a estudar a sua própria sociedade. Nessa fase, também ocorreu um empenho em formalizar os métodos de pesquisa.

A terceira fase ou *blurred genre* se apresenta com o surgimento de novas teorias e abordagens, bem como o desenvolvimento de novas técnicas de coleta de dados, como gravações em fita cassete e vídeos. Esse é o período da sociologia de Geertz nos Estados Unidos, e da antropologia britânica, com o estruturalismo de Douglas. Nessa fase, começa a fervilhar uma multiplicidade de orientações teóricas, paradigmas, métodos de coleta de dados e estratégias de análise.

Denzin e Lincoln denominam a quarta fase como "a crise de representação". É um momento de crise para os etnógrafos, pois são colocados em dúvida não somente seus trabalhos, no sentido amplo, como também os métodos utilizados. Uma das conseqüências desse momento são os questionamentos sobre a validade das notas de campo, sua consistência, parcialidade ou utilização como texto final, devido ao alto grau de subjetividade envolvido no processo de coleta de dados, decorrente da falta de distanciamento entre o pesquisador e o objeto pesquisado.

A quinta fase, que se estende até os dias de hoje, surge a partir do questionamento entre a representação e legitimidade, e se caracteriza pela continuação de tensões e diversidades. Ao mesmo tempo, é uma época de consolidação, de crítica aguçada à pesquisa qualitativa e de realização de esforços para corrigir os excessos.

O método etnográfico

Segundo Rocha e Barros,[6] o método etnográfico tem características próprias, como a ênfase na exploração da natureza de um fenômeno social e a interpretação de

[5] Atkinson, Coffey e Delamont, 1999.
[6] Rocha e Barros, 2004.

significados e de práticas sociais. Na etnografia, o pesquisador coloca-se na realidade do grupo pesquisado para assim poder estudar o fenômeno por dentro. De acordo com DaMatta,[7] "a viagem antropológica parte do pressuposto de que a compreensão dos significados das ações sociais deva partir da perspectiva dos próprios sujeitos, e não da visão do pesquisador".

Segundo Atkinson e Hammersley,[8] o termo etnografia habitualmente se refere a um método de pesquisa social com as seguintes características:

- forte ênfase em analisar a natureza de um fenômeno social específico;
- tendência a trabalhar com dados que não foram codificados em termos de um conjunto fechado de categorias analíticas;
- investigação de um pequeno número de casos, algumas vezes, um único caso;
- análise de dados que envolvem interpretações explícitas dos significados das ações humanas.

Cavedon[9] afirma que "o método etnográfico consiste no levantamento de todos os dados possíveis sobre uma determinada comunidade com a finalidade de melhor conhecer o estilo de vida ou a cultura específica da mesma", sendo este método primeiramente utilizado por antropólogos sociais e culturais e, mais recentemente, por outras áreas das ciências sociais, como a administração.

Para Migueles,[10] o uso do método etnográfico evita várias complicações de outros métodos em ciências sociais, pois este método constrói estratégias de pesquisa que buscam regularidades observáveis nas práticas sociais e as nomeia. Segundo a pesquisadora, como nas etnometodologias as práticas são observadas, anotadas, organizadas em categorias e então, categorizadas, esta metodologia tem grande validade direta. Nesse sentido, Geertz afirma que:

> fazer etnografia é como tentar ler (no sentido de "construir uma leitura de") uns manuscritos estranhos, desbotados, cheios de elipses, incoerências, emendas suspeitas e comentários tendenciosos, escritos não com sinais convencionais do som, mas com exemplos transitórios de comportamento modelado.[11]

---

7 DaMatta, 1978:35.
8 Atkinson e Hammersley, 1998.
9 Cavedon, 2003:143.
10 Migueles, 2003.
11 Geertz, 1978:20.

Pode-se, então, de forma resumida, afirmar que o método etnográfico consiste no levantamento de todos os dados possíveis sobre uma determinada sociedade, comunidade, grupo ou subcultura, com o objetivo de melhor compreender o seu estilo de vida ou as especificidades das interações e relações sociais que ali ocorrem. Todo o processo começa com a inserção do pesquisador em campo, ou seja, a inserção deste no grupo estudado.

Técnicas de levantamento e de análise de dados

As principais técnicas de coleta de informações de que se utiliza o método etnográfico são as entrevistas em profundidade e a observação participante. Já para a análise do material coletado, a análise do discurso dos informantes e a análise de imagens são as principais técnicas utilizadas.

A observação participante é a técnica em que o pesquisador se insere total ou parcialmente no campo de estudo. Nesse momento, o pesquisador passa por um processo de "aculturação" e vivencia o cotidiano do grupo analisado. O pesquisador se insere no grupo que pretende estudar e passa a viver seu dia-a-dia. Esta técnica de inserção do pesquisador em campo, para a obtenção de dados com a profundidade necessária para a elaboração do texto etnográfico, tem como precursor Malinowski, que afirma:

> um trabalho etnográfico só terá valor científico irrefutável se nos permitir distinguir claramente, de um lado, os resultados da observação direta e das declarações e interpretações nativas e, de outro, as inferências do autor, baseadas em seu próprio bom senso e intuição psicológica.[12]

Essa inserção do pesquisador no cotidiano do grupo é necessária para que, ao final da coleta de dados, este possa afirmar que esteve lá e, portanto, tenha condições de falar sobre a comunidade estudada. Nesse sentido, um ótimo exemplo de relato etnográfico é o realizado pelo pesquisador francês Loïc Wacquant[13] em uma academia de boxe de um gueto negro dos Estados Unidos.

Segundo Cavedon,[14] a etnografia não é um trabalho de campo, mas sim o que o pesquisador relata sobre o trabalho de campo. Primeiramente, o pesquisador

---

[12] Malinowski, 1978:18.

[13] Wacquant, 2002.

[14] Cavedon, 2003.

se insere no campo de estudo e participa e/ou observa o cotidiano do grupo analisado. Nesse contexto, ocorre uma certa "aculturação" do pesquisador, que passa a assimilar em certo grau os hábitos do universo onde está inserido, sem, no entanto, deixar de realizar um trabalho sistemático de coleta de dados, nem a interpretação e integração da evidência empírica das categorias a serem observadas. Ao mesmo tempo em que observa, o pesquisador também passa realizar conversas informais e a anotar os acontecimentos do dia-a-dia em um diário. É importante que tanto as expressões próprias do grupo como as impressões do pesquisador sejam anotadas. Para Cavedon, esse diário será a base para o texto etnográfico; assim, as impressões particulares do pesquisador poderão ser bem mais bem compreendidas e eliminadas por ocasião da descrição do êmico, ou seja, das categorias e dos sentimentos do pesquisador, segundo as categorias preestabelecidas, no momento em que os fatos ocorrem.

Adicionalmente à observação participante, o pesquisador pode utilizar outros métodos para a coleta de dados. Entrevistas formais e informais são recorrentemente utilizadas para isso. Perguntar às pessoas sobre o seu cotidiano, sua história de vida e seus relacionamentos é um importante caminho para se compreender o seu comportamento e melhor compreender o grupo. Muitos dos dados de um estudo etnográfico podem ser coletados por meio de entrevistas informais entre o pesquisador e seus informantes. Elliot e Jankey-Elliot[15] afirmam que as entrevistas informais não precisam de uma lista de perguntas, e sim de uma série de questões estratégicas que podem ser levantadas num café, num bar ou mesmo na praia.

As análises do material coletado têm por base, fundamentalmente, a descrição do cotidiano relatada no diário de campo. Para tanto, o pesquisador usualmente procede à análise dos discursos dos atores envolvidos na interação descrita. Recorre, eventualmente, ao uso de imagens "reais" que representam o lugar onde as interações sociais ocorrem, para fins de contextualização, bem como para conferir precisão às descrições e interpretações.

Desde que pesquisadores da antropologia e da sociologia passaram a se preocupar também com os grupos urbanos e seus respectivos sistemas culturais, abriu-se um grande espaço para que outras ciências utilizassem o método etnográfico para estudar o seu objeto de estudo. A administração tem utilizado este método para estudar, principalmente, as organizações e o consumo.

---

[15] Elliot e Jankey-Elliot, 2003.

Etnografia nas organizações

Segundo Morgan,[16] a organização é, em si mesma, um fenômeno cultural que varia de acordo com o estágio de desenvolvimento da sociedade. Para o autor, a cultura da organização se desenvolve como um etos, criada pelos processos sociais, símbolos, imagens e rituais.

Nas décadas de 1970 e 1980, um grande número de antropólogos começou a direcionar a sua atenção para o estudo das organizações e do local de trabalho nos Estados Unidos.[17] O método etnográfico tinha sido pouco utilizado pelos estudiosos da administração até esse momento. Essa nova tendência se dividia particularmente em três campos de estudo: estudos antropológicos sobre o trabalho; estudos sobre a cultura organizacional; e a análise dos processos organizacionais e sua relação com os sistemas maiores.

No Brasil, os estudos com base no método etnográfico ainda são poucos. Isso talvez decorra das exigências do próprio método, relativas à imersão do pesquisador no grupo. Alguns autores recorrem a uma estratégia menos ortodoxa, vivenciando a experiência do grupo apenas no local de trabalho.[18] Apesar das evidentes contribuições de estudos dessa natureza, é necessário salientar que algumas das interações sociais que ocorrem no local de trabalho têm sua origem no universo simbólico compartilhado pelos indivíduos e grupos em outras esferas de sua vida, como a casa, a família, os círculos de amigos, os locais que freqüentam no convívio social etc. Esse aspecto é, sem dúvida, um fator limitador desse tipo de investigação. Outros, como Vieira,[19] recorrem à forma mais tradicional de aplicação do método e realizam imersão total no grupo. É evidente que tal opção é limitada pelas possibilidades dos pesquisadores, que no Brasil, em geral, são de toda ordem e vão desde recursos financeiros até os prazos estipulados pelas fontes financiadoras para o término das pesquisas.

Vasconcelos e Vasconcelos[20] utilizam o conceito de identidade social para analisar um estudo de caso efetuado a partir do uso do método etnográfico. Os autores demonstram como a Natura desenvolveu suas diferentes estratégias de venda e suas políticas de gestão de pessoas de formas indutiva. A organização observou o comportamento de seus diferentes grupos de vendedores e consultores e recuperou os dife-

[16] Morgan, 2000.
[17] Schwartzmam, 1993.
[18] Vasconcelos e Vasconcelos (2003), Lengler e Cavedon (2001).
[19] Vieira, 1990.
[20] Vasconcelos e Vasconcelos, 2003.

rentes significados que estes atribuíam ao seu trabalho. Os grupos de consultoras legitimam-se basicamente através do mundo mercantil, desenvolvendo laços afetivos e políticos mais fracos. Ritos sociais e símbolos de prestígio compõem a construção simbólica de um verdadeiro campo profissional dentro da organização. Já o grupo de vendedoras possui relações sociais fortes e seu universo de legitimação profissional é o doméstico e o afetivo. Seus ritos e símbolos condizem com tal universo. Observou-se, então, que realidades subjetivas bem diferenciadas e padrões de conduta diversos estão subjacentes ao desempenho do mesmo papel formal pelas consultoras de beleza, com conseqüências importantes para a empresa.

O estudo realizado por Soares e Silva[21] teve como finalidade identificar as causas do absenteísmo, por parte do corpo docente, em uma instituição de ensino público. Entre as conseqüências mais graves e usuais do absenteísmo, os autores destacaram a queda da produtividade e, como decorrência, a queda dos lucros, gerando seqüelas nas organizações atingidas. No caso das instituições de ensino público, as conseqüências percebidas foram a ausência dos professores e profissionais que apóiam as atividades de ensino, acarretando prejuízos para os alunos. Os autores concluíram que as causas do absenteísmo por parte do corpo docente na organização estudada provêm da insatisfação em relação à remuneração, do clima organizacional desfavorável, dos problemas de ordem familiar, da falta de adaptação dos empregados ao trabalho, entre outras.

O trabalho etnográfico de Lengler e Cavedon[22] busca compreender, a partir de um esforço etnográfico realizado com informantes adolescentes que experimentam um processo de socialização no *shopping center*, qual a significação que esse grupo atribui ao complexo comercial como organização e espaço de recriação da realidade e de um mundo próprio. Os resultados apontam para uma identificação dos jovens com o *shopping*. Nascidos no que os autores chamam de "década perdida", e crescidos em uma geração que conviveu com crises sociais e econômicas, os adolescentes procuram no *shopping* um ambiente idealizado pelos ventos modernistas, onde há paz e tranqüilidade para encontrar sua identidade. Lá eles recriam seu mundo próprio, descobrem e (re)constroem famílias, engendram uma identidade própria a partir de um mundo perfeito. Assim os adolescentes ritualizam histórias puras que, fora dali, são compostas por dificuldades e reveses.

---

21 Soares e Silva, 2002.

22 Lengler e Cavedon, 2001.

Fonseca[23] buscou detectar o impacto de diferenças culturais em um sistema de planejamento e controle. Para isso, realizou uma pesquisa etnográfica na subsidiária brasileira de uma empresa multinacional inglesa, a IBM. Para que se pudesse compreender de forma profunda a maneira pela qual ocorria a interação entre a cultura nacional e as práticas de controle gerencial, Fonseca selecionou uma dimensão cultural identificada como "fuga à incerteza", a qual é definida como o grau em que os membros de uma sociedade se sentem confortáveis com a incerteza e a ambigüidade. A autora lembra que esses são elementos bastante relacionados com sistemas de planejamento e controle. Fonseca descreveu que valores do grupo brasileiro, como a necessidade de harmonia e a dificuldade em transmitir notícias ruins, permitiam identificar causas de atrito em relação ao cumprimento das metas entre os dois grupos (o brasileiro e o inglês). Tal atrito, na maioria das vezes, era atribuído à situação econômica e política. A autora verificou, ainda, que alguns aspectos culturais, como o "jeitinho", atuam no sentido contrário ao da dimensão "fuga à incerteza".

Vieira[24] realizou um trabalho em uma comunidade de ex-colonos sem-terra, recém-assentados, a fim de descrever e analisar as características estruturais da organização formada e identificar possíveis dimensões ambientais que influenciavam a estruturação da organização. Após uma imersão total na comunidade, o autor verificou que a existência de fortes relações sociais históricas entre os membros da comunidade, bem como sua relação com outros atores sociais, eram fundamentais na manutenção da estrutura criada. O método, aqui, proporcionou que o autor descobrisse a existência de relações e interações sociais que dificilmente seriam evidenciadas a partir do uso de métodos mais consagrados e tradicionais de pesquisa na área de administração.

Por fim, cabe salientar importância do método etnográfico para a administração, de forma geral, e para os estudos organizacionais, em particular. Faria, em seu interessante artigo,[25] defende o ponto de vista de que é importante que pesquisadores de diversas áreas da administração adotem uma abordagem etnográfica no desenvolvimento de suas pesquisas. Ele argumenta que assim poderiam escapar aos discursos dominantes e conheceriam a realidade dos praticantes e das empresas que atuam no Brasil. Faria chama ainda a atenção para o fato de que a abordagem etnográfica pode vir a ser bastante útil para pesquisadores que fazem parte de redes ou consór-

23 Fonseca, 1998.
24 Vieira, 1990.
25 Faria, 2002.

cios de pesquisa internacionais, para os que se dedicam à temática cultural e para os que realizam, conscientemente ou não, pesquisa internacional. Uma etnografia da ciência é importante pela sua capacidade de desmistificar discursos estrangeiros de caráter dominante sobre teorias e pesquisas acadêmicas.

Etnografia em marketing

No final da década de 1960, Charles Winnick[26] escrevia o artigo "Anthropology's contributions to marketing", no qual listava as possíveis contribuições do conhecimento antropológico para a pesquisa nessa área, como os estudos de culturas e subculturas, de linguagens não verbais, de ritos de passagem, de usos e sentidos de objetos de consumo, de "sensibilidades" e de tabus culturais. Winnick lamentava, na época, a "lentidão" dos antropólogos e profissionais de marketing em se aproximarem, tendo em vista a riqueza potencial da pesquisa antropológica para o entendimento de universos culturais específicos e suas práticas de consumo.

Arnould e Wallendorf[27] mostram as principais características do método etnográfico e as possibilidades de sua utilização no campo do marketing. Para eles, etnografia se caracterizaria principalmente pela procura de fontes múltiplas de dados, para com isso obter diferentes visões sobre o grupo pesquisado, e pela coleta de dados que consistiria na observação participante e na escuta ativa.

O método etnográfico tem sido recorrentemente utilizado pelo marketing para uma melhor compreensão do comportamento de consumo de indivíduos ou grupos. Ayrosa e Sauerbronn[28] enfatizam a importância da etnografia para os estudos do comportamento do consumidor, pois permite a observação de como uma comunidade se apropria de artefatos ou símbolos que podem ser produto ou marca. No mesmo sentido, Blackwell, Miniard e Engel[29] relatam que o método padrão dos antropólogos culturais — a etnografia — tem se mostrado um método popular, nos últimos anos, no auxílio à compreensão das motivações de compra e consumo, ou seja, tem ocorrido um interesse maior em métodos mais naturais que se concentrem na observação e na interpretação do comportamento à medida que ele acontece. A forma como grupos de consumidores atribuem significados a produtos ou marcas, ou artefatos e símbolos, é decorrente de fatores culturais.

---

[26] Winnick, 1969.
[27] Arnould e Wallendorf, 1994.
[28] Ayrosa e Sauerbronn, 2004.
[29] Blackwell, Miniard e Engel, 2001.

Um dos trabalhos clássicos a esse respeito é o estudo de Schouten e McAlexander[30] com um grupo de motoqueiros americanos, os *new bikers*, que buscou investigar a forma como esse grupo se apropria da simbologia relacionada às motos Harley-Davidson para a construção de uma subcultura de consumo. Esse grupo marcava sua diferença em relação à sociedade abrangente não apenas por compartilhar de uma mesma atividade e de um estilo de vida próprio, mas também por adotar uma marca específica. Os resultados da pesquisa demonstraram que os *new bikers* possuíam subgrupos e distinções internas, com interpretações particulares sobre os valores comuns. No entanto, essas divisões não fragmentavam completamente o grupo, devido à existência de valores que atravessavam os diferentes subgrupos. Entre estes últimos, apareceram como os mais importantes: a devoção à marca Harley-Davidson, a liberdade, o patriotismo e o machismo. Também foi possível observar e descrever a construção da identidade dos indivíduos, na medida em que aumentava o grau de integração aos valores no grupo de proprietários de Harley-Davidson. Finalmente, os autores observaram a ação das empresas produtoras de motos e acessórios, no sentido de se apropriar dos elementos simbólicos do grupo para, através dessa cultura local, se comunicar com a sociedade abrangente e conquistar novos clientes.

Outro estudo bastante interessante foi o realizado por Kates[31] sobre uma comunidade *gay* do Canadá. O autor imergiu em tempo integral em um gueto *gay* urbano e passou a analisar como esse grupo utilizava o consumo para delimitar as barreiras dessa subcultura, os significados de consumo do grupo e como os indivíduos utilizavam as práticas de consumo para se reconhecerem entre si. O estudo mostrou que a afiliação a essa subcultura estava associada a uma identidade social e, conseqüentemente, ao consumo próprio.

Kozinets[32] criou o termo *netnography* para falar dos estudos sobre o comportamento do consumidor das culturas e comunidades presentes na internet. A netnografia é definida como uma técnica etnográfica *online*, para ser usada em pesquisas de marketing. Essa técnica é adaptada ao ambiente formado pela comunicação mediada por computador e consiste em trabalho de campo conduzido *online*, mas com as mesmas características tradicionais da etnografia, como o foco na cultura, o registro de notas de campo, a preocupação em estabelecer uma relação ética e de confiança

30 Schouten e McAlexander, 1995.

31 Kates, 2002.

32 Kozinets, 1998.

com os pesquisados, e assim por diante. Em 2002, o autor reafirma a utilização da netnografia como um método fácil, rápido e barato de se realizar uma etnografia.[33] O autor discursa sobre a criação das comunidades virtuais formadas por pessoas que, além da troca de informações, estabelecem uma interatividade de valores culturais e hábitos de consumo, compartilhados a um objeto cultural preferido.

Outros temas foram abordados pelos estudos etnográficos em marketing, como o de Belk, Sherry e Wallendorf,[34] que realizaram uma etnografia de varejo, na qual tinham o objetivo de testar a viabilidade do método etnográfico no campo de comportamento do consumidor, escolhendo para isso o estudo de um tipo de varejo alternativo. Os autores descreveram um ambiente de varejo que consistia em uma feira periódica de artesãos e pequenos varejistas. Schouten[35] pesquisou o consumo de cirurgia plástica como um ritual de reconstrução da identidade pessoal ou conceito próprio (*self-concept*). Já Celsi, Rose e Leigh[36] estudaram adeptos de atividades de lazer de alto risco, enquanto Ritson e Elliott[37] apresentaram uma pesquisa etnográfica sobre o efeito da propaganda na interação diária de grupos de adolescentes ingleses.

O método etnográfico tem auxiliado a área de marketing a solucionar várias questões em relação ao consumo. Barros[38] (2002) afirma que os estudos etnográficos criaram um interessante espaço de relacionamento entre o marketing e a etnografia, ao apostar na possibilidade do método antropológico como gerador de *insights* para um melhor entendimento do simbolismo inscrito nos atos de consumo da sociedade contemporânea.

Referências bibliográficas

ARNOULD, Eric J. Ethical concerns in participant observation/ethnography. *Advances in Consumer Research*, v. 25, p. 72-74, 1998.

______; WALLENDORF, Melaine. Market-oriented ethnography: interpretation building and marketing strategy formulation. *Journal of Marketing Research*, v. 31, p. 484-504, 1994.

ATKINSON, P.; COFFEY, A.; DELAMONT, S. Ethnography: post, past, and present. *Journal of Contemporary Ethnography*, v. 28, n. 5, p. 460-471, Oct. 1999.

---

[33] Kozinets, 2002.
[34] Belk, Sherry e Wallendorf, 1988.
[35] Schouten, 1991.
[36] Celsi, Rose e Leigh, 1993.
[37] Ritson e Elliot, 1999.
[38] Barros, 2002.

______; HAMMERSLEY, Martyn. Ethnography and participant observation. In.: DENZIN, Norman K.; LINCOLN, Yvonna S. (Org.). *Strategies of qualitative inquiry*. California: Sage, 1998. p. 248-261.

AYROSA, Eduardo A. T.; SAUERBRONN, João Felipe. Uma introdução ao uso de métodos qualitativos de pesquisa em comportamento do consumidor. In: VIEIRA, M. M. F.; ZOUAIN, D. M. (Orgs.). *Pesquisa qualitativa em administração*. Rio de Janeiro: FGV, 2004.

BARROS, Carla P. Marketing e etnografia: um levantamento em *journals* dos anos 80 e 90. In: ENCONTRO ANUAL DA ASSOCIAÇÃO NACIONAL DOS PROGRAMAS DE PÓS-GRADUAÇÃO EM ADMINISTRAÇÃO, 26., 2002, Salvador. *Anais...* [Rio de Janeiro]: Anpad, 2002. 1 CD-ROM.

BELK, Russel W.; SHERRY, John F. Jr.; WALLENDORF, Melaine. A naturalistic inquiry into buyer and seller behavior at a swap meet. *Journal of Consumer Research*, v. 14, p. 449-470, Mar. 1988.

BLACKWELL, Roger D.; MINIARD, Paul W.; ENGEL, James. F. *Consumer behavior*. South-Western: Thomson Learning, 2001.

CAVEDON, Neusa R. *Antropologia para administradores*. Porto Alegre: Editora da UFRGS, 2003.

CELSI, Richard L.; ROSE, Randall; LEIGH, Thomas W. An exploration of high-risk leisure consumption through skydiving. *Journal of Consumer Research*, v. 20, p. 1-23, 1993.

DAMATTA, Roberto. O ofício do etnólogo, ou como ter "anthropological blues". In: NUNES, Edson de Oliveira (Org.). *A aventura sociológica*. Rio de Janeiro: Zahar, 1978. p. 23-35.

DENZIN, Norman K.; LINCOLN, Yvonna S. (Ed.). *Handbook of qualitative research*. Thousand Oaks, CA: Sage, 1994.

ELLIOTT, R.; JANKEY-ELLIOTT, N. Using ethnography in strategic consumer research. *Qualitative Market Research: an International Journal*, v. 6, n. 4, p. 215-223, 2003.

FARIA, Alexandre. Abordagem processual e etnográfica em decisão estratégica em redes internacionais: descobertas, confissões e reflexões sobre pesquisa internacional e cultural. In: ENCONTRO DE ESTUDOS ORGANIZACIONAIS, 2., 2002, Recife. *Anais...* Recife: Observatório da Realidade Organizacional — Propad/UFPE, Anpad, 2002. CD-ROM.

FONSECA, Ana. C. P. D. da. Percepções de incerteza em um sistema de planejamento e controle: um estudo etnográfico Brasil-Inglaterra. In: *Anais do ENANPAD*. 1998.

GEERTZ, Clifford. *A interpretação das culturas*. Rio de Janeiro: Zahar, 1978.

KATES, Steven M. The protean quality of subcultural consumption: an ethnographic account of gay consumers. *Journal of Consumer Research*, v. 29, p. 383-398, 2002.

KOZINETS, Robert V. On netnography: initial reflections on consumer research investigations of cyberculture. *Advances in Consumer Research*, v. 25, p. 366-371, 1998.

______. The field behind the screen: using netnography for marketing research in online communities. *Journal of Marketing Research*, v. 34, Feb. 2002.

LENGLER, Jorge F.; CAVEDON, Neusa R. Um olhar etnográfico desconstrutivo sobre os ritos no *shopping center*. In: ENCONTRO ANUAL DA ASSOCIAÇÃO NACIONAL DOS PROGRAMAS DE PÓS-GRADUAÇÃO EM ADMINISTRAÇÃO, 25., 2001, Campinas. *Anais*... [Rio de Janeiro]: Anpad, 2001. 1 CD-ROM.

MALINOWSKI, Bronislaw. *Argonautas do Pacífico Ocidental*. São Paulo: Abril Cultural, 1978.

MIGUELES, Carmem. *Pesquisa*: por que administradores precisam entender disto? São Leopoldo: Nova Harmonia, 2003.

MORGAN, Gareth. *Imagens da organização*. São Paulo: Atlas, 2000.

RITSON, Mark; ELLIOTT, Richard. The social uses of advertising: an ethnographic study of adolescent advertising audiences. *Journal of Consumer Research*, v. 26, Dec. 1999.

ROCHA, Everaldo; BARROS, Carla F. Dimensões culturais do marketing: teoria, antropologia, estudos etnográficos e comportamentais do consumidor. In: ENCONTRO ANUAL DA ASSOCIAÇÃO NACIONAL DOS PROGRAMAS DE PÓS-GRADUAÇÃO EM ADMINISTRAÇÃO, 27., 2004, Curitiba. *Anais*... [Rio de Janeiro]: Anpad, 2004. 1 CD-ROM.

SCHOUTEN, John. Selves in transition: symbolic consumption in personal rites of passage and identity reconstruction. *Journal of Consumer Research*, v. 17, n. 1, 1991.

______; McALEXANDER, James. H. Subcultures of consumption: an ethnography of the new bikers. *Journal of Consumer Research*, v. 22, p. 43-61, 1995.

SCHWARTZMAM, Helen B. *Ethnography in organizations*. Newbury Park, California: Sage, 1993.

SOARES, Leandro Q.; SILVA, Eduardo R. F. da. Absenteísmo docente em instituição de ensino público. In: ENCONTRO ANUAL DA ASSOCIAÇÃO NACIONAL DOS

PROGRAMAS DE PÓS-GRADUAÇÃO EM ADMINISTRAÇÃO, 26., 2002, Salvador. *Anais...* [Rio de Janeiro]: Anpad, 2002. 1 CD-ROM.

VASCONCELOS, Isabella F.; VASCONCELOS, Flávio C. Identidade, legitimação social e teoria organizacional: contribuições de uma análise sociológica da política de gestão de pessoas na Natura. *Organizações e Sociedade*, v. 10, n. 27, p. 41-59, maio/ago. 2003.

VIEIRA, Marcelo. M. F. Características estruturais de organizações coletivistas. In: ENCONTRO ANUAL DA ASSOCIAÇÃO NACIONAL DOS PROGRAMAS DE PÓS-GRADUAÇÃO EM ADMINISTRAÇÃO, 14., 1990, Florianópolis. *Anais*...Florianópolis: Anpad, 1990.

WACQUANT, Loïc. *Corpo e alma*. Rio de Janeiro: Relume Dumará, 2002.

WINNICK, Charles. Anthropology's contributions to marketing. In: HOLLOWAY, R. J.; HANCOCK, R. S. (Eds.). *The environment of marketing behavior.* New York: John Wiley, 1969.

Esta obra foi impressa pela
Imprinta Express Gráfica e Editora Ltda.
em papel offset Primapress para a Editora FGV
em setembro de 2007.